李菲　孙云梅　著

加工层次理论视域下学习者个体差异因素对二语加工的影响研究

本书为教育部人文社科青年项目"加工层次理论视域下学习者个体差异因素对二语加工的影响研究"（项目编号：20YJC740019）的结题成果

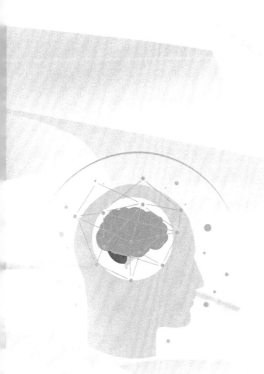

Effects of Individual Differences
on Second Language Processing:
A Depth-of-Processing Perspective

WUHAN UNIVERSITY PRESS
武汉大学出版社

图书在版编目(CIP)数据

加工层次理论视域下学习者个体差异因素对二语加工的影响研究 /
李菲,孙云梅著 . -- 武汉 ：武汉大学出版社,2024.11(2025.5 重印).
ISBN 978-7-307-24563-1

Ⅰ. H0

中国国家版本馆 CIP 数据核字第 2024L8Q703 号

责任编辑:邓　喆　　　责任校对:鄢春梅　　　版式设计:韩闻锦

出版发行:**武汉大学出版社**　　(430072　武昌　珞珈山)

　　　　　(电子邮箱:cbs22@ whu.edu.cn 网址:www.wdp.com.cn)

印刷:武汉邮科印务有限公司

开本:787×1092　　1/16　　印张:13.5　　字数:285 千字　　插页:1

版次:2024 年 11 月第 1 版　　2025 年 5 月第 3 次印刷

ISBN 978-7-307-24563-1　　定价:79.00 元

本书为教育部人文社科青年项目"加工层次理论视域下学习者个体差异因素对二语加工的影响研究"（项目编号：20YJC740019）的结题成果

前　　言

在全球化的浪潮中，提升外语能力已成为实现跨文化交流和提高国际竞争力的关键。无论是在学术领域还是在商业环境中，掌握一门或多门外语被视为一项宝贵的技能。然而，常常令教育者和研究者感到困惑的是，在相同的外在环境和教学条件下，不同的学习者在第二语言习得(Second Language Acquisition, SLA)过程中却表现出巨大差异：一些学习者能够迅速掌握新语言，而另一些却步履蹒跚。这可能与学习者的个体差异因素存在着某种关联。另外，目前多数研究常以二语学习结果为研究导向，较少关注学习者的内在认知过程，难以发现学习者在语言习得过程中是如何对语言输入进行加工的。这种偏重结果而忽略过程的研究可能掩盖了影响语言学习效率和质量的复杂因素，包括个体在信息处理、语言理解、记忆保持以及元认知调节等方面的差异性表现。通过深入探讨学习者的内在认知过程，我们可以更全面地理解二语习得的动态机制，揭示不同学习者在相似教学环境下可能出现的不同学习成效的内在原因。

鉴于此，本书将带领读者深入探索这一问题，运用加工层次(Depth of Processing, DoP)理论探究学习者在二语加工深度上的差异，以及学习者的动机、学习风格、认知能力等个体差异因素是如何影响学习者的加工的。同时，我们将通过精心设计的实证研究，展示这些个体差异因素如何在认知层面上影响语言加工的深度和效率。这些研究不仅包括对学习者在实际语言使用中的行为分析，还包括对他们在语言学习任务中的认知活动的直接观察。通过这种方法，我们希望能够为二语习得领域提供一个更为全面和深入的理解，从而为语言教育实践提供更加精准和个性化的指导。这种对学习者内在认知过程的深入理解，将有助于我们更好地认识和解释二语学习中的个体差异现象，为语言教学和学习提供更加有效的策略和方法。

本书的重点在于系统性地分析和解释个体差异因素在二语加工中的作用机制。我们试图回答以下问题：加工层次理论如何揭示学习者在信息处理、语言理解和记忆保持等方面的差异？教学方法如何适应这些差异以促进更有效的语言学习？

为了深入探讨这些问题，本书分为三个部分，逐步引导读者深入研究主题。在第一部分(第一章至第三章)，我们将首先介绍二语加工的理论基础和研究方法，详细阐释 DoP 理论的基本概念及其在 SLA 中的应用，探讨信息处理的深度如何影响语言的长期记忆。接着，介绍二语加工的多种研究方法，包括有声思维法(TAP)、眼动跟踪法(ET)和刺激回想法(SR)等，这些方法为我们提供了观察和分析学习者认知活动的宝贵视角。此外，评述 DoP 理论在 SLA 实证研究中的应用情况，展示如何将理论原则融入教学设计中，以促进学习者的语言习得和认知能力发展。

第二部分(第四章至第六章)将深入探讨个体差异因素在二语学习中的定义、分类及其研究方法论。本部分首先阐释这些因素如何塑造每个学习者独特的学习经历，随后介绍定量和定性研究方法、技术辅助以及跨学科研究手段的应用。此外，通过一个具体的研究案例，本部分将展示工作记忆与学习者二语语法学习的关系，从而具体阐释个体差异因素如何显著影响二语学习。

第三部分(第七章至第九章)首先通过系统性综述全面审视个体差异因素与第二语言加工之间的密切联系，探讨社会文化背景、心理特质和情感态度等因素如何塑造学习者的独特语言学习路径。然后通过两个章节的实证研究案例，具体分析个体差异因素与二语加工之间的动态关系。第八章深入分析在基于体裁的教学条件下学习者个体差异因素——元认知意识——对 EFL 学习者在学术论文摘要写作中的认知、行为和情感进展的影响；第九章探究显性教学条件下学习者个体差异因素——二语水平和先验知识——对学习者语法加工深度的影响。

本书的理论和实用价值在于为 SLA 领域提供了新的理论解释，有助于理解学习者在二语习得过程中的认知机制和个体化需求，从而为语言教育实践提供定制化教学策略的理论支持，帮助教育者根据学习者的具体需求设计个性化的教学方法。此外，综合应用心理学、教育学和语言学等领域的研究方法，本书为跨学科研究提供了新的视角和方法论。此外，通过引入和应用多种研究方法，本书为 SLA 研究提供了更为丰富和深入的实证数据收集和分析手段。

随着研究深入，您将发现，每个学习者的语言学习之路都是独一无二的。本书不仅为学术界提供了新的研究路径，也为教育实践提供了宝贵的指导，更为学习者自身提供了对语言学习更深层次的认识。通过本书的研究，我们期望促进学习者语言能力和认知能力的综合发展，为二语教学领域带来新的启示，并推动未来的研究向着更加细致和深入的方向发展。

本书在撰写过程中得到了许多同仁以及学生的帮助，他们提供了很多素材，部分参与了本书的校对工作。他们是：Ronald P. Leow，Xu Yiran，刘晋彤、戴思雨、李欢、张娅彬、李婧、易昌荣、宋奕佳、杨思怡。

特别感谢周文慧老师，她为本书贡献了 2 万字的稿件。

作　者
2024 年 7 月

目　录

第一部分 二语加工

在语言学习领域，尤其是第二语言的习得过程中，"二语加工"扮演着至关重要的角色。它不仅关系到学习者如何接收、解码、存储和使用第二语言信息，还涉及他们的认知能力、学习策略和语言技能的发展。第一部分的三章内容，正是围绕这一核心概念展开的，旨在深入探讨二语加工的理论基础、研究方法以及其在教学实践中的应用。

第一章深入介绍了二语加工理论，特别是加工层次（Depth of Processing，DoP）理论。DoP 理论起源于认知心理学，强调信息处理的深度是影响记忆持久性的关键因素。通过将 DoP 理论应用于第二语言习得（Second Language Acquisition，SLA），我们能够更深入地理解学习者如何通过不同层次的加工来掌握二语语言结构和词汇。本章还回顾了 DoP 理论的基本概念和发展历程，以及它与 SLA 理论基础的结合点。

第二章着重讨论了二语加工的研究方法，包括共时与非共时方法、有声思维法（Think-Aloud Protocols，TAP）、眼动跟踪法（Eye-Tracking，ET）和刺激回想法（Stimulated Recall，SR）。这些方法为我们提供了多维度的视角，以观察和分析学习者在二语学习过程中的认知活动。本章还强调了结合共时和非共时方法的重要性，以获得学习者二语认知过程的完整视图。

第三章评述了 DoP 理论在 SLA 实证研究中的应用情况，包括它如何帮助解释学习者在不同语言技能（如听力、口语、阅读、写作）中的表现差异。此外，本章还探讨了如何将 DoP 理论的原则融入教学设计中，以促进学习者的语言习得和认知能力的发展。通过具体的教学实践案例，本章展示了 DoP 理论在教学活动中的应用，并讨论了通过教学设计促进学习者深层次的二语加工的方法。

总体来说，第一部分为我们提供了二语加工的全面视角，从理论到实践，从研究方法到教学应用。通过深入理解加工层次理论，我们不仅能够更好地把握学习者的认知过程，还能够设计出更有效的教学策略，以促进学习者的二语习得。三章内容相辅相成，共同构成了对二语加工深入探讨的基础，为后续的研究和教学实践提供了坚实的理论和方法论支撑。

第一章   二语加工理论

在第二语言习得领域，深入理解学习者处理和存储信息的方式对于揭示语言能力的发展至关重要。本章将聚焦于二语加工理论，特别是加工层次（DoP）理论。这一理论在认知心理学中占据核心地位，为我们提供了一个有力的分析工具，用以预测信息处理的深度如何影响长期记忆的保持。本章将首先回顾 DoP 理论的基本概念和其在 SLA 中的应用，进而探讨这一理论如何帮助我们揭示学习者在掌握语言结构和词汇过程中的不同层次加工活动。

一、引言

二语加工理论涵盖了多种认知过程，这些过程共同作用于语言的理解和产出。在本章中，我们将深入探讨加工层次理论的起源和发展，这一理论认为，信息的加工深度是影响其在记忆中持久性的关键因素。通过将 DoP 理论应用于第二语言习得（SLA），我们可以更好地理解学习者如何通过不同层次的加工来掌握语言结构和词汇。本章首先回顾 DoP 理论的基本概念和发展历程，然后分析其与 SLA 理论基础的结合点。

二、加工层次的起源

DoP 理论是认知心理学中的一个关键概念，最初由 Craik 和 Lockhart（1972）在他们构建的第一语言加工层次框架中阐述。这一框架的提出，旨在解决早期信息加工理论——记忆的多存储模型（Atkinson & Shiffrin，1968）在解释记忆编码和存储过程中的局限性。Craik 和 Lockhart 认为，记忆的质量不仅仅取决于信息的存储量，更关键的是信息在大脑中的加工深度。

根据信息加工的层次，可以将信息加工分为浅层加工（感知加工）和深层加工（概念性/语义加工）。前者指的是对线条、角度、亮度、音高和音量等表层外部或感觉特征的分析，而后者涉及识别形式和提取意义，即用先前学习中存储的抽象形式匹配新的输入（Craik & Lockhart，1972，p. 675）。根据 Craik 和 Lockhart 的加工层次框架，浅层加工仅通过重复或维持性复述将信息暂时存储在短期记忆中，导致记忆保持性较差。相比之下，深层加工涉及精细复述，这涉及对单个信息片段进行更深入和有意义的分析，从而更好地回忆信息。

随后，有研究显示即使是感知加工，在某些情况下也可以达到较深的加工层次，而语义加工也可能在不同深度上发生（如 Logie et al.，2011）。越来越多的研究者通过实验和理论分析发现，将感知加工和语义加工分别归类为浅层加工和深层加工具有一定的局限性，因为感知和语义加工的层次都可以不同，并且这种分类可能没有充分考虑到加工的多样性和复杂性（参见 Baddeley，2002）。

因此，加工层次的概念已经从最初的感知与语义加工的简单区分，发展到一个更为细致和多维的框架。这个框架包括了"精细加工的程度""意识的程度"或"意识水平"，这反映了对信息加工深度和质量的更全面理解（Craik & Tulving，1975），可以更为综合地解释记忆和学习过程中的各种现象。第一语言加工层次框架已经被应用于多个领域，包括但不限于教育心理学、认知发展、健康心理学和语言习得，其作用在于指导如何通过不同层次的认知加工来提升记忆，保持学习效率。

三、课堂环境下二语习得（ISLA）

加工层次理论因其在促进深层认知加工和提高记忆保持效果方面的作用，而被引入二语习得领域。它不仅为理解语言学习过程提供了新的视角，也为二语教学实践提供了实证基础，帮助教育工作者设计更有效的教学方法，以促进学习者的语言习得。例如，通过设计促进深层语义加工的教学活动，教师可以帮助学习者超越表层的语言记忆，达到更高层次的语言理解和应用能力。Robinson（1995）和 Rosa 与 O'Neill（1999）的研究进一步证实了加工层次理论在提升二语学习成效方面的潜力。

不过，加工层次的概念在二语习得领域中已经超越了传统的认知心理学范畴，它不仅涉及感知和语义加工，还扩展到了语言的形式、功能以及社会文化内容的学习和记忆。在 ISLA 的多个基于心理语言学理论基础中，加工层次的概念被广泛探讨，并应用于不同的学习阶段和方面（如 N. Ellis（2007）、Gass（1997）、Leow（2015）、McLaughlin（1987）、Robinson（2003）、Schmidt（2001）、Swain（2005）、Tomlin & Villa（2004）、Truscott & Sharwood Smith（2011）、VanPatten（2004））。

二语习得领域的学者们在 Craik 和 Tulving（1975）提出的"精加工程度"概念的基础上进一步丰富了加工层次的内涵。然而，尽管来自不同思想流派的 ISLA 研究者为加工层次的概念提供了多样化的定义，包括注意力的大小或类型、心理努力、精加工或投入程度、实质性和象征性感知/注意力的质量，以及意识水平等（Leow & Mercer，2015，p.73），但这些定义仍然缺乏一个系统性的整合和全面解释。

在探讨加工层次的作用时，不同研究者提出了各自的理论观点。McLaughlin（1987）提出的认知理论强调了受控加工和自动加工在学习过程中的重要性，并指出加工深度对于学习者将新知识与已有知识结构整合的重要性。Gass（1997）探讨了注意力和意识在语言输入加工中的作用，将这些看作加工层次的不同方面，并提出加工深度影响二语学习效果的观点。Schmidt（2001）的"注意假说"认为学习者对语言输入的注意是学习发生的必要条件，并区分了"注意到"和"理解"两个层次，后者需要更深层次的加工。

Robinson（2003）提出检测和注意的概念，将这些视为加工层次的不同阶段，并认为有意识的注意是语言学习发生的关键。Tomlin 和 Villa（2004）在他们的模型中，强调了注意力分配和加工深度在语言输入处理中的作用，认为学习者需要深入分析和加工输入，以更好地理解和习得语言结构。VanPatten（2004）的输入加工模型强调了学习者在处理语言输入时的策略和能力，提出通过指导学习者更有效地加工输入，来帮助他们更好地习得语言。

Swain（2005）的"输出假设"提出，通过语言产出过程，学习者可以加深对语言知识的理解，这涉及对语言形式的深层次加工。N. Ellis（2007）从连接主义学习观出发，提出语言学习是学习者通过使用和暴露于语言中，循环利用语言单位的过程，强调了频率驱动的学习和社会学习方面。Truscott 和 Sharwood Smith（2011）虽然没有直接在 MOGUL（Modular Online Growth and Use of Language，模块化在线增长与语言使用）框架中提到加工层次，但讨论了语言模块如何实时处理和使用语言输入，这涉及加工层次的概念。

不同研究者对 DoP 作用的表述虽各有侧重，但也存在一些共同点。首先，多数研究者认同加工深度在学习过程中的重要性，无论是在对受控加工与自动加工、注意力与意识，还是对检测与注意的讨论中。其次，多数理论强调了学习者如何加工语言输入，以及这种加工如何影响语言知识的内化和习得。

此外，加工层次还被看作学习过程中的不同阶段，从简单的注意到深层次的理解（Schmidt，2001；Tomlin & Villa，1994）。换言之，该框架下的学习过程包含多个阶段，从人工学习者初次接触到产生输出，如下所示：输入（Input）→摄入（Intake）→内部系统（Internal System）→输出（Output）。

输入（Input）代表了包含 L2 学习者需要关注的 L2 的语言学和语义学特征。摄入（Intake）是输入的一个子集，可能被 L2 学习者吸收，但如果没有得到进一步加工，可能会在被内化进内部系统之前从工作记忆中消失。内部系统是正确或错误地学习内容（通常称为知识）及内容被存储的地方。输出（Output）是学习者产出的 L2，它被假定为代表 L2 学习者当前内部系统中的 L2 知识（Leow，2015）。

总体来说，ISLA 领域的上述理论基础已经从不同的认知角度或明确或隐含地讨论了加工层次在二语学习过程中的作用，但 Leow（2015）特别强调了 DoP 在二语学习过程中的重要性，并提出了一个具体的模型——课堂环境下的 L2 学习过程模型来阐述这一概念。Leow（2015）的模型不仅确认了加工层次在 L2 学习中的核心地位，而且还提供了一个更为细致和全面的框架来理解学习者是如何在不同的认知深度上处理二语语言输入的。这一模型能够更全面地捕捉 L2 学习过程中的复杂性和多样性。此外，Leow（2015）的表述还考虑到了学习者个体差异的影响，以及不同的学习环境和教学方法如何与加工层次相互作用。这一点在其他研究者的表述中可能没有得到足够的关注。Leow 还强调了隐性学习和显性学习在不同加工层次中的作用，以及这些学习方式如何影响语言知识的内化和习得。综上所述，Leow（2015）关于加工层次的表述为我们提供了一个更为综合和深入的理论框架，不仅涵盖了其他研究者的观点，还增加了对 L2 学习过程中不同认知深度的影响的更广泛理解。这种全面的视角有助于揭示学习者如何在不同层次上处理语言输入，以及这些过程如何共同促进语言知识的习得和内化。因此，本书采用该理论框架作为探究加工层次的基础。

四、ISLA 领域二语学习过程模型

Leow（2015，p.204）通过综合各位学者的概念，将 ISLA 领域的加工层次定义为"在对输入中的一些语法个项或词项进行编码和解码时学习者体现出的相对认知努力程度、分析层次、对摄入的精细分析，及先验知识的激活，对假设的检验与规则的归纳"。这一定义是基于 Leow（2015）提出的 ISLA 中第二语言学习过程的模型。它不仅为加工层次、注意力和意识在不同学习阶段的作用及其相互关系进行了更细致的区分，而且还提供了理论支持（例如，Gass，1997；McLaughlin，1987；Robinson，1995；Schmidt，1990；Tomlin & Villa，1994）和实证研究（见下文）。

该学习过程模型认为，在二语学习过程中的三个加工阶段均可能存在 DoP 的潜在作用。这三个阶段分别是：输入加工阶段（从输入到摄入）、摄入加工阶段（从摄入到学习者不断发展的 L2 系统）、知识加工阶段（从学习者不断发展的 L2 系统到输出）。Leow 认为，L2 在输入、吸收和知识加工阶段的任何潜在加工中断，并非由于学习者的注意力有限，而是由于其加工能力有限（参见 Robinson 2003 年的类似论点）。他的模型假定 DoP 在这三个加工阶段都可能发挥作用。

（一）输入加工阶段

根据 Leow（2015）的观点，这个阶段在很大程度上依赖于学习者对 L2 输入所投放的注意力大小程度（边缘、选择性或焦点）。注意力水平可能伴随加工层次、认知记注和意识水平。基于这些变量的排列组合，结果可能导致三种类型的摄入：①潜在摄入（attended intake）；②监测摄入（detected intake）；③有意摄入（noticed intake）。潜在摄入即，尽管学习者对输入中的一些语言数据投放了边缘注意力，但注意力并未伴随高水平的加工、认知记注或对数据的意识。监测摄入即，学习者对语言数据投放了一定量的选择性注意力以及

非常低水平的加工,学习者在认知上注意到了新信息,但缺乏意识。有意摄入即,语言数据被关注,学习者在认知记注上伴有低水平的意识,但仍然伴随低水平的加工。至关重要的是,尽管监测摄入和有意摄入以及在较小程度上的潜在摄入,都可能被置于工作记忆中并可供 L2 学习者后续识别,但如果不进行最低限度的进一步加工,它们都可能从工作记忆中被丢弃(参见 Hama & Leow, 2010; Leow, 2000, 2001b)。

(二)摄入加工阶段

Leow 的模型将注意力和意识的中心性转移到摄入加工阶段发生的加工层次的作用上。在这个重要的摄入加工阶段,L2 学习者根据加工层次或认知努力的程度,以两种方式之一加工语言数据的第一个样例,即数据驱动加工或概念驱动加工(参见 Robinson, 1995)。最小的数据驱动加工允许数据作为非系统化的语言块输入到学习者的 L2 发展系统中(参见 Gass, 1997)。在这种加工中没有投入太多的认知努力。随后没有伴随更高加工层次的样例可能会遵循这一路径,形成一组编码的离散数据或实体,存储在学习者的 L2 发展系统中。这被称为项目学习,也被称为语言块,即未系统化的知识。概念驱动加工涉及相对较高的加工层次,如有意识地编码和解码语言信息(参见 Hsieh, Moreno, Leow, 2016; Leow, 2012)。激活先前的知识,这可能是旧的(如先前的知识)和新的(如最近的知识),也可能有助于目标语言的更深层次加工。

随着加工层次的增加,包括假设测试、规则形成、元认知和激活先验知识等认知过程,意识水平也会潜在增加:从注意水平的意识进入到报告水平的意识,再到理解水平的意识(参见 Hsieh et al., 2016; Leow, 2001a; Rosa & Leow, 2004; Rosa & O'Neill, 1999)。重要的是要注意,正如 Leow(2015)所观察到的,更高的加工层次并不等同于理解水平的更高意识。虽然更高的认知努力和详细阐述在更高的加工层次中会出现,例如,得出一条潜在的语法规则或一些词根,但只有当正确的潜在规则被获得并被完全或部分理解时,才能实现理解水平的意识(参见 De la Fuente, 2016; Hsieh et al., 2016)。加工层次、潜在先验知识的激活和潜在更高意识水平的结合,使得语言数据被明确学习或必要时重新构建,并存储在系统学习组件内的语法系统中。这被称为系统化学习,这种知识有可能被概括化,以产生新的类似项目。

因此,加工层次的作用是在此摄入加工阶段中明确的关键变量之一,包括(意识的)水平、样例数量、加工类型(概念驱动与数据驱动)以及重构(或纠正先前不正确的知识)。其他假设可能发挥作用的变量包括动机、个体差异、语言项目类型、语言经验等(参见 Leow(2015)对模型中摄入加工阶段的进一步阐述)。

(三)知识加工阶段

知识加工涉及在口头产出中为第二语言分配音位特征、监控产出与所学语法的关系等。该模型假设,在这一阶段,加工层次和潜在的意识水平,连同激活(适当)知识的能力,也可能发挥作用。激活的速度和知识的适当性可以在 L2 学习者 L2 产出的流畅性和准确性中得到观察(参见 Leow et al., 2023)。

五、小结

DoP 理论在 SLA 领域的应用展现了其在促进语言学习深度和效率方面的重要性。从 Craik 和 Lockhart 的开创性工作到今天,DoP 理论已经发展成为一个多维度框架,不仅包括了对信息的精细加工程度,还涵盖了意识水平和认知努力等多个方面。在 SLA 领域,DoP 理论的应用促进了对学习者如何通过不同层次的加工来掌握语言结构和词汇的深入理解。Leow(2015)提出的课堂环境下的二语学习过程模型进一步细化了 DoP 在输入加工、摄入加工和知识加工三个阶段的作用,为我们提供了一个更为全面和细致的视角来观察学习者处理二语信息的认知过程。

通过本章的探讨,我们认识到,无论是在理论层面还是在教学实践层面,DoP 理论都提供了宝贵的指导。它强调了深层加工在语言习得中的核心作用,并提示教育者设计出能够促进学习者进行深层次认知参与的教学活动。此外,DoP 理论还提示我们,为了促进语言知识的内化和习得,需要考虑学习者的个体差异、学习环境和所接受的教学方法。未来的研究应继续探索 DoP 理论在不同教学环境和学习者群体中的应用,以进一步验证和拓展其在 SLA 领域的潜力。通过这些努力,我们可以期待为二语学习者提供更加个性化和高效的学习路径,最终实现语言习得的优化。

本章由 Ronald P. Leow 教授与本书作者合作完成。作者在此对 Leow 教授的理论指导与反馈表示衷心感谢。

◎ 参考文献

Baddeley, A. Human memory: Research and practice[M]. Revised ed. Hove, UK: Psychology Press, 2002.

Craik, F. I. M., Lockhart, R. S. Levels of processing: A framework for memory research[J]. Journal of Verbal Learning and Verbal Behavior, 1972, 11: 671-684.

Craik, F., Tulving, E. Depth of processing and the retention of words in episodic memory[J]. Journal of Experimental Psychology: General, 1975, 104(3): 268-294.

De la Fuente, M. J. Explicit corrective feedback and computer-based, form-focused instruction: The role of L1 in promoting awareness of L2 forms[M]//R. P. Leow, L. Cerezo, M. Baralt

(Eds.) A psycholinguistic approach to technology and language learning. Berlin: De Gruyter Mouton, 2016.

Ellis, N. C. The associative-cognitive CREED[M]//B. VanPatten J. Williams (Eds.) Theories in second language acquisition. Mahwah, NJ: Lawrence Erlbaum, 2007: 77-95.

Gass, S. M. Input, interaction, and the second language learner[M]. Mahwah, NJ: Lawrence Erlbaum, 1997.

Hama, M., Leow, R. P. Learning without awareness revisited: Extending Williams (2005)[J]. Studies in Second Language Acquisition, 2010, 32: 465-491.

Hsieh, H. -C., Moreno, N., Leow, R. P. Awareness, type of medium, and L2 development: Revisiting Hsieh (2008)[M]//R. P. Leow, L. Cerezo, M. Baralt (Eds.) A psycholinguistic approach to technology and language learning. Berlin: De Gruyter Mouton, 2016: 131-150.

Leow, R. P. A study of the role of awareness in foreign language behavior: Aware vs. unaware learners[J]. Studies in Language Acquisition, 2000, 22: 557-584.

Leow, R. P. Attention, awareness, and foreign language behavior[J]. Language Learning, 2001, 51(Suppl. 1): 113-155.

Leow, R. P. Do learners notice enhanced forms while interacting with the L2? An online and offline study of the role of written input enhancement in L2 reading[J]. Hispania, 2001, 84 (3): 496-509.

Leow, R. P. Explicit and implicit learning in the L2 classroom: What does the research suggest? [J]. The European Journal of Applied Linguistics and TEFL, 2012, 2: 117-129.

Leow, R. P. Explicit learning in the L2 classroom: A student-centered approach[M]. New York: Routledge, 2015.

Leow, R. P., Mercer, J. D. Depth of processing in L2 learning: Theory, research, and pedagogy[J]. Journal of Spanish Language Teaching, 2015, 2: 69-82.

Leow, R. P., Thinglum, A., Leow, S. WCF processing in the L2 curriculum: A look at type of WCF, type of linguistic item, and L2 performance[J]. Studies in Second Language Learning and Teaching, 2023, 12(4): 653-675.

Logie, R. H., Della Sala, S., Wynn, V., Baddeley, A. D. Visuo-spatial working memory and the control of attention [J]. Quarterly Journal of Experimental Psychology, 2011, 64(6): 1228-1239.

McLaughlin, B. Theories of second language learning[M]. London: Edward Arnold, 1987.

Robinson, P. Attention, memory and the "noticing" hypothesis[J]. Language Learning, 1995, 45: 283-331.

Robinson, P. Attention and memory in SLA[M]//C. Doughty M. H. Long (Eds.) The handbook of second language acquisition. Oxford: Blackwell, 2003: 631-678.

Rosa, E. M., Leow, R. P. Awareness, different learning conditions, and second language development[J]. Applied Psycholinguistics, 2004, 25: 269-292.

Rosa, E., O'Neill, M. D. Explicitness, intake, and the issue of awareness[J]. Studies in Second Language Acquisition, 1999, 21: 511-556.

Schmidt, R. Attention[M]//P. Robinson (Ed.) Cognition and Second Language Instruction. Cambridge: Cambridge University Press, 2001: 3-32.

Swain, M. The output hypothesis: Theory and research[M]//E. Hinkel (Ed.) Handbook of research in second language teaching and learning. Mahwah, NJ: Lawrence Erlbaum, 2005: 471-483.

Tomlin, R. S., Villa, V. Attention in cognitive science and second language acquisition[J]. Studies in Second Language Acquisition, 1994, 16(2): 183-203.

Truscott, J., Sharwood Smith, M. A. Input, intake, and consciousness: The quest for a theoretical foundation[J]. Studies in Second Language Acquisition, 2011, 33: 497-528.

VanPatten, B. Processing instruction: Theory, research, and commentary[M]. Mahwah, NJ: Lawrence Erlbaum, 2004.

第二章　二语加工的研究方法

在第二章中，我们将深入探讨二语加工的多种研究方法，这些方法为我们理解学习者在二语习得过程中的认知活动提供了宝贵的视角。本章首先集中讨论操作化加工层次的共时与非共时方法，这些方法从不同的角度揭示了学习者在语言学习任务中的思维模式和信息处理的深度。接下来，本章还将详细介绍几种常用的共时方法，主要包括有声思维法（Think-Aloud Protocols，TAP）、眼动跟踪法（Eye-Tracking，ET）和刺激回想法（Stimulated Recall，SR），并探讨它们在数据收集与分析中的要点及应用时的注意事项。

一、加工层次的操作

从方法论上来说，在探讨加工层次的操作方式时，学界采用共时与非共时方法来全面理解学习者的认知过程。共时方法关注学习者在执行任务时的即时反应和思维过程，而非共时方法则侧重于事后的反思和分析。

具体来说，共时方法包括但不限于直接的口头报告或有声思维，这种方法要求参与者在执行任务时表达他们的想法，从而揭示其即时的认知活动。例如，Caras（2019），Hsieh 等（2016），Morgan-Short 等（2012），Leow 等（2008，2023），Qi、Lapkin（2001）和 Rott（2005）等人的研究通过有声思维技术，捕捉了学习者在语言学习过程中的即时思维模式。此外，在线反应时测量（如 Rogers，2019）和眼动跟踪法（如 Godfroid & Schmidtke，2013）也是共时方法的代表，它们能够提供关于学习者认知处理速度和视觉注意力分配的实时数据。

非共时方法则涉及事后的回顾性或反思问卷（如 Sachs & Nakatsukasa，2019；Meritan，2021），以及事后书面语言任务（如 Cerezo et al.，2019；Manchón et al.，2020）。这些方法允许学习者在任务完成后，回顾并反思他们的学习过程，从而提供对学习者认知活动的深入理解。此外，通过实验条件或假定能促进更深层次加工的任务（如 Bird，2012；Gass et al.，2003；Laufer & Hulstijn，2001；Martínez-Fernández，2008；Shook，1994）也是一种间接、非共时方法，能通过设计特定的学习环境来促进学习者对材料的深入加工。

与共时方法相比，非共时方法在内部有效性方面有所不同，这反映在关于学习者与

L2 数据互动时的实际表现的信息上。非共时方法可能受到记忆偏差和后见之明的影响，这可能会影响数据的准确性和可靠性。因此，本章节选择重点讨论共时方法，因为它们能够更准确地说明加工和认知过程的关系，从而提高研究的内部有效性。

当然，为了更全面地理解加工层次，在条件允许的情况下，建议结合共时和非共时方法，以获得对学习者认知过程的完整视图。共时方法提供了对学习者即时反应的洞察，而非共时方法则揭示了学习者在任务完成后的反思和认知重构。通过这种综合方法，研究者可以更准确地评估和理解学习者在语言学习过程中的认知动态。

二、加工层次的测量

基于以往研究（例如，Bowles，2003；de la Fuente，2016；Hsieh et al.，2016；Leow，1997，2001b，2012；Qi & Lapkin，2001）的实证数据及相关的编码模式，Leow（2015）识别出学习者在加工二语输入时，在认知努力水平、分析深度和花费在目标语言项目上的时间方面存在显著差异。因此，Leow（2015，p. 228）为加工层次建立了一个层级编码方案。该方案由三个层次组成：低、中和高。低加工层次水平表现为不参与或极少参与加工目标语言语法或词汇项目，例如快速阅读目标语言项目或不完整的翻译尝试。中等加工层次水平表明学习者参与了对目标语言项目的部分加工，并对目标语言的语法特征进行了一些观察或简短评论。高加工层次水平表示学习者通过加工，生成了关于目标语言项目的不准确、部分准确或完全准确的语法规则。它还标志着学习者发挥了最大认知努力，这一点通过学习者多次尝试理解语法或词汇规则得以证明。同时，那些报告这种高水平加工层次但未能部分或完全理解潜在规则或词根的第二语言学习者，在理解层次上被编码为"+高加工层次（high DoP）−意识"；"+高加工层次+理解层次上的意识"被赋予确实达到了这种理解的第二语言学习者。换言之，报告高加工层次水平并不一定意味着第二语言学习者也实现了对潜在语法规则或词根的理解。

尽管若干加工层次研究（例如，Adradas-Rafael & Filgueras-Gómez，2019；Hsieh，2019；Leow et al.，2019，2023；Martin et al.，2019；Moreno，2019）采用了 Leow（2015）的加工层次来研究学习者在加工二语输入期间的认知过程，但 Cerezo 等人（2016）基于 Leow（2015）的加工层次的层级编码方案，提出了一种针对 DoP 的质量/性质的编码方案。这一关于 DoP 质量/性质的方案包括四种类型的认知过程：假设形成、语法规则制定、先验知识的激活和元认知。假设形成指的是学习者对目标语言项目的语法规则形成假设。语法规则制定表明学习者为目标语言项目提供完整或部分的语法规则。先验知识的激活意味着学习者利用先前的知识来编码或解码目标语言项目。元认知指的是对学习者在学习中的感受或进展的描述/评价（Leow，2015）。学习者在加工语言输入时，可能使用一种类型的认知过程或结合多种类型的认知过程。

三、常用的共时方法概述

鉴于在对个体差异与二语加工关系的相关研究中常采用有声思维法(Think-Aloud Protocols，TAP)、眼动跟踪法(Eye-Tracking，ET)和刺激回想法(Stimulated Recall，SR)，本部分将依次对这三种研究方法进行介绍，并阐释数据收集与分析中需要注意的要点(见表2-1)。

表 2-1　研究个体差异与二语加工关系中采用的有声思维法、眼动跟踪法和
刺激回想法的特点总结(基于 Leow et al.，2014)

	有声思维法(TAP)	眼动跟踪法(ET)	刺激回想法(SR)
测量指标	转录文稿	注视持续时间、顺序和焦点	转录文稿
学习者加工行为的证据	可观察的、可解释的	基于假设的、可观察的	可观察的、可解释的
使用要求(如设备、场地)	需要访问录音设备	• 需要访问设备：头戴式或远程眼动追踪器 • 实验室限制	需要访问录音设备
对学习者的影响	非侵入性的(非元认知TA)，学习者表达任何想法	非侵入性的	如果学习者被提示对早期活动或任务进行元认知反思，可能会有侵入性
注意力	是	是，包括边缘注意力	是
意识	有意识	无意识	离线数据
意识水平	低，高	低	离线数据
加工层次	低，中，高	低，中	离线数据
局限性	受限于学习者的表达能力和记忆衰减，对语言加工产生干扰	无法提供意识水平、处理层次或认知策略的证据	• 可能构成通过双重输入接触的额外学习体验 • 可能由于记忆衰退、原始任务和刺激回想法(SR)之间的时间间隔而不真实 • 或是希望满足研究者的期望而不真实

如表 1-1 所示，有声思维法(TAP)、眼动跟踪法(ET)和刺激回想法(SR)在应用于研

究个体差异与二语加工关系时各有其特点和局限性。通过综合分析这些特点，我们可以更深入地理解它们在研究中的应用和价值。

有声思维法（TAP）是一种要求学习者在执行任务时口头报告自己思考过程的直接内省技术。这种方法能够提供关于学习者认知处理行为的直接证据，捕捉到学习者的即时反应和元认知活动，从而揭示个体在语言加工中的策略使用和问题解决过程。TAP 的优点在于它能够深入观察学习者的内省和反思，但同时也存在局限性，如可能受限于学习者的表达能力和记忆衰减，以及可能对学习者的语言加工产生干扰。此外，使用 TAP 时通常需要访问语音记录设备，这可能给学习者带来额外的认知负荷，影响其语言使用。尽管如此，TAP 因其能够实时捕捉学习者的语言加工过程，仍然是研究者了解学习者语言认知机制的重要工具。

眼动跟踪法（ET）是一种通过测量学习者在执行任务时的眼动数据，如注视持续时间、顺序和焦点，来间接推断学习者认知过程的非侵入性技术。ET 的独特之处在于它允许研究者在不干扰学习者自然语言使用的情况下，收集关于学习者阅读或处理语言信息时的眼动模式，从而提供一种间接但强有力的工具来推断认知过程。这种技术减少了反作用性的问题，因为它不会要求学习者进行额外的语言输出。然而，ET 的局限性在于它需要昂贵的眼动追踪设备，对实验室环境要求较高，这可能限制研究的可访问性和外部有效性。此外，眼动数据的分析过程复杂，通常需要专业的知识和软件支持，这进一步提高了研究的技术门槛。尽管存在这些挑战，ET 仍然因其能够提供深入的认知过程见解而成为研究者了解学习者语言认知机制的宝贵工具。

刺激回想法（SR）是一种要求学习者在完成语言任务后回顾并解释自己行为和决策的回顾性技术。SR 的独特之处在于它能够提供对学习者认知策略和意识水平的深入见解，尤其是在分析学习者如何处理特定语言难题时，这使得它成为理解学习者语言加工过程的重要工具。与 TAP 相比，SR 可能更少受到反作用性的影响，因为它不要求学习者在语言加工的同时进行口头报告。然而，SR 的局限性在于它依赖于学习者对先前活动的回顾，这可能受到学习者希望满足研究者期望的意图的影响。此外，SR 可能构成通过双重输入接触的额外学习体验，但也可能由于记忆衰退，或原始任务和 SR 之间的时间间隔而不真实。因此，尽管 SR 能够提供宝贵的认知过程见解，但研究者在使用时需要考虑这些潜在的局限性。

总体来说，有声思维法（TAP）、眼动跟踪法（ET）和刺激回想法（SR）这三种方法在研究个体差异与二语加工的关系时各有其独特的优势和局限性。TAP 在捕捉学习者的即时内省和元认知反思方面具有显著优势，尽管它可能受限于学习者的表达能力和记忆衰减，也可能对学习者的语言加工产生干扰。相比之下，ET 以其非侵入性和实时性在推断学习者的认知过程方面表现出色，但它需要昂贵的设备，对实验室环境要求较高，这可能会限制研究的可访问性和外部有效性。而 SR 则在提供深入认知策略和意识水平见解方面具有潜力，尽管它依赖于学习者的记忆准确性，可能受到时间延迟和研究者期望的影响。因此，在设计研究时，研究者应根据研究目标、研究问题和可用资源，灵活选择最合适的方法，或将这些方法结合起来使用，以获得更全面和准确的研究结果。通过综合运用这些方法，研究者能够更深入地理解学习者的语言加工过程及其个体差异，进而推动二语习得领域的理论和实践发展。

（一）有声思维法

使用在线/共时口头报告/有声思维法（TAP）来探究参与者在心理学、认知科学和教育学等多个领域的认知加工、思维过程和策略，并不是新型数据收集方法。实际上，自 20 世纪 50 年代以来，其他领域已经广泛记录了它们的使用（参见 Bowles，2010）。有声思维法是许多研究领域中操作加工层次（DoP）最受欢迎的共时数据收集方法，因为与其他共时数据收集方法相比，它似乎具有能更深入洞察学习者认知过程的优势。有声思维法要求参与者在完成任务时大声说出他们的想法。采用有声思维法的研究一般选择了非元认知有声思维法，即要求参与者在完成任务时自由地说出他们当时在想什么，而不是证明或解释他们的想法（元认知有声思维法）。收集共时数据的标准程序是，在一次模拟练习之后，要求参与者在执行实验任务时进行有声思维，并记录在这一实验阶段产生的有声思维数据，以便后续编码。

有声思维法要求学习者在解决任务时大声说出他们的所思所想（Van Someren，Barnard，Sandberg，1994）。在研究个体差异对二语加工的影响过程中，TAP 能够揭示不同学习者在语言加工中的注意过程、意识水平、加工层次和认知策略使用情况，这对于设计个性化教学和学习方法至关重要。

在考虑个体差异因素时，TAP 的应用需要特别注意学习者的语言水平、认知风格、学习动机、年龄、性别、文化背景、学习策略、先验知识、情绪状态、个性特征、自我效能感、语言学习背景以及社会经济地位，这些因素都可能影响学习者在 TAP 中的表现和反应。例如，具有较高二语水平的学习者可能更倾向于使用二语进行 TAP，而语言水平较低的学习者更愿意使用母语，这反映了学习者的语言背景和自我效能感的差异。此外，场独立性或场依存性的认知风格可能影响学习者报告其思维过程的方式，而不同的学习动机水平也可能影响他们在 TAP 中的参与度。情绪状态，如测试焦虑或自信，可能在学习者进行 TAP 时影响其表现。个性特征，如开放性和责任心，可能与学习者的语言加工深度和策略使用相关。文化背景可能影响学习者的交流方式和自我报告的倾向性。在特定领域先验知识的多少可能影响他们对新信息的加工和理解。自我效能感，即学习者对自己语言学习能力的信心，可能影响他们在 TAP 中的参与和表现。此外，TAP 的反作用性也可能与任务类型有关。问题解决型任务相较于阅读任务，不太容易受到反作用性的影响，这可能与学习者采用的学习策略和先验知识有关。所有这些考量对于确保 TAP 能够真实反映学习者的认知过程至关重要，因为它们共同作用于学习者执行任务和口头报告其思维活动的过程。

依据学习者口头汇报其大脑的认知过程与学习者完成任务在时间上的顺序差异，Ericsson 和 Simon（1993）将有声思维法分为同步有声思维法（introspective/concurrent/online think aloud protocols）和回溯性有声思维法（retrospective think aloud protocols）。同步有声思维法是指学习者在完成任务的同时说出他们的所思所想，因此这种有声思维法的优势在于其不受记忆力的约束（Leow，2015），但是存在反作用性的问题，即有声思维这种行为是否会影响学习者的表现（Leow & Morgan-Short，2004）。在以往考察了有声思维法的反作用性问题的少量研究中，多数发现有声思维法对学习者的表现没有产生显著的影响（如 Adrada-Rafael，2017；Bowles，2008；Stafford，Bowden，Sanz，2012），少数研究发现有声思维法有积极的反作用（如 Rossomondo，2007），即促进了学习者的表现；更少的研究发现有声思维法有消极的反作用（如 Sachs & Polio，2007），即阻碍了学习者的表现。但是需要注意的是，Sachs 和 Polio（2007）研究中出现的消极的反作用很可能是因为他们要求学习者用二语进行有声思维，因而在一定程度上影响了学习者对语言输入的加工，从而导致他们的表现受到消极影响。通常来说，针对有声思维法的反作用性问题，需要采用非有声思维组与有声思维组来对比两者的表现是否存在显著差异：如果存在显著差异，则说明存在反作用性问题，反之则不存在。

相比之下，回溯性有声思维法是指在学习者完成任务之后立刻进行有声思维，此时不会出现反作用性的问题，但是这种有声思维法存在真实性的问题，即由于记忆的消蚀，学习者可能不记得准确的信息，有可能遗漏了重要的信息或者增加了额外的信息。换言之，使用回溯性有声思维法可能无法确认学习者所汇报的信息是否就是加工时所产生的信息（Ericsson & Simon，1993）。

另外，从学习者对大脑认知过程的观察角度或揭示角度进行分类，有声思维法可以分为元认知有声思维法（metacognitive think aloud protocols）和非元认知有声思维法（non-metacognitive think aloud protocols）（A. Cohen，2000）。前者是指研究者要求学习者在完成任务时进行有声思维的时候提供一些解释，以说明他们对自己的思考过程的看法；而后者是指学习者专注于在完成任务时进行有声思维，不需要解释他们对自己的思考过程的看法或他们进行如此思考的原因。

鉴于不同的有声思维类型对于学习者的表现可能产生的潜在影响（促进或者阻碍作用），诸多研究者提倡使用同步的非元认知有声思维法（如 Ericsson & Simon，1993）来收集数据，以此来考察学习者真实的加工过程。

1. 数据收集与分析

有声思维法的数据收集与分析过程复杂，需要细致地考虑个体差异因素。这些因素包括但不限于学习者的语言水平、认知风格、学习动机、年龄、性别、文化背景、学习策略、先验知识、情绪状态、个性特征、自我效能感、语言学习背景以及社会经济地位。

有声思维法的数据收集与分析一般包含三个阶段：准备阶段、数据收集阶段、数据分析阶段。

（1）准备阶段

在研究设计阶段，研究者首先需要确定实验任务是否适合采用有声思维法，并考虑这些任务如何与个体差异因素相互作用。选择的任务类型应能够激发不同背景学习者的真实语言加工过程，同时考虑到学习者的语言水平、认知风格、学习动机等个体差异因素。有声思维法可以用于诸多不同类型的实验任务，如阅读、写作、自定步速语法学习等任务，或是作为考察显性知识的测量工具的一种补充性数据收集工具，但不适用于口头任务（Bowles，2010）。

在确定实验任务与有声思维法契合后，研究者需要考虑采用何种有声思维法，并根据学习者的语言水平和背景选择适当的语言进行 TAP。如果研究目的是让被试在有声思维过程中观察自己在加工输入时的认知过程并进行解释，可以使用元认知有声思维；如果是揭示认知过程，则使用非元认知有声思维。此外，还需要考虑被试的语言背景，如果被试的母语背景均一致，最好要求他们在有声思维中使用母语；如果被试的语言背景不一致，需要考虑是使用共同的二语，还是使用他们自己感觉自在的语言（如二语水平较高的学生可能会使用二语，而水平较低的学生可能会混用母语和二语）。需要注意的是，当有声思维不是被试运用母语或其所精通的语言完成时，要考虑语言熟练程度是否会影响到言语表达。

就培训而言，培训材料的准备应考虑到不同学习者的认知风格和学习策略，以确保他们能够有效地进行有声思维。在对概念进行讲解时，应使用浅显易懂的语言，避免过于专业的难懂的术语，确保所有不同语言水平或文化背景的被试都能理解有声思维的要求。研究者可以准备视频形式的培训材料，内容包括对有声思维概念的讲解、研究者进行的示范以及布置需要被试完成练习任务，从而让被试熟悉这种言语报告的方法。

在选取示范任务和练习任务时，任务类型可以是非语言类的，例如解答一道简单的数学题。这种非语言类的任务可以避免出现任务是什么被试就照着说什么的情况，但也可能导致被试难以从这种任务的有声思维迁移到正式的实验任务的有声思维。这一问题可以通过完成与正式的实验任务类似的语言类练习任务来解决，但需要注意的是，练习任务最好与研究者的示范任务有所区别，以免学习者受到研究者的认知策略的影响。练习任务也需要与正式的实验任务有所区别，以免学习者提前接触目的语结构从而影响实验结果。虽然非语言类练习任务和语言类练习任务各有利弊，但无论完成哪种练习任务，目的都是帮助学习者在实验前练习有声思维并明确有声思维。

此外，研究者还需要考虑使用何种设备进行有声思维的录音，并确保录音质量，便于研究者在实验完成后转写为文字数据。如果是在课堂，可以要求学生使用手机进行录音；如果是在语言实验室，可以使用计算机自带的录音设备和软件。

在材料和设备准备完毕后，研究者可以在小范围内选取与正式实验对象接近的少量被试进行预调查，依据被试的反馈来核查有声思维培训的清晰度、校正材料存在的歧义，并确保设备的录音质量能够成功转为文字资料。

（2）数据收集阶段

在正式的实验开始之前，研究者首先需要确保录音设备完好，以捕捉所有细微的语言和非语言线索，这对于后续分析学习者的语言加工过程至关重要。其次，研究者应对被试进行全面的培训，不仅要介绍有声思维法的基本要求，还要针对不同个体差异因素（如语言水平、认知风格、学习动机等）提供个性化的指导。例如，语言水平较低的被试可能需要更多的示范和练习，以确保他们能够舒适并有效地使用 TAP。

向被试讲解时，研究者应使用口头和书面形式，清晰地说明在实验任务中进行有声思维的目的和方法。这包括选择合适的语言（母语或二语）进行报告，以及言语报告应达到的细节和反思程度。研究者应确保所有被试，无论其背景如何，都能充分理解有声思维的要求，并自信地参与实验任务。

在实验过程中，研究者需要敏锐地观察被试的反应，包括他们的言语和非言语行为。如果被试出现较长的停顿，研究者应通过中立和鼓励性的话语来促进他们的思考，如"你此刻大脑在想什么？""请继续有声思维"等提示话语（Mackey & Gass，2021）；避免使用可能影响被试认知过程的评价性语言，如"你确定吗？""很好"等。如果被试使用计算机进行实验任务，这些言语鼓励可以作为温馨提示内置于实验任务的重要节点出现。此外，研究者应考虑到，不同学习者可能对实验任务有不同的反应，如焦虑水平高或不自信的被试可能需要不同的支持和鼓励。

为了评估有声思维法的反作用性，研究者可以考虑设置一个非有声思维组作为控制组，完成与有声思维组同样的实验任务。通过比较两组的表现，研究者可以判断进行有声思维是否显著改变了被试的认知过程。这一比较对于理解不同个体差异因素如何影响有声思维法的有效性至关重要。

最后，研究者应记录所有可能影响数据效度的因素，如被试的情绪状态、环境干扰等，并在数据分析时考虑这些因素。通过这种细致的记录，研究者可以收集到高质量、具有高度个体适应性的有声思维数据，为后续的深入分析打下坚实的基础。

（3）数据分析阶段

在数据分析阶段，研究者需要细致地处理录音数据，并基于理论框架和研究问题进行编码与分析。这一过程应考虑到参与研究的学习者的个体差异，如语言水平、认知风格和文化背景，因为这些因素可能影响学习者的语言加工和有声思维报告。

转写前，研究者应设计一个格式，既能体现话语分析的细节，也能适用于不同被试的语言特点。例如，对于语言水平较高的被试，转写可能需要更注重语言的精确性；而对语言水平较低的被试，则可能需要关注其基础语言表达和体现的学习策略。

此外，在转写开始之前，还需要确定转写人员及数量。由于有声思维的录音可能涉及不同的语言，在选取转写人员时需要确保他们精通其中的语言，便于转写。然后研究者需要对转写人员进行培训，让他们熟悉转写的格式要求。在培训时，可以选取少量录音数据进行转写，然后通过计算评分者信度来确保转写人员遵循了一致的格式。

在转写完成后，研究者需要核查转写文字是否与录音一致，然后将录音稿切分为数个话语片段（episodes）/例次（instance）作为编码单位。一个话语片段通常对应实验任务中的一个小任务，如包含了一个目的语结构的句子，或者是阅读理解中的一个题目。如果研究的目的语结构是语法个项，可以考虑以学习者对每一个目的语法结构进行的加工为编码单位；对于词汇个项，也可以采取类似方法。随后，研究者可以设计编码框架。可以直接采用现有研究中的编码框架，或者依据数据特点重新设计，或者结合现有数据。改编现有研究的编码框架。

就加工层次而言，有声思维数据可以进行定量编码和定性编码。如果是定量编码，可以依据 Leow（2015，p. 228）对加工层次的水平进行编码。以语法个项为例，具体的编码指标和示例见表 2-2。在编码时，对照编码方案（见表 2-2），编码人员各自记录三种不同加工层次（低、中、高）的例次（instance）。如表 2-2 所示，低加工层次是指学习者没有对目的语语法结构进行加工或者进行了较少的加工，例如反复阅读目的语结构，或者进行了不完全的翻译等。在表 2-2 的例 1 中，被试反复阅读了含有目的语结构的句子，进行了少量的翻译，而且他并不确定所学的目的语结构是什么，付出的认知努力（即学习者投放在输入中的注意力（McLaughlin，1987））较低。中等加工层次是指学习者对于目的语结构进行了一定程度的加工，对目的语的语法特征作出了一些评论。在表 2-2 的例 2 中，被试付出了较多的时间和精力加工目的语结构，对目的语结构所表达的意义进行了基本的解释与假设检验，但是没有作进一步的解释，也未将目的语结构的形式与意义联结起来，或总结出相应的语法规则。高加工层次是指学习者在加工中思考出了一种不准确的、部分准确的或者完全准确的关于目的语结构的语法规则，或者说付出了最大化的认知努力（表现为多次尝试去达成对语法规则的理解）。在表 2-2 的例 3 中，被试对目的语结构的形式与意义进行了联结，在此过程中总结出了解答该题的关键语法规则。

在编码完成后，可以参照 Adrada-Rafael（2017）或 Zamora（2017）计算加工层次水平的平均得分（根据赋值），标注相应的加工层次水平（高、中或低），统计加工层次水平的频次。

表 2-2　加工层次水平的编码表（语法个项）（基于 Leow，2015，p. 228）

	低加工层次 （赋值为 1）	中等加工层次 （赋值为 3）	高加工层次 （赋值为 5）
意识 水平	察觉	汇报	+ 理解（基于语法规则的准确性或者形式与意义联结的准确性）
描述	没有表现出从语法上加工目的语结构	就目的语结构的语法特征进行评论	达到了不准确的、部分准确的或者完全准确的目的语结构的语法规则
具体 指标	• 快速地阅读目的语结构 • 把短语翻译成英文，但是目的语结构还是英文 • 认真地读目的语结构 • 重复目的语结构 • 说他/她不确定这是什么 • 没有花费太多的时间对目的语结构进行加工 • 耗费了较低的认知努力从语法上对目的语结构进行加工	• 就目的语结构的语法特征进行评论 • 花费了较多的时间加工目的语结构 • 作出了表明对目的语结构有一些加工的评论 • 花费了一定的认知努力从语法上对目的语结构进行加工 • 系统性的元语言假设检验	• 思考出了不准确的、部分准确的或者完全准确的目的语结构的语法规则 • 对目的语结构形成了假设 • 纠正了之前的翻译 • 花费了很高的认知努力从语法上对目的语结构进行加工
示例 （Adrada- Rafael， 2017， p. 28）	例 1："Include si alguna asignatura te causara dificultades, de berías confiar en ti."（Participant 37） "and study every day in a different site, distra... I think you'll be distracted."（Participant 21）	例 2："If you worry yourself you won't umm improve your speed, you should think in the... Ventajas de tu esfuerzo, I don't know what ventajas is, maybe windows? You'll see into something?"（Participant 49） "If you don't control your emotions podrian... put... you should put... or put... no you should... no you can restart, regain energy and concentration."（Participant 52）	例 3："If you eat salad, if you think, no, it's not salad geez, salad salud seria mas facil concentrarte en los estudios What?! If... so that's the new thing, the hypothetical... if you seria mas facil... it's easier to concentrate on your studies, so if you do something it's easier..."（Participant 16） "if one is not motivated, or if one does not motivate students, if one were not to motivate students enough only their intelligence no bastaría, would not be enough to have success."（Participant 43）

如果是定性编码，可以依据 Cerezo 等（2016，p. 278）对加工层次的质量（即认知过程）进行编码（见表 2-3）。在编码时，首先对照表 2-3，由编码人员各自标注出每位被试的有声思维录音稿中四种类型的认知过程，即假设形成、语法规则的形成、先验知识的激活以及元认知，然后计算每种类型的数量。

表 2-3　加工层次的质量（即认知过程）的编码表（改编自 Cerezo et al.，2016，p. 278）

认知过程	描　　述	例子（Cerezo et al.，2016，p. 278）
假设形成	形成关于目的语语法结构的语法规则的假设	"A mí. A mí me. A mí and me mean the same thing. Yes they both mean I"（Diana）.
语法规则的形成	提供关于目的语结构的完整的或者部分的语法规则	"Because gustar agrees to the thing being liked"（Tom）.
先验知识的激活	使用了某种先验知识（如在实验任务中见到的范例或是语法知识；提及以前的语法教学；以前听说过的或是接触过的范例）来编码或者解码目的语结构	"A ella I feel like we already did this one"（Sally）.
元认知	评述/描述对自己的学习进度的感觉	"I'm getting the hang of it"（Alex）.

在编码人员分别进行编码、核对和讨论后，需要计算编码员信度，计算方式之一是用编码人员一致的编码片段数量除以所有编码片段数量乘以 100%（Mackey & Gass，2016）。

在收集与分析有声思维法（TAP）数据时，研究者应采用一个细致的方法来核查数据的准确性和可靠性，并特别注意个体差异因素。以下是研究者可以参考的步骤和注意事项：

收集和分析有声思维法数据的步骤：

①数据预处理：在转录之前，确保录音质量清晰，无背景噪音干扰，这对准确捕捉不同语言水平学习者的口语报告尤为重要（Gass & Mackey，2017）。

②详细转录：将录音逐字转录成文本，包括非言语声音（如叹息、笑声）和停顿。这一步骤应考虑到个体差异，如语言熟练度和交流风格，以保留所有可能的信息（Gass & Mackey，2007）。

③识别和分类语言相关事件（LREs）：根据学习者在写作过程中的语言相关行为，识别和分类 LREs。这一过程应考虑到学习者的个体差异，如认知风格和文化背景（Swain & Lapkin，1995）。

④建立和应用编码方案：基于理论框架和研究问题，建立一个编码方案来评估录音稿中的加工层次（DoP）。编码方案应灵活，以适应不同学习者的认知策略和语言使用习惯（Leow，2015）。

⑤质性分析：对有声思维数据进行质性分析，识别不同学习者在二语加工过程中的认

知策略和难点。分析时应注意个体差异，如学习者的动机和自我效能感(Ferris，2003)。

⑥量化分析：如果可能，对有声思维数据进行量化分析，如计算特定类型的加工例次的频率，或评估不同 DoP 水平的分布。量化分析应考虑个体差异对数据的影响(Kim & Bowles，2019)。

注意事项：

①确保转录的准确性：转录过程中的任何错误都可能影响后续分析的准确性。因此，应进行交叉验证，并考虑到不同学习者的语言特点，以确保转录的可靠性(Gass & Mackey，2007)。

②考虑学习者的个体差异：分析时应注意学习者的语言水平、写作经验和任务类型，因为这些因素都可能影响他们的有声思维报告(Manchón & Leow，2020)。

③避免反作用性：有声思维法可能会引起学习者的行为改变。研究者应采取措施减少这种反作用性，例如通过实验前培训，适应不同学习者的需求(Gass & Mackey，2017)。

④解释的谨慎性：在解释有声思维数据时，应谨慎考虑可能的替代解释，并结合其他数据源进行验证。解释应考虑到个体差异，如学习者的情感状态和个性特征(Leow & Manchón，2021)。

⑤技术更新的关注：随着录音和转录技术的进步，研究者应关注新的设备和技术，以提高数据收集和分析的效率和准确性，同时考虑到不同学习者对技术使用的适应性(Holmqvist et al.，2011)。

通过遵循这些步骤并注意相关事项，研究者可以有效地收集和分析有声思维法数据，深入理解不同学习者在二语加工过程中的认知行为，并为二语教学和评估提供有价值的见解。

2. 有声思维法的研究案例

本节以 Bergsleithner2019 年发表于 *The Routledge Handbook of Second Language Research in Classroom Learning* 一书上的标题为"The Role of Prior Knowledge in Depth of Processing During Written Production: A Preliminary Investigation"(先验知识在书面产出过程中对于加工层次的作用：一项初步研究)的这项研究为案例，分析有声思维法在应用于探究个体差异因素(先验知识)和二语加工之间关系的实践中的优势和不足。

(1)研究简介

该研究旨在探索在课堂环境下的第二语言习得(ISLA)中，学习者个体差异因素之一——先验知识(Prior Knowledge)——对书面产出阶段加工层次的影响。该研究着重探讨 Leow(2015)提出的二语学习过程模型中的知识加工阶段，并试图验证先验知识(新近与长期)在该阶段的作用及其与学习者书面产出表现的相关性。

数据收集采用了有声思维法，要求参与者在书面任务中大声表达思维过程。研究者通过这种方式获取了关于学习者注意力分配、意识水平、加工层次和认知策略使用的数据。

具体来说，参与者在语言实验室中进行口头的有声思维，使用耳机和麦克风记录声音，同时在电脑上使用文字处理软件完成写作任务。

数据分析方面，研究者首先对有声思维的录音数据进行了转录，然后根据 Leow (2015) 的标准对其进行了编码，区分出低、中、高三个加工层次水平。为了确保编码的可靠性，三位编码者对所有录音稿进行了编码，并达到了高一致性(99%)。接着，研究者使用单因素方差分析(ANOVA)来探讨两组在不同加工层次水平上的差异，并运用皮尔逊相关系数(Pearson Moment Correlations)来分析加工层次与即时和延迟后测表现之间的关系。

研究结果表明，具有新近先验知识的学习者在书面产出时表现出更高的加工层次水平，而具有长期先验知识的学习者则表现出较低的加工层次水平。此外，研究还发现，学习者在即时测试及延迟测试中对信息加工的程度均显著提高。

(2) 评析

Bergsleithner (2019) 的研究有利于深入理解先验知识对第二语言书面产出的加工层次的影响。研究的理论贡献在于它对 Leow (2015) 提出的二语学习过程模型中的知识加工阶段进行了实证检验，并探讨了先验知识类型(新近与长期)对学习者书面产出加工层次的影响。研究结果显示，新近先验知识与更高水平的加工层次相关，而长期先验知识则与低水平的加工层次相关。这表明个体在语言学习过程中的认知发展和知识内化速度存在差异。研究结果强调了在学习者书面产出中考虑先验知识的重要性，并提示教学设计应个性化，以适应不同学习者的先验知识水平。

从应用角度来看，本研究的结果对于外语教学具有重要启示。它强调在教学设计中应考虑学习者的先验知识，并根据这些知识的特点调整教学策略，以促进学习者对新语言信息的深层加工和长期记忆。此外，研究还为教师提供了通过有声思维法来评估和指导学习者学习的方法。

就研究方法而言，需要注意以下几点：

第一，对于反作用性问题，有声思维法要求参与者在执行任务时大声说出他们的思维，这可能会影响他们正常的语言产出过程。虽然该研究中未发现显著的反作用性，但这种潜在的干扰仍然存在，可能会影响数据的自然性和真实性。研究者需要采取额外措施来确保参与者的有声思维不会对他们的实际语言产出造成干扰。此外，数据收集的环境与学习者通常的学习环境之间的差异可能影响被试的表现，这要求研究者在解释结果时考虑环境因素对个体差异的潜在影响。

第二，就数据收集的一致性而言，在本研究中，有声思维数据的收集依赖于参与者在特定环境下的表现。如果实验环境与学习者平时的学习环境差异较大，可能会导致数据收集的不一致。此外，研究者需要确保录音设备的质量，以避免技术问题影响数据的完整性和准确性。

第三，有声思维数据在转录和编码过程中可能涉及主观判断。研究者需要确保转录的准确性，并在编码过程中保持一致性。在本研究中，虽然有多位编码者进行评分并达到了高一致性，但仍然存在编码者主观解释的风险，这可能会影响数据分析的客观性和可靠性。

第四，就数据分析的复杂性而言，有声思维法产生的数据量通常较大，需要研究者进行详细的分析和解释。本研究采用了 ANOVA 和皮尔逊相关系数来分析数据，这些方法虽然揭示了加工层次与表现之间的关系，但可能未能完全展现个体差异对认知过程的影响。未来的研究可以通过混合方法，结合定量和定性分析，更全面地理解不同学习者群体的认知策略和学习过程。

第五，本研究的样本量相对较小，且仅限于巴西英语学习者，这可能限制了研究结果的普遍适用性。未来的研究需要在更广泛的学习者群体中进行，以验证研究结果的稳定性和可靠性。

总体来说，Bergsleithner（2019）的研究为理解先验知识在第二语言学习中的作用提供了有价值的见解，但也凸显了在研究设计、数据收集和分析过程中需要考虑的个体差异因素。研究者在未来的研究中应继续探索这些因素，以提高研究结果的外部有效性，并为教学实践提供更具针对性的指导。

3. 小结

有声思维法（TAP）作为一种共时数据收集技术，为研究者提供了深入理解个体在现实世界中语言加工的直接视角。这种方法要求参与者在执行特定任务时大声表述他们的思维活动，使研究者能够记录下参与者在实际情境中加工语言信息的即时反应和思维过程。

研究者在运用 TAP 时必须考虑到参与者个体差异的影响。学习者的语言水平、认知风格、动机、情感状态、文化背景以及学习策略等都是影响其语言加工的重要因素。例如，语言水平较高的学习者可能在有声思维中展现出更复杂的语言结构和更深层次的认知处理，而语言水平较低的学习者可能更多地依赖于基础语言结构和直观反应。此外，具有不同认知风格和学习策略的学习者可能在面对相同任务时采取不同的处理方式，从而影响他们的语言产出和学习效果。

TAP 的优势在于其能够提供对学习者认知加工过程的直接、实时见解。通过要求学习者在执行任务时大声表达其思维过程，研究者可以深入了解学习者在加工语言输入时所采取的认知策略，揭示个体在二语加工过程中的内在思维模式。然而，TAP 的局限性也不容忽视。学习者在大声表达思维过程时可能会出现自我监控和自我编辑，影响数据的真实性和完整性。此外，TAP 可能会增加学习者的认知负担，尤其是在需要同时进行社交互动或合作任务的情况下。

因此，在运用 TAP 进行个体差异与二语加工关系研究时，研究者需谨慎权衡其优势和限制。为了减少消极影响，研究者应在数据收集过程中采取措施，如提供充分的培训和支持，确保学习者熟悉 TAP 的要求，并让他们在实验环境中感到舒适。此外，结合其他研究方法和数据来源，如问卷调查、访谈和观察，可以帮助研究者获得更全面的视角，确保研究结果的可靠性和准确性。通过这种多方位的综合方法，可以更全面地揭示个体差异与二语加工的关系。

(二)眼动跟踪法

眼动跟踪法，也叫眼动追踪技术或视觉追踪技术，是一种用于实时记录被试注视计算机屏幕信息时眼球运动的方法或技术。在二语习得领域，通常是通过实时考察被试面对不同类型的言语和非言语刺激以及不同组合类型刺激时，眼睛注视的位置、眼动的频率、注视的时长、对某个注视点的注视次数、是否回视等，直接测量出被试对语言信息认知加工的程度。例如，被试对语言输入信息的注视更多且注视时间更长，表示被试花费了更多的认知加工努力。相反，当被试花费较少或较短的时间注视语言输入信息时，则表示他们付出了较少的加工努力。

眼动跟踪法在视觉系统研究中被广泛采用，它测量视觉刺激的注视点(即一个人正在看的地方，可以是水平的或垂直的)或者眼睛相对于头部的运动。它是一种无可争议的显性注意力分配的测量方法，并且已经建立了隐性注意力过程与眼动之间的密切联系(参见Godfroid，2020)。对眼动跟踪器的有用性的研究揭示了眼睛与心智之间的密切联系，即眼动与潜在的认知过程之间可能存在直接关系。此类研究还提出，眼动跟踪数据可以通过观察瞳孔扩张强度和时间，捕捉眼着陆位置和眼动时间来测量认知努力。眼动数据通常在实验室环境中收集，并且根据设备类型(例如，头戴式视频眼动跟踪器，如 EyeLink Ⅱ；或远程眼动跟踪器，如 Tobii 1750)，在实际数据收集开始之前，需要将眼动跟踪器校准到参与者的眼睛，以准确记录他们的注视方向。通常在实际数据收集之前让参与者进行一次模拟练习。

眼动追踪技术以其毫秒级的测量精度，不仅能够精确记录学习者的视觉信息，而且能够以一种自然而不显眼的方式收集丰富的实时数据(Conklin & Pellicer-Sánchez，2016)。这种技术的应用在考量个体差异对二语加工影响的研究中尤为重要，因为它允许研究者探究不同语言水平、认知能力及其他个体特征对语言加工模式的影响。例如，对于语言水平较低的个体，眼动追踪数据可能揭示其在处理复杂语言结构时的视觉注意力分配模式，而高水平个体可能展示出更为高效的认知加工策略。这一点在研究中尤为重要，因为它超越了传统测试方法，直接观察学习者语言知识应用的方式。

眼动记录不受策略效应、记忆的个体差异、有意的决策过程或识别策略的影响，因此这种数据收集方法开始受到越来越多二语习得研究者的关注。它已被应用于二语习得研究的多个方面，包括词汇加工和学习、听力理解、句法加工、书面文本产出、阅读理解、语言测试、显性与隐性知识加工、以计算机为媒介的交流(CMC)、口头言语交际等。此外，眼动追踪法收集的数据能清晰显示学习者能否把习得的知识应用到语言实践中，无须再通过语法或者词汇测试来检验语言习得情况，因此，它也成为一种测量语言实时产出的有效方法。

眼动追踪技术已经成为二语习得领域研究者用于实时观察与测量二语语言加工过程的重要工具。随着研究者逐渐开始将眼动数据与其他数据收集手段（如有声思维法、脑电、刺激回想法、问卷调查法等）相结合，眼动追踪法在提供三角互证方面展现出其独特的价值，增强了研究结果的可靠性和深度。

1. 数据收集与分析

眼动跟踪法的数据收集与分析是一个系统化且细致的过程，它不仅需要考虑技术层面的规范，还必须关注学习者的个体差异。以下介绍该过程的几个关键阶段。

（1）准备阶段

在研究设计的初期阶段，研究者的首要任务是评估实验任务与眼动追踪法的适配性，并确保研究设计遵循眼动追踪系统的技术规范，以保障所收集数据的科学性和可靠性。此评估需综合考量参与者的语言能力、认知特性及其他个体差异因素，这些因素将直接影响认知加工数据类型的选取，涵盖书面、口头及非言语输入的认知努力。

此外，研究者需审慎选择适宜的刺激材料，并严格控制材料的呈现方式，以满足不同学习者在视觉和认知层面的需求。在此过程中，静态与动态刺激材料的选择应基于对学习者个体差异的细致分析，确保所选材料能够有效地激发不同背景学习者的语言加工过程。

研究者亦需精确界定研究设计中的自变量与因变量，并对可能影响个体加工差异的因素进行细致考量，如语言熟练度、年龄及文化背景等。这要求研究者在设计阶段就对可能的个体差异进行周密预测和控制，以减少这些因素对眼动数据的潜在影响。

在制定任务指导语时，研究者需确保其内容的明确性、全面性，并易于不同文化和语言背景的学习者理解。必要时，应提供定制化的指导，以促进学习者对实验要求的准确把握，并确保他们在实验过程中能够舒适并有效地参与。

最终，研究者需对实验设计的诸多细节进行周密规划，包括但不限于控制变量、关键观测变量、实验设计类型（如组间或组内设计）、眼动刺激的数量及呈现顺序等。同时，需核实任务指导语是否需根据参与者的个人背景信息（如年龄、语言背景）进行个性化调整，以确保实验的顺利进行和数据的精确性。

（2）数据收集阶段

确定好了眼动实验的准备事项后，就开始眼动实验的数据收集。收集数据前，研究者先要确定研究需要收集的具体眼动指标。因为眼动追踪技术可以大量地收集和分析不同眼动指标的数据，并把这些数据与语言加工和认知联系起来。一项眼动追踪研究中需要考察的眼动指标一般与研究问题直接相关。注视（fixation）和眼跳（saccade）是最基本的两项眼动指标。注视是指在某个时间段内，眼睛注视一个目标而停止运动以"获取新的信息"，而眼跳则是指眼睛从一个注视点转移到另一个注视点的过程（Rayner，2009，p. 1458），这两者构成一个完整的扫描路径。眼动指标分为早期指标和晚期指标,分别表示语言加工的不同阶段。早期指标包括首次注视时间、凝视时间、第一遍阅读时间、跳读率,主要反映被试在阅读任务中自动化识别和理解语言的过程。首次注视时间是指"第一次注视 ROI(Region of Interest)的总时间",它有效地反映了早期认知加工过程的特点(Conklin & Pellicer-Sánchez,2016,p. 456)。第一遍阅读时间是"注视点首次转向另一个兴趣区之前的所有注视点的注视时间之和"(Ibid.)。首次注视时间和第一遍阅读时间能够提供关于认知加工初始阶段的一些信息,如"阅读中的词汇识别"和"注意偏向"等"(Ibid.)。跳读率是指"首次阅读中 ROI 被跳过的可能性"(Conklin & Pellicer-Sánchez,2016,p. 456),在阅读研究中被用来确定在被试第一遍阅读时不被注视的单词的比例,由视觉因素和语言因素共同产生。所有早期指标都可以反映被试对语言目标识别和理解的难易度,从而显示语言加工过程。

晚期指标则主要包括回视路径时间、第二遍阅读时间、总注视时间和注视次数,能够反映出被试更有意识、有控制和有策略地进行语言加工的过程。回视路径时间是指"从 ROI 的首次注视开始到注视点落到该 ROI 右侧为止的时间"(Conklin & Pellicer-Sánchez,2016,p. 456)。第二遍阅读时间指"首次阅读之后,再次回到该 ROI 内注视点的持续时间之和"(Conklin & Pellicer-Sánchez,2016,p. 456)。总注视时间是"一个 ROI 内所有注视的总持续时间"(Conklin & Pellicer-Sánchez,2016,p. 456)。注视次数指"一个 ROI 内注视的总次数"(Ibid.),这些都反映了阅读中与信息整合相关的过程,包括由于处理困难而导致的重读("倒回去扫视文本前一部分的时间")和再分析等(Ibid.;Marijuan & Sanz,2017)。第二遍阅读时间和回视路径时间揭示了对 ROI 中的难点进行重新分析和整合的深层认知过程的晚期指标(Conklin & Pellicer-Sánchez,2016,p. 456)。Zufferey 等(2015,p. 398)就使用了第一遍阅读时间、回视路径时间和总注视时间来记录被试"对目标句内容的初次和再次阅读过程"。Safak 和 Hopp(2021)还通过第一遍阅读时间、第二遍阅读时间和总注视时间,考察了母语和动词偏好对二语学习者加工歧义句的影响。

此外,眼动指标还包括与位置相关的指标,如眼跳距离和与瞳孔有关的指标,如瞳孔直径等。例如,如果眼动研究中还需要跟踪被试的情绪反应,就需要收集瞳孔扩张的指标。总之,需要收集哪些眼动指标,主要取决于我们的研究目的和研究问题,按照准备阶段和实验设计阶段确定的指标,一一收集并保存。

除了需要收集以上眼动追踪研究中的数据指标,眼动追踪研究中很多研究者还采用了多个数据源对研究结果进行互补验证,其中眼动技术最常与一些非共时任务,如词汇识别任务或可接受性判断任务等一起使用,还有刺激回忆法以及击键记录、访谈和问卷调查,等等。如果眼动追踪研究需要补充其他非共时方法数据,那么数据收集阶段也要做好相应的数据收集时间、方法上的安排。

实验阶段,研究者还需要监控眼动仪并定期检查或校准眼动仪,确保数据完整。眼动追踪实验结束后，眼动追踪软件可以自动保留研究数据。

眼动追踪研究数据的准备阶段和收集阶段涉及的问题及清单见表 2-4，该表改编自 Conklin et al.（2018，pp. 166-169）。

表 2-4 数据准备阶段和收集阶段所涉问题清单

最 后 清 单	
确定所要做的研究	➤ 确定研究使用哪类刺激方式，并考虑不同学习者的语言水平和认知风格。可以使用视觉刺激(文本或图像)或视觉和听觉相结合的刺激，同时考虑学习者的语言背景和文化差异。 ➤ 如果选择使用视觉刺激方式，就要确定感兴趣的模式，以适应不同学习者的认知习惯：细致的阅读行为(文本)模式或更一般的模式(视觉搜索)。 ➤ 通过研究问题选择研究方法，清楚了解研究中需要创建的刺激方式将有助于完成研究计划的其余部分。
基于文本的阅读研究中需要考虑的刺激方式的属性	➤ 关键词的匹配需考虑不同学习者对语言的熟练度，避免因关键词特征影响阅读模式。 ➤ 关键词的位置需避免出现在段落的开头或结尾，以免影响不同学习者的信息处理。注意文本的外观，确保不同视力水平的学习者都能清晰阅读。考虑字体大小、间距和屏幕位置。一般建议使用 Courier New 字体(或不同的等宽字体)，字号最小要达到 14 磅，行距最好设定为 2 倍行距。
图像研究中，需要考虑的刺激的特性	➤ 图像应该与大小和视觉凸显性相匹配，且需适应不同学习者的视觉注意力分配。在视觉情境研究中，"目标"和"竞争"项目的属性需考虑不同学习者的认知负荷和信息处理能力。 ➤ 图像的位置摆放需均衡，避免学习者因位置习惯而产生的认知偏差。可以预先创建图像，需要使用真实的刺激时，可以考虑选择使用图像的某个方面。
需要考虑的视觉/音频和动态刺激的具体属性	➤ 如果记录自制的音频，需避免引入混淆变量，如韵律线索，以适应不同学习者的语言处理能力。 ➤ 而如果使用的是音频，则需要锁定刺激时间，以保证分析的准确性。 ➤ 视频刺激和其他动态刺激需选择真实且具有代表性的材料，以反映不同学习者的语言实践。
刺激和学习者的数量	➤ 研究方法(组内设计或组间设计)和研究的性质将决定刺激和学习者的数量。在研究中一般需要保证有足够大的统计功效，才能帮助研究者从分析中得出清晰的结论。
建构自己的实验方法	➤ 先要仔细阅读用户手册和眼动追踪软件提供的示例文件，确保实验设计适应不同学习者的需求。 ➤ 提前准备好实验中使用的刺激，需个性化调整，以适应不同学习者的语言水平和认知风格，然后把刺激添加到实验中。彻底完成实验后再使用眼动追踪实验设备中的软件收集"实时"研究数据。

续表

最后清单	
了解数据分析内容的方法	➤ 确定拟提前分析的兴趣区，考虑不同学习者可能关注的信息类型和认知过程。可以在构建阶段就把兴趣区添加到刺激物中，也可以选择在构建结束阶段添加兴趣区。 ➤ 兴趣区的设置需反映不同学习者在语言加工中的关键点，如单词、短语或特定图像区域。 ➤ 任何基于图像或视频的研究的兴趣区有可能是展现出来的特定区域。 ➤ 兴趣区既可以是静态的，也可以是动态的。可以将动态兴趣区设置为只记录特定点的数据，或者设置成追踪在屏幕上移动的刺激的某个方面。
确定选择研究指标的方法	➤ 通过详细的大量的文献来帮助研究者确定阅读研究中使用的眼动指标，结合不同学习者的语言加工特点，选择早期和晚期指标。 ➤ 如果是其他类型的刺激，眼动指标的确定需与学习者在试次中注意力分配的模式相关联。
在设置和运行实验时需要考虑的因素	➤ 需要仔细设置眼动仪，从而最大限度地提高准确性，考虑不同学习者的视觉舒适度和环境适应性。需要尽可能选择安静、稳固的场所做实验。 ➤ 校准和验证校准有助于提升实验中获得的数据的准确性，适应不同学习者的实验表现。 ➤ 主试应监控实验，必要时进行调整或重新校准，以适应不同学习者的实时反馈。

(3) 数据分析阶段

眼动追踪研究会产生大量的数据，包括研究者在每个试次中记录的数据(注视、眼跳、眨眼等)、被试在研究者要求下作出的所有反应(如按键等)以及研究者在实验中设置的所有统计数据、问卷的回答等。很多数据跟研究问题没有关系，因此，对数据进行分析前，首先要把明显不能用或者有问题的试次识别出来并剔除，做好清理工作后再把数据导出供最终的数据分析使用。此过程需细致考虑不同学习者的行为表现，以避免错误剔除对分析结果有重要影响的有效数据。

研究者开始数据处理时，先要对非常短的注视合并，并剔除注释数据中的所有异常值。一般来说，研究者会剔除高于或低于平均数 2.5 个标准差的数据点，但研究者也应考虑学习者个体差异对数据的影响。不同眼动追踪系统提供不同的数据清理选项，研究者应根据用户手册指导，结合对学习者个体特征的理解，进行选择。眼动数据的分析一般使用 SPSS 或者 R 语言来完成。使用不同的分析软件前先要熟悉不同软件对数据格式的要求，切记不能出错。开始数据分析前，要先把清理好的数据导入 R 语言或者 SPSS 软件，再进行进一步处理与分析。

眼动追踪研究需要为所有与研究相关的眼动指标提供详细的描述性统计数据。因此，统计分析的第一个指标是跳读率，接下来是每个条件下的注视指标和回视指标（包括不同兴趣区在不同条件下的均值和标准差或标准误）。持续时间指标的均值报告应精确到毫秒水平，以反映不同学习者在语言加工上的时间差异。

因为要对所有研究人员感兴趣的研究项目进行统计分析，因此，一般建议选择 SPSS 软件中的 LME 模型。因为这个模型可以方便研究人员用同一种方法对不同类型的数据进行分析。眼动研究中收集的数据包括连续性数据（每个值都按比例递减）、离散型数据（数值之间存在特定的间隔，如整数）、类别型数据（每个数值都落入若干类别的某个类别中）。使用 LME 模型可以将不同类型的数据一次分析完成，不需要多次分析，也不需要进行数据转换。此外，LME 还可以将协变量，如被试的语言水平、性别等个体差异因素一起纳入分析。多个语言项目，如词频、单词、词组、句子等也可以通过对原始数据的语料库数据进行对数转换处理后，使其符合正态分布，然后作为协变量纳入模型进行分析（Conklin，Pellicer-Sánchez，Carrol，2018）。

数据分析结果一般通过表格或者图形形式，概括并呈现出相关变量的描述性统计结果，完整地呈现出来。LME 模型分析的结果汇报中不仅含有建构模型时输出的全部信息，还包含完整的模型拟合程序，从而让读者清楚地了解到研究中涉及的协变量和随机效应的结果、清晰的参数描述（如屏幕尺寸与刷新率、实验的结构、学习时长、数据清理程序）等。

一般来说，眼动研究者需要尽可能全面且精确地汇报眼动数据分析结果，反映不同学习者在二语加工上的差异（Godfroid & Hui，2020）。然而，由于眼动实验室空间的限制，有些研究者并未对其记录的所有眼动指标进行报告（Winke，2013）。此外，在实验室里进行的眼动追踪研究，在某些情况下会导致霍桑效应，即被试在意识到被他人关注后改变自己行为的现象，这会对实验结果产生影响（Ibid.；Stickler & Shi，2017；Lim，2020）。

在收集与分析刺激回想法收集的数据时，研究者可以参考如下清单进行核查。

收集和分析步骤：

①校准和验证：在使用眼动追踪设备前，进行严格的校准和验证过程，以确保数据的准确性（Holmqvist et al.，2011）。这包括对个体的生理特征（如眼睛、头部尺寸）进行个性化设置。

②数据清洗：对原始眼动数据进行清洗，移除由于眨眼、快速眼动或其他非相关信息造成的噪声（Duchowski，2007）。这可能涉及设置算法来自动识别和排除这些噪声。

③注视和扫视的定义：根据研究目的定义注视（fixations）和扫视（saccades）的阈值，以及如何处理眼动追踪中的异常值（Engbert & Kliegl，2003）。这通常涉及对注视持续时间和扫视幅度的精确测量。

④事件检测算法：使用或开发适合研究目的的事件检测算法，以自动识别注视点、扫视和其他眼动事件（Leijten & Van Waes，2013）。这可能需要对算法进行调整以适应特定的

实验条件。

⑤多模态数据整合：将眼动数据与其他数据源(如按键记录、问卷调查)整合，以获得更全面的写作过程理解(Wengelin et al.，2009)。这有助于揭示眼动行为与写作行为之间的关联。

⑥统计分析：运用适当的统计方法分析眼动数据，如混合模型分析，以揭示写作过程中的认知模式(van Waes et al.，2010)。这可能包括对注视点分布、修正频率和文本质量之间的关系进行分析。

在分析眼动跟踪法收集的数据时，研究者在遵循上述步骤时还需要注意以下相关事项，以确保数据分析的质量和有效性。

注意事项：

①个体差异的考虑：认识到不同学习者在眼动行为上的个体差异，如年龄、性别、语言熟练度等，这些因素可能会影响眼动追踪的结果(Johansson et al.，2011)。研究者应考虑这些差异对分析结果的潜在影响。

②任务设计的适应性：确保写作任务设计能够激发自然的认知过程，避免由于任务设计不当导致的眼动行为失真(Michel et al.，2020)。任务应与研究目的紧密相关，并能够引发预期的认知活动。

③环境因素的控制：控制实验室环境因素，如照明、噪音等，以减少对眼动数据的外部干扰。这有助于确保数据的可靠性，减少解释上的偏差。

④解释的谨慎性：在解释眼动数据时，应谨慎考虑可能的替代解释，并结合其他数据源进行验证。这有助于避免过度解释或错误解释眼动数据。

⑤技术更新的关注：随着眼动追踪技术的不断进步，研究者应关注新的设备和技术，以提高数据收集和分析的效率和准确性(Holmqvist et al.，2012)。这可能包括对新算法和数据处理工具的探索。

通过遵循这些步骤并注意相关事项，研究者可以有效地分析眼动跟踪数据，深入理解学习者在二语加工过程中的认知行为，并为二语教学和评估提供有价值的见解。

2. 眼动追踪法的研究案例

本节以 Cheng, Rothman 和 Cunnings 于 2021 年发表于 *Applied Psycholinguistics* 上标题为 "Parsing preferences and individual differences in nonnative sentence processing: Evidence from eye movements"(非母语句子加工中的解析偏好和个体差异：来自眼动的证据)的这项研究为案例，分析眼动追踪法应用在二语习得领域研究实践中的优势和不足。

(1)研究简介

该研究采用眼动追踪技术，深入探讨了英语母语者(L1)和非母语者(L2)在相对子句加工中的依存解析偏好，以及这些偏好如何与语言因素和个体差异相互作用。研究检验了相对子句解析与工作记忆、词汇加工效率及 L2 水平之间的相关性。

研究对象包括 66 名英语母语者和 66 名英语非母语者，后者的母语被报告为具有高依存解析偏好，包括西班牙语、意大利语、德语等多种语言。所有参与者均来自英国雷丁大学及其周边地区。L1 参与者为大学生，L2 参与者则为学生或在当地社区工作的人士。L2 者的英语熟练度通过牛津分级测试的简短版本进行测量，分数范围从 30 分到 60 分（平均分为 48 分），代表中级到高级水平。

研究结合了离线判断任务和在线眼动追踪阅读任务来测试参与者对模糊相对子句的依存偏好。离线任务包括 20 个实验项目和 40 个填充项，在线阅读任务则监控参与者在阅读文本时的眼动，材料包括 36 个实验项目和 80 个填充项。实验项目通过性别匹配的反身代词来临时解决模糊性，实验设计考虑了相对子句在主语位置和宾语位置的情况。

研究使用了 SR Research Eyelink 1000 眼动追踪器记录参与者的眼动数据，数据包括首次通过时间、回归路径时间和总阅读时间。研究者还通过阅读跨度任务和词汇决定任务来评估工作记忆和词汇自动化水平，并在 L2 群体中通过词汇筛查任务测试对关键词汇的熟悉度。

研究结果表明，无论是 L1 还是 L2 学习者，都表现出了低依存解析偏好，并受到工作记忆和词汇加工效率的显著影响。这些发现支持了 L1 和 L2 解析过程中存在相似的机制，并且受到个体差异的调节的观点。

(2) 研究方法评析

Cheng 等人的研究是一次深入探讨二语加工中依存解析偏好的实证研究，其方法论的严谨性和创新性为该领域提供了重要的见解。研究采用了眼动追踪技术，这是一种先进的工具，能够精确捕捉阅读过程中的视觉注意力分配，从而揭示认知加工的深度和效率。

研究中的数据收集阶段体现了高度的科学性和系统性。研究者首先通过精心设计的实验任务和材料，确保了眼动追踪数据的质量和相关性。实验任务涵盖了主语和宾语位置的相对子句，同时包括了性别匹配的反身代词，用以操控句子的临时模糊性，这是一种巧妙的设计，能够有效地触发和观察依存解析过程中的认知冲突。

在线阅读任务中，使用 SR Research Eyelink 1000 眼动追踪器记录了参与者的眼动数据，包括首次通过时间、回归路径时间和总阅读时间等关键指标。这些指标的选取直接对应了语言加工的不同阶段，为研究者提供了丰富的数据来分析学习者在面对语法歧义时的即时反应和处理策略。

在数据分析阶段，研究者采用了混合模型方法，这种方法能够考虑到个体差异因素，如工作记忆容量和词汇自动化水平，这些因素已被证明对语言加工有显著影响。通过对这些个体差异进行量化分析，研究能够揭示不同水平的学习者在语言加工上的差异性，这对于理解二语习得的个体化路径至关重要。

此外，研究者还采用了阅读跨度任务和词汇决定任务来评估工作记忆和词汇自动化水平，这些任务的设计和应用进一步增强了研究的深度和广度。通过这些补充任务，研究者能够更全面地理解影响依存解析偏好的多种因素。

然而，尽管研究方法具有显著的优势，但也存在一些局限性。例如，研究样本主要来自特定的语言背景，这可能限制了研究结果的普遍适用性。此外，眼动追踪技术虽然能够提供实时的加工数据，但也可能受到实验环境和设备精度的限制。未来的研究可以考虑跨语言、跨文化的样本，以及结合其他认知测量工具，来进一步验证和扩展当前的发现。

3. 小结

在个体差异与第二语言（L2）加工关系研究领域中，眼动追踪技术因其独特的优点而成为一种重要的研究工具。该技术能够在不改变实验任务本身特征的前提下，实时捕捉学习者在执行语言任务时的眼动数据，从而直接观察学习者的注意力分配和认知策略。眼动追踪的直接性和实时性特点使得研究者能够对学习者的视觉行为进行精细化分析，包括注视点的选择、注视时长以及扫视路径等，这些数据有助于揭示学习者在语言加工中的具体行为和策略。此外，通过测量瞳孔扩张的变化，眼动追踪技术为认知努力和处理负荷提供了客观的指标，有助于揭示个体差异在二语加工过程中的表现与特征。

然而，眼动追踪法在应用中也面临一些挑战。首先，该技术在揭示学习者对二语实验任务中的输入目的语个项的加工质量方面提供的信息有限，无法深入理解学习者的思维内容和认知加工策略。其次，眼动数据的分析过程复杂，需要专业的知识和分析工具，这增加了研究的技术门槛。此外，眼动追踪可能引起参与者自我意识问题，以及实验室环境下获得的数据可能无法完全反映学习者在真实世界中的二语加工情况，也是需要考虑的因素。

综上所述，眼动追踪技术在探索学习者在 L2 加工中的个体差异及其与认知过程的关系方面具有显著的研究价值，不过，突破其技术限制和实验设计挑战还需要通过不断的研究创新和方法论改进。未来的研究应致力于解决这些问题，结合其他研究方法和数据源，以便更全面地利用眼动追踪技术在二语习得领域的潜力，从而更好地理解个体差异与二语加工关系的复杂性和多样性。

（三）刺激回想法

继前章对有声思维法（Think-aloud Protocols，TAP）的详尽阐释和对眼动跟踪法（Eye-Tracking，ET）的深入解析之后，本章专注于探讨刺激回想法（Stimulated Recall，SR）的学术价值与应用细节。这三种方法论工具共同为解码学习者在二语加工过程中的认知机制提供了多维度的视角。有声思维法通过实时捕捉学习者的思维轨迹，为认知活动的直接观察提供了一种手段。眼动追踪法则通过精细地记录学习者在语言任务中的视觉注意力模式，为认知加工的深度和效率提供了量化的证据。相对于这两种方法，刺激回想法通过在任务完成后提供刺激，促使学习者回溯并表述其思维过程，从而为研究者提供了对学习者认知体验的深层次理解。

本章将详细探讨刺激回想法的理论基础、实施步骤以及在二语习得研究中的应用，同时评估其在捕捉学习者语言加工过程方面的优势。我们将讨论如何将刺激回想法与前两章中讨论的加工层次理论和眼动追踪技术相结合，以获得更全面的视角，理解学习者在二语习得中的复杂认知活动。此外，本章还将考虑使用刺激回想法时需注意个体差异因素，包括语言水平、认知风格和文化背景等，这些因素都可能影响学习者回忆和报告的准确性和深度。

通过对刺激回想法的深入分析，本章旨在为研究者提供一个有力的工具，以深入理解学习者在二语加工中运用的策略和面临的挑战。我们期望读者能够通过本章内容，掌握刺激回想法的精髓，并与前两章的方法相结合，有效应用于未来的研究和教学实践中，共同推动二语习得领域的理论和实践发展。

1. 简要介绍

刺激回想法是研究者试图探索学习者认知或者思维过程的一种方式，一般通过研究者给予学习者适当提示，让学习者回忆或者汇报他们完成二语学习任务时的所思所想，是带有一定内省的回溯性汇报方法（Mackey & Gass，2016）。在二语习得领域，这种方法主要用于探索二语学习者对自己在参与口语互动/口语任务时的认知或大脑思维过程的一种反思（Gass & Mackey，2007；Leung & Williams，2011，2012，2014），是第二语言研究领域用来探寻学习者潜在语言知识的方法之一（Gass & Mcakey，2017）。

在使用刺激回想法时，研究者必须考虑到学习者的个体差异，如语言水平、学能水平、年龄、认知风格和文化背景，这些因素都可能影响学习者回忆和报告的准确性和深度。例如，语言水平较高的学生可能更容易准确地回忆和表达他们的语言加工过程，而语言水平较低的学生可能需要更多的提示和支持。

刺激回想法的核心要点是研究者要为学习者回想提供适当的提示，即刺激性的暗示，帮助他们回溯完成任务时的思维过程。如果在完成任务的过程中出现任何修改，要汇报作出修改的所有动机与原因。与有声思维法相比，刺激回想法在任务完成后进行，而有声思维法则是在任务执行期间即时表达思维过程。这意味着在刺激回想法中，参与者需要依赖任务产物作为参考来回顾他们的思维过程，而在有声思维法中，参与者不需依赖外部辅助，直接表达他们的思维过程。

由于刺激回想法依赖于事后回忆，因此参与者在口头表达时可能会受到记忆偏差或遗漏的影响。相比之下，在有声思维法中，参与者可以提供更贴近实际加工过程的信息。此外，虽然刺激回想和有声思维法都要求参与者口头表达其思维过程，但在某些研究中，参与者也可能以书面形式提供回忆评论，这可能影响数据的准确性和深度。

综上所述，刺激回想法作为一种独特的研究方法，在研究认知活动和思维过程方面具有重要意义。它通过揭示参与者在任务完成后的回顾和口头表达，提供了深入理解认知加工过程的途径。同时，研究者在使用刺激回想法时，也需要注意其在数据收集和分析过程中可能存在的局限性，尤其是考虑到学习者的个体差异对研究结果的影响。

由于刺激回想法向学习者提供刺激性暗示时可能存在着学习者记忆真实性或记忆退化的问题，因此，Gass 和 Mackey（2017）指出，使用刺激回想法收集数据信息进行研究时要特别注意以下几个方面：

①立即进行刺激回想：为了减少记忆偏差，应在互动任务完成后立即进行刺激回想，特别是对于语言水平较低的学习者，因为他们可能更容易遗忘细节。

②基础培训：给予所有学习者必要的培训，确保他们理解回想任务的要求，特别是对于那些可能不熟悉这种内省方法的学习者。

③强刺激提示：设计的刺激提示应足够强烈，以激活学习者的记忆结构，对于语言水平不同的学生，提示的复杂度和形式可能需要相应调整。

④学习者参与度：在学习者能力范围内，允许他们参与刺激片段的选择和控制，降低研究者的介入程度，以提高数据的真实性。

此外，Leow（2015）还提出，在使用刺激回想法收集语言数据信息时，要充分了解刺激回想法的优势与不足，尤其是因为被试记忆退化而出现的研究信度与效度问题。

刺激回想法被广泛应用于认知心理学、教育学以及第二语言研究领域，尤其是二语习得领域涉及的语际语用学（Blum-Kulka，1993）、二语读写（De Silva & Graham，2015；Lei，2008；Ma，2010；Nurmukhamedov & Kim，2010；Uysal，2008；Zhao，2010）、二语写作策略（de Silva & Graham，2015）及二语互动（Fujii & Mackey，2009；Gass & Lewis，2007；Jourdenais，1996；Mackey，Gass，McDonough，2000；Mackey，2002；Sato，2007；Watanabe，2008；Watanabe & Swain，2007）等研究。

2. 数据收集与分析

刺激回想法的数据收集与分析一般包含以下阶段。

（1）准备阶段

第一，在研究设计阶段，研究者需要确定刺激回想法是否适用于所要研究的实验任务，同时考虑不同学习者的语言水平和学能水平。例如，对于语言水平较低的学习者，研究者可能需要设计更直观的刺激物来促进回想。一般来说，刺激回想法可以适用于诸多不同类型的实验任务，如阅读、写作、教师认知、策略使用、语言教学方法、测试、动机、注意/察觉、句子加工、计算机辅助语言教学等，有时作为实验任务的一种补充性数据收集工具，既适用于书面任务，也适用于口头任务。

第二，在确定实验任务与刺激回想法契合后，研究者要明确研究问题，只有这样才能在回想中获得有用的信息。

第三，在确定了研究问题后，研究者就需要确定具体的实验任务和刺激被试回想的刺激物类型，考虑不同学习者的认知风格和语言能力，以确保刺激物能够有效激发学习者的记忆。刺激物类型的选择非常重要，因为这决定着被试回想数据的数量与质量。

第四，确定了研究问题与刺激物类型之后，研究者还需要确定实验任务与刺激回想的间隔时间。一般有三种不同的时间间隔：即时刺激回想、延时刺激回想和非现时刺激回想。即时回想指的是实验任务完成后立即对被试进行刺激回想，没有任何时间间隔。延时刺激回想一般是任务完成后的第二天或者一周后回想。非现时刺激回想间隔的时间更久。时间间隔太久，即使回想刺激物很醒目，刺激性很强，回想效果也会很弱。延时刺激回想和非现时刺激回想，都会因为间隔时间太长的问题，而出现被试记忆退化造成回想的信息不准确或不全面的情况。因此，对研究者来说，如果条件许可，尽可能采用即时刺激回想法。

第五，在确定被试使用的语言时，研究者应考虑学习者的母语背景和二语水平，确保语言的使用不会成为表达思想的障碍。如果被试的母语背景一致，最好要求他们使用母语；如果被试的语言背景不一致，需要考虑是使用共同的二语还是使用他们自己感觉自在的语言(如二语水平较高的学生可能会使用二语，而水平较低的学生可能会混用母语和二语)。总之，要确保被试使用的语言不影响他们思想的表达。

第六，研究者还需要确定被试在刺激回想中给出的反馈能准确、真实、生动地体现实验任务时被试的思维过程，是真正的回想，而非对实验任务完成情况的事后报告。为此，研究者在刺激被试回想时提出的问题应精心设计，以适应不同学习者的需求。最后，研究者还需要确认回想过程中刺激回想使用的音视频的播放人员、暂停时间、是否多次重播、进行提问的片段选择等问题。这些问题可能涉及设备使用的培训、研究重点的选择以及被试人数等，确保这些细节能够适应不同学习者的特点。

(2)数据收集阶段

刺激回想法在实验任务中正式使用前需要经过预测试。通过预测试检验回想法中使用的指导语是否清晰明了，是否有被试误解的地方，是否丢失重要的、有价值的、无可替代的信息以及数据收集的成本和耗费的时间是否得当，等等。特别地，对于语言水平或学能水平不同的学生，预测试还应检验刺激物是否能够适应他们的个体差异，确保所有被试都能准确理解并有效参与回想过程。

在预测试结果的基础上，研究者应对研究计划进行调整，确保其详尽且具体，以适应不同被试的需求。例如，对于语言水平较低的被试，可能需要使用更简单或更直观的语言和刺激物。刺激回想可以由一个研究者单独完成，也可以两个研究者合作完成。如果是两个人合作完成，则一人与被试进行互动，也就是主要提问者，一人对被试实施刺激回想。建议由有经验的研究者指导新手，确保任务分配明确，避免混淆。

此外，参与互动的研究者和被试都需要接受培训，注意以下几点：

①研究者需要向被试清楚说明刺激回想时每一步需要做的事，特别是对于语言水平较低的被试，要确保他们完全理解指导语和过程。如果被试失去某个时刻的记忆，研究者应避免过度追问，以免被试揣测研究者的想法，从而提供不真实的答案。

②研究者与被试互动时提出的问题要具体，以防止被试由回想变成反思，尤其是对于那些学能水平不同的学生，问题的设计应有助于引导他们准确回忆。

③除了给被试提供暗示鼓励其继续回想以外，对被试的反应不要作出太多回应，尽量让被试的回想自然结束。

④培训时要让被试熟悉刺激回想的全过程，牢记回想的是彼时彼刻的所思所想，而非此时此刻的所思所想。

⑤培训还要包括数据收集时使用的设备位置、摆放情况、房间静音效果等，以确保录下的数据完整、没有遗失。

⑥刺激回想的时间要控制适当，不能太短也不能太长。太长的话，被试会感觉疲惫，影响回想效果。

总之，刺激回想的研究计划必须尽可能详细，最好列出整个回想过程中研究者要说的话，使用何种刺激物去刺激被试回想，被试回想过程中以及回想结束后研究者具体说什么，向被试提出的具体问题，被试在回想时忘记暂停录音或出现其他突发状况如何应对，等等。一旦开始刺激回想，研究者应按照详细计划进行，确保数据收集的一致性和质量。通过这些细致的步骤，研究者可以确保刺激回想法能够有效地适应不同个体差异的学生，从而提高研究的准确性和可靠性。

(3) 数据分析阶段

在刺激回想的数据收集完成后，研究者需要对口头录音文字进行转写，再结合研究问题、理论基础，确定对转写文字进行编码与分析的框架，进行编码与分析。书面数据不用转写，直接进入编码和分析阶段。

第一，在转写开始前，研究者应根据研究问题、研究内容和回想中出现的反馈类型确定不同的转写格式以及转写人员及数量。可以先选取少量录音数据进行转写，再通过计算评分员信度来确保转写人员遵循了一致的格式。

第二，转写完成后，研究者需要核查转写文字是否与音视频一致，再对转写后的文字稿编码。编码前要根据研究问题制定编码表及编码的详细说明书并确定编码人员。一般建议选择第三方作为独立评分员对转写的数据进行编码，而参与了原始实验任务和刺激回想任务的研究者则回避，以避免研究者把实验任务或者刺激回想任务的先验知识带入编码中，从而失去编码评分的客观公正。如果研究者不得不参与编码，那么建议选择参与了同一项任务的研究者作为编码员，切记不要让研究者和非研究者共同参与同一项任务数据的编码。

第三，确定编码员后，对编码员进行培训。培训前，研究者先要确定编码框架，制定编码表。因为刺激回想数据的特殊性，研究者大多数时候需要依据研究问题、研究目的和收集的数据特点设计编码框架和编码表，也可以结合现有数据，改编现有研究的编码框架，如 Mackey et al. (2000)设计的编码框架。编码框架中要包含实验任务和刺激回想中涉及的各种相关概念的详细说明以及分类。由于回想数据中既包括被试刺激回想的内容，还包括研究者与被试互动时给予的反馈、被试给予的评价等，这些都需要在编码框架和编码表中体现出来。

第四，完成数据编码之后，开始对数据进行分析。刺激回想数据分析的目的是识别并归类回想中的言语，从而阐释所研究的语言现象。刺激回想数据可以是定量编码和定性编码。定性编码可以通过图表、计算、量化及推断等方法呈现出不同言语之间的关系。不同的定性数据，其量化方式也是不一样的。如量化二语写作修改的评语和量化单词、从句、语法结构、因素、t 单位等有很大不同。定性的数据分析虽然可以提供更为丰富的语言思维信息，但研究中涉及的很多变量难以控制，且分析通常较为主观，研究难以复制；而定量的数据分析结果则相对客观、具有可复制性，但其普适性只能应用于研究中涉及的假设中。因此，最好使用定性和定量分析相结合的方法，把刺激回想数据中具有定性特质的数据以量化方式分析其类型，通常需要把定性数据先经过仔细操作（如转写并得到较高的转写人员一致性）并且获得较高的编码员间的信度后才可以操作。可以参考 Mackey 等（2000）的研究，也可以参考 Gass 和 Mackey（2017）范例中提供的刺激回想法数据分析应遵循的步骤。

在收集与分析刺激回想法收集的数据时，研究者可以参考如下清单进行核查。

收集和分析步骤：

①数据选样：考虑个体差异，如语言水平和学能水平，确定分析的数据样本量。选择可能反映不同认知风格的任务或时间段进行分析。

②转录和编码：转录口头报告时，注意不同语言水平被试的表达特点，确保转录的准确性。编码时，根据研究问题和理论框架，同时考虑被试的个体差异进行编码。

③编码前的准备工作：将数据切分为话语片段或例次，确保每个片段对应一个实验任务或特定的认知事件，以适应不同被试的回想风格和内容，以便进行细致的分析。

④设计编码框架：构建编码框架时，考虑不同被试的认知和语言使用差异，保持框架的灵活性，以适应数据中的多样性。

⑤质性与量化分析：结合质性和量化方法分析编码后的数据，使用适当的统计工具和分析技术，如混合效应模型，以揭示不同认知过程之间的关系。

⑥分析与描述数据：通过图表、表格或叙事等形式清晰地展示和描述数据分析结果，使研究发现具有说服力和可理解性。

在分析刺激回想数据时，研究者在遵循上述步骤时还需要注意以下相关事项，以确保数据分析的质量和有效性。

①记忆偏差：由于刺激回想依赖于参与者的记忆，为减少记忆衰退的影响，尽快进行回想，特别是对于语言水平较低或学能水平不同的被试，可能需要更即时的回想。

②个体差异：认识到不同参与者在回忆和表达认知过程方面的能力可能存在差异，研

究者应提供适当的培训或提示，以帮助所有参与者有效地进行回想。

③信度和效度：确保数据的信度和效度，可能通过三角验证（如结合其他数据源或方法）和编码者间的一致性检查来实现。

④数据的多维性：在分析中考虑数据的多维性，包括认知、情感和元认知方面，以及它们如何与研究问题相互作用。

⑤方法论的适应性：根据研究目标和背景调整方法论，包括刺激的类型、数据收集的时间点和分析策略，以适应不同的研究场景。

通过这些细致的步骤和注意事项，研究者可以确保刺激回想数据的准确性和可靠性，深入理解不同学习者在二语加工过程中的认知行为，为二语教学和学习策略的优化提供科学依据。

刺激回想法很多时候还与共时的有声思维法或眼动追踪法一起使用，两种数据收集方法在数据分析时相互补充，能帮助研究者获取更丰富的数据资源，从而更好地阐释研究结果。

刺激回想法也有其局限性，如信度和效度问题、反作用性问题和不真实性问题。若要减少反作用的效果，研究者一定要在后测前收集刺激回想访谈数据。如要降低刺激回想数据的非真实性问题，研究者应该尽可能在实验任务完成后、记忆退化前立即进行刺激回想。汇报数据分析结果时，使用"被试回想"这样的词而非"被试认为"或"被试推断"之类的词。

3. 刺激回想法的研究案例

本节以 Wei 在 2020 年发表于 *Assessing Writing* 期刊的研究"Assessing the metacognitive awareness relevant to L1-to-L2 rhetorical transfer in L2 writing：The cases of Chinese EFL writers across proficiency levels"为案例，探讨刺激回想法在探究二语写作中修辞迁移的元认知意识方面的应用，分析刺激回想法应用于二语习得研究中的优势与不足。

（1）研究简介

Wei 的研究关注中国英语学习者在二语写作中 L1（汉语）到 L2（英语）的修辞迁移，以及他们对这一迁移过程的元认知意识。研究中的个体差异因素包括英语写作熟练度，这影响了学习者在修辞迁移过程中的元认知监控和控制能力。

研究旨在深入了解以下二语加工方面：

①学习者对 L1 修辞结构向 L2 迁移的认知监控能力。

②学习者对迁移过程中可能发生的变化或调整的元认知控制能力。

③学习者对自己使用 L1 修辞知识在 L2 写作中的适宜性及效果的元认知评估。

数据收集方法涉及以下步骤：

①英语论证性写作任务：所有参与者需撰写英语议论文，旨在引发 L1 至 L2 的修辞迁移。

②回顾性口头报告：完成后，参与者提供对自己写作过程的反思，尤其是他们如何意识到并调整修辞迁移。

③刺激回想：利用写作过程中的视频和文本记录，参与者在观看视频回放时被引导回想其写作决策和元认知过程。

④母语英语评价者的评价：评价者对英语写作样本进行评价，以获得对修辞迁移效果的客观反馈。

⑤文本和视频资料的转写与编码：将口头报告和刺激回想的内容转写并编码，以便于分析元认知意识的不同维度。

⑥问卷调查：收集参与者的背景信息，包括英语写作自评、学习经历等，以评估其对元认知意识可能的影响。

⑦元认知意识的评估：通过分析参与者的口头报告和刺激回想内容，评估他们对修辞迁移的元认知监控和控制能力。

通过这些方法，Wei 的研究揭示了不同熟练度水平的中国英语学习者在英语写作中对 L1 修辞迁移的元认知意识，以及这种意识如何影响他们的写作策略和写作质量。研究结果显示：高熟练度的 L2 写作者相比低熟练度写作者，展现出更强的元认知意识，能更好地监控和控制 L1 到 L2 的修辞迁移。高熟练度写作者能够意识到并策略性地运用 L1 修辞知识，适应 L2 写作需求，而低熟练度写作者则可能缺乏这种能力。低熟练度写作者在写作中感受到的困难可能会妨碍他们对修辞迁移的元认知处理。L2 修辞知识的掌握程度对写作者的元认知意识和写作质量有直接影响。

（2）研究方法评析

Wei 的研究通过刺激回想法来探究中国英语学习者在 L1 到 L2 修辞迁移中的元认知意识，提供了一种深入了解学习者写作过程中内在认知活动的方法。研究设计通过前测—后测—延时后测的方式，对学习者在不同教学条件下的二语语法发展进行了评估，其论述清晰、科学严谨，为使用刺激回想法探究学习者对语言形式的注意行为及其加工过程提供了良好的示范。

该研究方法的优势在于：

①综合性的数据收集：结合了写作任务、口头报告、评价者评价和刺激回想，为研究提供了多维度的数据支持。

②深入的认知探究：刺激回想法特别适合揭示学习者在写作中的元认知监控和控制过程。

③统计方法的严谨性：采用混合效应模型等统计方法，确保了数据分析的准确性和可靠性。

然而，在刺激回想数据收集过程中，也存在一些值得关注的问题：

①时间延迟的风险：刺激回想在实验的第二阶段完成后进行，可能存在因时间延迟导

致的回想数据失真的风险。

②样本代表性问题：仅对部分参与者进行刺激回想，这可能影响研究结果的普遍性和可推广性。

此外，数据分析方面也存在一些局限性：

①比较分析的全面性：研究未对无输出组与写作组的数据进行比较，这限制了对不同输出模态影响的全面理解。

②后测结果的深入探讨：学习者在后测中二语发展提升效果的消失未得到充分讨论，这可能与时间、加工深度等因素有关。

③控制组表现的深入分析：无输出控制组在前测与后测及延时后测之间的表现未发现显著差异，研究未探索其背后的原因。

4. 小结

刺激回想法作为一种事后报告方法，要求参与者在完成任务后回忆并描述他们的思维过程。其优势在于它能够在不干扰任务执行的情况下，提供关于个体认知过程的深入见解。在二语加工研究中，刺激回想法可以帮助研究者理解学习者在语言处理中遇到的困难以及他们如何克服这些困难。例如，通过刺激回想法，研究者可以探索学习者在加工复杂的二语语法结构时所采用的不同策略，以及这些策略如何受到他们的语言水平、学习策略和动机等个体差异因素的影响。此外，刺激回想法能够帮助研究者深入了解学习者对二语输入的认知加工和理解，揭示个体在二语加工过程中的认知策略、意识水平及信息加工方式，从而为研究个体差异提供重要线索。该方法还可以帮助研究者探索学习者在处理语言输入时的心理过程，促进对二语习得过程的更深入理解。

然而，刺激回想法也存在一些局限性。首先，在事后重新要求学习者加工相同输入以解释其思维过程可能导致其注意力分散，影响学习者对学习内容的深入理解和吸收。其次，刺激回想法依赖于参与者的自我意识和记忆准确性，学习者在回忆活动中口头表达当前的思维，可能偏离或替代了早期任务时的真实想法，因此存在数据真实性的挑战。另外，随着时间的推移，学习者可能遗忘特定细节或信息，导致记忆丧失的风险，因而可能无法完全捕捉到所有的认知过程，特别是那些在任务执行中快速发生且未被参与者意识到的过程。

因此，在使用刺激回想法进行研究时，研究者需要谨慎处理这些问题，结合其他研究方法和数据源，以确保研究结果的全面性、准确性和可靠性。最终，综合利用多种研究方法和工具，有助于更全面地理解个体差异如何影响二语学习者的语言加工过程，进而为二语教学和学习策略的优化提供科学依据。

(四) 其他方法

除了上述三种方法，二语加工研究的方法还包括反应时方法和瞳孔测量法。

1. 反应时方法

反应时方法自 19 世纪以来一直在心理学以及其他非 SLA 领域中应用广泛。鉴于其普遍应用于认知心理学中,例如研究各种类型的信息处理、记忆和隐性学习,SLA 中有同样广泛的研究流派采用了反应时方法来研究包括 DoP 在内的各种话题(Rogers,2019)也就不足为奇。反应时数据通常通过要求参与者在对特定刺激作出反应时尽可能快速和准确地按下键盘上的按钮、计算机鼠标或响应盒来收集。反应时实验可以是简单的、基于识别的或选择性的。在简单反应时实验中,参与者在出现预定义的刺激时按下按钮,例如特定的音调或图像。在基于识别的反应时实验中,参与者只对某些刺激(例如,记忆集)作出反应,而对其他刺激(例如,干扰集)不作反应。在涉及词汇判断或语法判断的选择性反应时实验中,参与者被要求为某个决定(即,"是的,句子是正确的"或"是的,那是一个字")按下一个预分配的按钮,并且为另一个决定(即,"不,句子是错误的"或"不,那不是一个字")按下不同的按钮。许多反应时实验为参与者提供练习或热身,以便他们能够适应任务要求,并在实验阶段快速作出反应。

在二语加工研究中,研究者收集的反应时数据通常包括每个试验的反应时间、平均反应时间、反应时间的变异性(如标准差或变异系数)以及可能的错误率。这些数据可以帮助研究者了解语言处理的效率、自动化程度以及认知资源的分配。反应时数据的解释需要考虑多种因素,包括实验设计、任务类型、参与者特征以及可能的练习效应。此外,反应时数据通常与其他数据(如准确性、眼动追踪、脑电活动等)结合使用,以提供更全面的二语加工理解。

2. 瞳孔测量法

瞳孔测量法即通过测量因不同刺激引起的瞳孔扩张变化,这种变化在认知心理学中被广泛用作判断认知努力和加工负荷的指标(综述见 Sirois & Brisson,2014)。在二语习得研究中,只有少数研究采用了这一方法(例如,Ryan et al.,2017;Schmidtke,2014)。由于瞳孔是虹膜的开放区域,允许光线到达视网膜,并且负责控制瞳孔的肌肉对多种因素都很敏感,因此心理学家和 SLA 研究者都对此非常感兴趣。更具体地说,瞳孔测量法经常用于测量认知努力或负荷,因为扩张的增加与更高水平的心理努力与不同负荷条件下认知资源的分配有关。Ryan 等人(2017)认为,由于瞳孔反应与认知努力如此紧密相关,因此瞳孔测量法非常适合评估认知努力在与注意力相关的语言学习现象中的作用。

◎ **参考文献**

Adrada-Rafael, S. Processing the Spanish imperfect subjunctive: Depth of processing under different instructional conditions[J]. Applied Psycholinguistics, 2017, 38(2): 477-508.

Adrada-Rafael, S., Filgueras-Gómez, M. Reactivity, language of think-aloud protocol, and depth of processing in the processing of reformulated feedback [M]//R. P. Leow (Ed.) The Routledge handbook of second language research in classroom learning. London: Routledge, 2019: 199-211.

Bergsleithner, J. M. The role of prior knowledge in depth of processing during written production: A preliminary investigation [M]//R. P. Leow (Ed.) The Routledge handbook of second language research in classroom learning. London: Routledge, 2019: 104-118.

Blum-Kulka, S. "You gotta know how to tell a story": Telling, tales, and tellers in American and Israeli narrative events at dinner[J]. Language in Society, 1993, 22(3): 361-402.

Bird, S. Expert knowledge, distinctiveness, and levels of processing in language learning[J]. Applied Psycholinguistics, 2012, 33: 665-689.

Bowles, M. A. The effect of textual input enhancement on language learning: An online/offline study of fourth semester Spanish students[C]//P. Kempchinshky C. Pineros (Eds.) Theory, practice, and acquisition: Papers from the 6th Hispanic linguistic symposium and 5th conference on the acquisition of Spanish and Portuguese. Somerville, MA: Cascadilla Press, 2003.

Bowles, M. A. Task type and reactivity of verbal reports in SLA: A first look at a L2 task other than reading[J]. Studies in Second Language Acquisition, 2008, 30(3): 359-387.

Bowles, M. A. The think aloud controversy in second language research [M]. London: Routledge, 2010.

Caras, A. Written corrective feedback in compositions and the role of depth of processing[M]//R. P. Leow (Ed.) The Routledge handbook of second language research in classroom learning. London: Routledge, 2019: 188-200.

Cerezo, L., Caras, A., Leow, R. P. Effectiveness of guided induction versus deductive instruction on the development of complex Spanish "gustar" structures: An analysis of learning outcomes and processes[J]. Studies in Second Language Acquisition, 2016, 38: 265-291.

Cerezo, L., Manchón, R. M., Nicolás-Conesa. What do learners notice while processing written corrective feedback?: A look at depth of processing[M]//R. P. Leow (Ed.) The Routledge handbook of second language research in classroom learning. London: Routledge, 2019: 171-185.

Cheng, Y., Rothman, J., Cunnings, I. Parsing preferences and individual differences in nonnative sentence processing: Evidence from eye movements[J]. Applied Psycholinguistics, 2021, 42(1): 129-151.

Cohen, A. D. Exploring strategies in test taking: Fine-tuning verbal reports from respondents [M]//G. Ekbatani H. Pierson (Eds.) Learner-directed assessment in ESL. Mahwah, NJ: Lawrence Erlbaum Associates, 2000: 127-150.

Conklin, K., Pellicer-Sánchez, A., Carrol, G. Eye-tracking: A guide for applied linguistics research[M]. Cambridge, MA: Cambridge University Press, 2018.

De la Fuente, M. J. Explicit corrective feedback and computer-based, form-focused instruction: The role of L1 in promoting awareness of L2 forms[M]//R. P. Leow, L. Cerezo, M. Baralt (Eds.) A psycholinguistic approach to technology and language learning. Berlin: De Gruyter Mouton, 2016.

De Silva, R., Graham, S. The effects of strategy instruction on writing strategy use for students of different proficiency levels[J]. System, 2015, 53: 47-59.

Duchowski, A. Eye tracking methodology: Theory and practice[M]. Berlin: Springer, 2007.

Engbert, R., Kliegl, R. Microsaccades uncover the orientation of covert attention[J]. Vision Research, 2003, 43(9): 1035-1045.

Ericsson, K., Simon, H. Protocol analysis: Verbal reports as data (Revised ed.) [M]. Cambridge, MA: MIT Press, 1993.

Ferris, D. R. Response to student writing: Implications for second language students [M]. London: Routledge, 2003.

Fujii, A., Mackey, A. Interactional feedback in learner-learner interactions in a task-based EFL classroom[J]. International Journal of Applied Linguistics in Language Teaching, 2009, 47 (3/4): 267-301.

Gass, S., Lewis, K. Perceptions of interactional feedback: Differences between heritage language learners and non-heritage language learners [M]//A. Mackey (ed.) Conversational interaction in second language acquisition: A series of empirical studies. Oxford: Oxford University Press, 2007: 173-196.

Gass, S. M., Mackey, A. Data elicitation for second and foreign language research[M]. London: Routledge, 2007.

Gass, S. M., Mackey, A. Stimulated recall methodology in applied linguistics and L2 research (2nd ed.)[M]. London: Routledge, 2017.

Gass, S., Svetics, I., Lemelin, S. Differential effects of attention[J]. Language Learning, 2003 53(3): 497-546.

Godfroid, A. Eye tracking in second language acquisition and bilingualism: A research synthesis and methodological guide[M]. London: Routledge, 2020.

Godfroid, A., Hui, B. Five common pitfalls in eye-tracking research [J]. Second Language Research, 2020, 36(3): 277-305.

Godfroid, A., Schmidtke, J. What do eye movements tell us about awareness? A triangulation of eye-movement data, verbal reports and vocabulary learning scores[M]//J. M. Bergsleithner, S. N. Frota, J. K. Yoshioka (Eds.) Noticing and second language acquisition: Studies in honor of Richard Schmidt. Honolulu: University of Hawai'i, 2013: 183-205.

Holmqvist, K., Andersson, R., Dewhurst, R., Jarodzka, H., Van de Weijer, J. Eye tracking: A comprehensive guide to methods and measures[M]. Oxford: Oxford University Press, 2011.

Hsieh, H-C. Computerized type of feedback and depth of processing during a computerized problem-solving task[M]//R. P. Leow (Ed.) The Routledge handbook of second language research in classroom learning. London: Routledge, 2019: 120-137.

Hsieh, H-C., Moreno, N., Leow, R. P. Awareness, type of medium, and L2 development: Revisiting Hsieh (2008)[M]//R. P. Leow, L. Cerezo, M. Baralt (Eds.) A psycholinguistic approach to technology and language learning. Berlin: De Gruyter Mouton, 2016: 131-150.

Johansson, R., Holsanova, J., Holmqvist, K. The dispersion of eye movements during visual imagery is related to individual differences in spatial imagery ability[C]//L. Carlson, C. Hˉolscher, T. Shipley (Eds.) Proceedings of the 33rd Annual Meeting of the Cognitive Science Society. Austin, TX: Cognitive Science Society, 2011: 1200-1205.

Jourdenais, R. The limitations of think alouds[R]. Paper presented at The American Association for Applied Linguistics Conference, Chicago, IL. March 1996.

Kim, H. R., Bowles, M. How deeply do second language learners process written corrective feedback? Insights gained from think-alouds[J]. TESOL Quarterly, 2019, 53(4): 913-938.

Laufer, B., Hulstijn, J. Incidental vocabulary acquisition in a second language: the construct of task-induced involvement[J]. Applied Linguistics, 2001, 22: 1-26.

Lei, X. Exploring a sociocultural approach to writing strategy research: mediated actions in writing activities[J]. Journal of Second Language Writing, 2008, 17(4): 217-236.

Leijten, M., Van Waes, L. Keystroke logging in writing research: Using Inputlog to analyze and visualize writing processes[J]. Written Communication, 2013, 30(3): 358-392.

Leow, R. P. Attention, awareness, and foreign language behavior[J]. Language Learning, 1997, 47: 467-505.

Leow, R. P. Do learners notice enhanced forms while interacting with the L2? An online and offline study of the role of written input enhancement in L2 reading[J]. Hispania, 2001, 84(3): 496-509.

Leow, R. P. Explicit and implicit learning in the L2 classroom: What does the research suggest? [J]. The European Journal of Applied Linguistics and TEFL, 2012, 2: 117-129.

Leow, R. P. Explicit learning in the L2 classroom: A student-centered approach[M]. New York:

Routledge, 2015.

Leow, R. P., Hsieh, H-C., Moreno, N. Attention to form and meaning revisited[J]. Language Learning, 2008, 58: 665-695.

Leow, R. P., Cerezo, L., Caras, A., Cruz, G. CALL in ISLA: Promoting depth of processing of complex L2 Spanish "Para/Por" prepositions[M]//R. DeKeyser G. Prieto Botana (Eds.) SLA research with implications for the classroom: Reconciling methodological demands and pedagogical applicability. Amsterdam: John Benjamins, 2019: 155-178.

Leow, R. P., Donate, A., Gutierrez, H. Textual enhancement and L2 development: A depth of processing perspective[M]//R. P. Leow (Ed.) The Routledge handbook of second language research in classroom learning. London: Routledge, 2019: 317-330.

Leow, R. P., Grey, S., Marijuan, S., Moorman, C. Concurrent data elicitation procedures, processes, and the early stages of L2 learning: A critical overview[J]. Second Language Research, 2014, 30(2): 111-127.

Leow, R. P., Manchón, R. M. Directions for future research agendas on L2 writing and feedback as language learning from an ISLA perspective[M]//R. P. Leow (Ed.) The Routledge handbook of second language acquisition and writing. London: Routledge, 2021: 299-311.

Leow, R. P., Morgan-Short, K. To think aloud or not to think aloud: The issue of reactivity in SLA research methodology[J]. Studies in Second Language Acquisition, 2004, 26: 35-57.

Leow, R. P., Thinglum, A., Leow, S. WCF processing in the L2 curriculum: A look at type of WCF, type of linguistic item, and L2 performance[J]. Studies in Second Language Learning and Teaching, 2023, 12(4): 653-675.

Leung, J. H. C., Williams, J. N. The implicit learning of mappings between forms and contextually derived meanings[J]. Studies in Second Language Acquisition, 2011, 33(1): 33-55.

Leung, J. H. C., Williams, J. N. Constraints on implicit learning of grammatical form-meaning connections[J]. Language Learning, 2012, 62(2): 634-662.

Leung, J. H. C., Williams, J. N. Crosslinguistic differences in implicit language learning[J]. Studies in Second Language Acquisition, 2014, 36(4): 1-23.

Lim, H. Exploring the validity evidence of a high-stake, second language reading test: an eye-tracking study[J]. Language Testing in Asia, 2020, 10(1): 1-29.

Ma, J. Chinese EFL learners' decision-making while evaluating peers' texts[J]. International Journal of English Studies, 2010, 10(2): 99.

Mackey, A. Beyond production: Learners' perceptions about interactional processes[J]. International Journal of Educational Research, 2002, 37(3): 379-394.

Mackey, A., Gass, S., McDonough, K. How do learners perceive implicit negative feedback? [J]. Studies in Second Language Acquisition, 2000, 22(4): 471-497.

Mackey, A., Gass, S. M. Second language research: Methodology and design (2nd ed.)[M]. New York: Routledge, 2016.

Manchón, R. M., Leow, R. P. An ISLA perspective on L2 learning through writing[J]. Writing and Language Learning: Advancing Research Agendas, 2020, 56: 335-356.

Manchón, R. M., Nicolás-Conesa, F., Cerezo, L., Criado, R. L2 writers' processing of written corrective feedback: Depth of processing via written languaging[M]//W. Suzuki N. Storch (Eds.) Languaging in language learning and teaching. A collection of empirical studies. Amsterdam: John Benjamins, 2020: 241-265.

Martin, A., Niu, M., Leow, R. P. Processing instruction, guided induction, and L2 development[M]//R. P. Leow (Ed.) The Routledge handbook of second language research in classroom learning. London: Routledge, 2019: 375-390.

Martínez-Fernández, A. Revisiting the Involvement Load Hypothesis: Awareness, type of task and type of item[M]//M. Bowles, R. Foote, S. Perpiñán, R. Bhatt (Eds.) Selected proceedings of the 2007 Second Language Research Forum. Somerville, MA: Cascadilla Proceedings Project, 2008: 210-228.

Michel, M., Révész, A., Lu, X., Kourtali, N. E., Lee, M., Borges, L. Investigating L2 writing processes across independent and integrated tasks: A mixed-methods study [J]. Second Language Research, 2020, 36(3): 307-334.

Moreno, N. Type of feedback and assessment task modality: The role of depth of processing [M]//R. P. Leow (Ed.) The Routledge handbook of second language research in classroom learning. London: Routledge, 2019: 138-155.

Morgan-Short, K., Heil, J., Botero-Moriarty, A., Ebert, S. Allocation of attention to second language form and meaning: Issues of think alouds and depth of processing[J]. Studies in Second Language Acquisition, 2012, 34(4): 659-685.

Nurmukhamedov, U., Kim, S. H. 'Would you perhaps consider…': Hedged comments in ESL writing[J]. ELT Journal, 2010, 64(3): 272-282.

Qi, D. S., Lapkin, S. Exploring the role of noticing in a three-stage second language writing task[J]. Journal of Second Language Writing, 2001, 10(4): 277-303.

Rayner, K. Eye movements and attention in reading, scene perception, and visual search[J]. Quarterly Journal of Experimental Psychology, 2009, 62(8): 1457-1506.

Rogers, J. Levels of awareness, depth of processing, and the learning of L2 case markers[M]// R. P. Leow (Ed.) The Routledge handbook of second language research in classroom learning. London: Routledge, 2019: 76-88.

Rossomondo, A. E. The role of lexical temporal indicators and text interaction format in the incidental acquisition of the Spanish future tense [J]. Studies in Second Language Acquisition, 2007, 29(1): 39-66.

Rott, S. Processing glosses: A qualitative exploration of how form-meaning connections are established and strengthened[J]. Reading in a Foreign Language, 2005 17: 95-124.

Ryan, K., Hamrick, Phillip, Ryan, T., Miller, R., Was, X. A. Salience, cognitive effort, and word learning: Insights from pupillometry[M]//S. M. Gass, P. Spinner, J. Behney (Eds.) Salience in SLA. London: Routledge, 2017: 187-200.

Sachs, R., Nakatsukasa, K. Aptitude-treatment interactions in depth of processing: Individual approaches and prior linguistic coursework predict learners' approaches to computer-mediated language learning activities[M]//R. P. Leow (Ed.) The Routledge handbook of second language research in classroom learning. London: Routledge, 2019: 422-437.

Sachs, R., Polio, C. Learners' uses of two types of written feedback on an L2 writing revision task[J]. Studies in Second Language Acquisition, 2007, 29(1): 67-100.

Safak, D. F., Hopp, H. Verb bias and semantic persistence effects in L2 ambiguity resolution[J]. Second Language Research, 2021. doi: 10. 1177/0267658321997904

Sato, M. Social relationships in conversational interaction: A comparison of learner and learner-NS dyads[J]. JALT Journal, 2007, 29(2): 183-208.

Schmidtke, J. Second language experience modulates word retrieval effort in bilinguals: Evidence from pupillometry[J]. Frontiers in Psychology, 2014, 5(137): 1-16.

Shook, D. J. FL/L2 reading, grammatical information, and the input-to-intake phenomenon[J]. Applied Language Learning, 1994, 5(1): 57-93.

Sirois, S., Brisson, J. Pupillometry[J]. Wiley Interdisciplinary Reviews: Cognitive Science, 2014 5(6): 679-692.

Stafford, C. A., Bowden, H. W., Sanz, C. Optimizing language instruction: Matters of explicitness, practice, and cue learning[J]. Language Learning, 2012, 62(3): 741-768.

Stickler, U., Shi, L. J. Eye-tracking methodology in SCMC: A tool for empowering learning and teaching[J]. Recall, 2017, 29(2): 160-177.

Swain, M., Lapkin, S. Problems in output and the cognitive processes they generate: A step towards second language learning[J]. Applied Linguistics, 1995, 16(3): 371-391.

Uysal, H. H. Tracing the culture behind writing: rhetorical patterns and bidirectional transfer in L1 and L2 essays of Turkish writers in relation to educational context[J]. Journal of Second Language Writing, 2008, 17(3): 183-207.

Van Someren, M., Barnard, Y. F., Sandberg, J. The think aloud method: A practical approach to modelling cognitive[M]. Pittsburgh: Academic Press, 1994.

Van Waes, L., Leijten, M., Quinlan, T. Reading during sentence composing and error correction: A multilevel analysis of the influences of task complexity [J]. Reading and Writing, 2010, 23: 803-834.

Watanabe, Y. Peer-peer interaction between L2 learners of different proficiency levels: heir interactions and reflections [J]. Canadian Modern Language Review, 2008, 64 (4): 605-635.

Watanabe, Y., Swain, M. Effects of proficiency differences and patterns of pair interaction on second language learning: collaborative dialogue between adult ESL learners[J]. Language Teaching Research, 2007, 11(2): 121-142.

Wei, X. Assessing the metacognitive awareness relevant to L1-to-L2 rhetorical transfer in L2 writing: The cases of Chinese EFL writers across proficiency levels[J]. Assessing Writing, 2020, 44: 100452.

Wengelin, Å., Torrance, M., Holmqvist, K., Simpson, S., Galbraith, D., Johansson, V., Johansson, R. Combined eye-tracking and keystroke-logging methods for studying cognitive processes in text production[J]. Behavior Research Methods, 2009, 41: 337-351.

Winke, P. The effects of input enhancement on grammar learning and comprehension: A modified replication of Lee (2007) with eye-movement data [J]. Studies in Second Language Acquisition, 2013, 35(2): 323-352.

Zamora, C. The secret is in the processing: A study of levels of explicit computerized feedback in heritage and L2 learners of Spanish [D]. Georgetown University, Washington D. C., USA, 2017.

Zhao, H. Investigating learners' use and understanding of peer and teacher feedback on writing: a comparative study in a Chinese English writing classroom[J]. Assessing Writing, 2010, 15 (1): 3-17.

Zufferey, S., Mak, W., Degand, L., Sanders, T. Advanced learners' comprehension of discourse connectives: The role of L1 transfer across on-line and off-line tasks[J]. Second Language Research, 2015, 31(3): 389-411.

第三章　二语加工的相关研究

继第二章深入探讨了二语加工的研究方法之后，第三章将在此基础上进一步延伸，深入剖析加工层次理论在 SLA 领域的实证研究应用。本章将综合评述 DoP 理论如何揭示学习者在不同语言技能——包括听力、口语、阅读、写作——中的表现差异，并阐释这些差异背后的加工过程；探讨 DoP 理论如何为教学设计提供理论支持，通过促进学习者深层次的语言加工，增强其语言习得和认知能力的发展；通过分析具体的教学实践案例，展示如何将 DoP 理论的原则融入教学中，以实现更有效的语言教学和学习；讨论 DoP 理论在 SLA 研究中的发展趋势，以及如何通过不同的研究方法来进一步验证和拓展这一理论的应用范围。

一、加工层次在二语习得研究中的作用

在过去十年中，加工层次（DoP）作为认知（二语）习得理论中的一个核心构念，在第二语言学习过程的早期和后期研究阶段得到了众多流派的广泛探讨。在早期阶段进行的研究包括词汇学习（例如，Godfroid & Schmidtke，2013；Jarvis et al.，2019；Medina，2019；Rott，2005）、个体差异（例如，Sachs & Nakatsukasa，2019）、计算机化反馈（例如，Bistline-Bonilla et al.，2019；Hsieh，2019；Moreno，2019）、阅读/文本增强（例如，Bowles，2003；Leow，2001；Leow et al.，2019；Ryan et al.，2017）、意识（Hsieh et al.，2016；Rogers，2019；Rosa & O'Neill，1999；Rosa & Leow，2004）、教学（例如，Hsieh et al.，2016；Lee & Doherty，2019；Li，2019；Martin et al.，2019；Rosa & O'Neill，1999）和计算机辅助语言学习（CALL）（Cerezo et al.，2016；Leow et al.，2019；Rosa & Leow，2004；Zhuang，2019）、形式与意义的同时注意（Leow et al.，2008；Morgan-Short et al.，2012；Son et al.，2022）、音韵学（例如，Meritan，2021）和偶然学习（Rogers，2019）。在后期阶段，DoP 在语言能力（例如，Calderón，2013）、先验知识的作用（例如，Bergsleithner，2019；Thinglum et al.，2019）、语言项目类型（Leow et al.，2022）和书面纠正性反馈（WCF）（例如，Adradas-Rafael & Filgueras-Gómez，2019；Caras，2019；Cerezo et al.，2019；Kim & Bowles，Leow et al.，2023；Manchón et al.，2020；Park & Kim，2019）的研究中得到了探讨。

在(I)SLA 文献中,加工层次也曾被称为(1)注意力的数量(Shook,1994)或类型(例如,集中 vs. 非集中)(Gass et al.,2003),(2)心理或认知努力、精制或参与(de la Fuente,2016;Hsieh et al.,2016;Laufer & Hulstijn,2001;Leow et al.,2008;Martínez-Fernández,2008;Rott,2005),(3)实质性与形式性注意或注意的质量(Qi & Lapkin,2001)、浅层与深层加工(Bird,2012),以及(4)意识水平(Hsieh et al.,2016;Leow,2012)。

加工层次(DoP)示例研究见本章附录表 3-1 所示。大多数加工层次(DoP)研究遵循了 Leow(2015)对 DoP 的定义,即"对输入中的一些语法个项或词项进行编码和解码时学习者所付出的相对认知努力程度、学习者的分析层次、对摄入的精细分析及先验知识,以及学习者对假设的检验与规则形成的使用情况"(p. 204)。这些研究中的许多也采用了他(2015)的编码方案,该方案包含三个 DoP 层次,以考查词汇和语法项目以及发音问题。其他研究采用了四个层次(极低 DoP(记忆)、低 DoP(仅形式)、中等 DoP(仅意义)、高 DoP(形式和意义)(在 Jarvis et al.,2019 的研究中),两个 DoP 层次(Kim & Bowles,2019;Rott,2005),而探讨意识层次的研究选择了三个层次(无意识、认知意识、自知意识在 Godfroid & Schmidtke,2013;注意、报告和理解在 Indrarathne,2019),或两个层次(+理解/高,+注意/低在 Bistline et al.,2019;Calderón,2013;Rosa & O'Neill,1999 和 Rosa & Leow,2004)。在其他研究中,DoP 也被操作化为眼动注视持续时间(Godfroid & Schmidtke,2013)、学习者分析新词的形式和意义并将其与先验知识联系起来的认知努力(Jarvis et al.,2019)以及瞳孔扩张(Ryan et al.,2017)。对于探讨意识的研究,引用了 Schmidt(1990)的注意假设(Calderón,2013;Rogers,2019;Rosa & O'Neill,1999;Rosa & Leow,2004)。在后期阶段进行的研究,除了有声思维法(TAs),还通过事后评估任务(Calderón,2013)和反思问卷(Sachs & Nakatsukasa,2019)探讨了 DoP。

在第二语言学习过程的早期阶段,不同研究流派实证调查了相当广泛的目标语言项目,探讨了加工层次在第二语言学习过程中的作用。例如,在摄入加工阶段,词汇学习流派探讨了自然词和伪词;书面纠正性反馈(WCF)流派探讨了具体目标个项(例如,西班牙语的连词、名词—形容词一致性,gustar 结构,未完成时与过去完成时,拼写,屈折形态,时态,冠词使用,标点,词的选择,句子结构、组织,格式化/引用)或全局项目;计算机化反馈流派关注西班牙语 gustar 结构、动词前的直接宾格代词、词汇、性别—数量一致性、形态学;教学流派关注西班牙语与事实相反的条件句、未完成时在与事实相反的条件从句中的使用、gustar 结构、被动语态、动词前的宾格代词以及英语虚拟语气;CALL 流派探讨了西班牙语 gustar 结构和介词(para,por)以及汉语的"把";文本增强流派探讨了西班牙语正式命令式和现在虚拟语气、30 个目标伪词以及英语的使役动词"had";偶然学习流派探讨了宾格和与格标记。在第二语言学习过程的后期阶段,语言水平/先验知识流派中探讨了西班牙语词汇和过去完成时的虚拟语气、英语不规则的过去完成时动词和虚拟语气。

不同水平的语言经验也得到了探索，针对大学层次的学习者，语言经验包括没有接受过目标语言教学或对目标语言一无所知，以及英语作为外语(EFL)、外语(FL)、商务和语言学专业的高水平学生群体。材料包括不同长度的书面文本(增强或未增强)、计算机化教育/教学视频和拼图游戏、复述任务和训练集。相关研究还采用了相当广泛的评估任务，即词汇知识量表、目标词或语言项目识别的多项选择(MC)、MC 知识、理解、回忆、写作和比较、(计算机化)书面和口头产出、口译、结合 MC 和书面产出、句子构建、定时语法判断和 MC 句子完成任务等。

总体研究发现，不同研究流派的绝大多数研究表明，L2 数据的加工方式在 L2 学习过程中起着重要作用。在采用有声思维法的研究中，较高的加工层次水平(DoP)似乎比较低的 DoP 带来更优越的表现。此外，较高的 DoP，尤其是伴随着理解层次上的意识，似乎与系统学习和留存显著相关。使用眼动跟踪法和瞳孔测量法的研究也报告了更深层次加工对随后 L2 学习的类似益处，其中 DoP 分别被操作为眼动注视持续时间和瞳孔扩张的数据。实际上，这些注意力数据的研究结果是日益增长的眼动跟踪研究的一部分，该研究揭示了学习者在加工期间对新词汇或语法的注意力投入(通过眼动跟踪测量)与学习(例如，Cintrón-Valentín & Ellis，2015；Godfroid et al.，2013；Godfroid & Uggen，2013；Indrarathne & Kormos，2017；Pellicer-Sánchez，2016)之间的积极关系；另见 Godfroid，2019，将眼动跟踪数据置于 Leow(2015)基于 DoP 的不同阶段模型中)。

二、第二语言课堂中的实践

基于对 L2 学习中加工层次水平(DoP)的研究，学界已经提出了在 ISLA 中的若干教学启示(例如，Leow，2015，2018，2019；Leow & Mercer，2015)。第一个观察是学生加工 L2 是一个内部过程。研究以学习者为中心，旨在促进更深层次的加工，最终实现更稳固的学习，这要求教师确保他们的学生确实在认知上参与注意和加工 L2 信息。通过在设计学习活动或任务时融入学生使用的认知加工和过程(例如，学习者注意力、加工层次、意识水平、先验知识的激活)，可以实现这种 DoP，同时与目标内容互动。提高学习者注意力可以通过一个鼓励任务来实现，该任务要求学生至少需要关注任务中的目标项目(通常称为"任务必要性"，见 Loschky & Bley-Vroman，1993)。关于 DoP，重要的是要注意，虽然较高的 DoP 在大多数情况下与更多的学习相关，但高 DoP 并不一定导致理解层次上的意识。通常与高 DoP 相关的几种认知过程可能潜在地导致理解层次上的意识，包括假设和规则制定以及元认知，这两者都可以由教师促进。L2 信息的循环利用为学生与此类数据的先验知识建立认知联系提供了机会，这可以促进稳固的学习、留存和流利性。教师还需要让学生接触到足够数量的输入中的示例，可以一次提供许多示例，也可以在一段时间内循环利用这些示例。

可以促进深度加工的活动如推理任务，通常要求学生通过演绎、推理或从其他来源感知新的或特定的信息，与 L2 信息进行认知上的参与。然后，这些信息需要以另一种格式被加工和产出。例如，语言能力水平较低的学生可以根据其他学生在 L2 中提供的信息构建时间表在 L2 中进行比较；也可以让学生听或阅读新信息，对它们进行加工，然后将信息的概要或报告呈现给全班。通常有一个目标语法点（例如，过去时态），并为学生提供在 L2 产出中加工和产出这一语法点的机会。这些任务能让学生关注和加工 L2 中包含的特定词汇和语言结构。

对于具有较高语言水平的学生，Leow（2015）推荐更综合的推理任务，结合语义和文化内容以及词汇和语言进行实践。例如，教师在课程计划中设定课程目标：①学生练习使用与旅行相关的特定词汇（包括数字）计划一个生态有效的活动或描述真实生活体验，②学生展示使用这些词汇以及文化信息分享信息（口头产出）的能力，以及③学生使用比较表达式（本课语法重点）对活动进行评论。为学生（个人、双人或小组）提供固定预算，要求他为一家三口（例如，2 名成人和 1 名 10 岁儿童）规划一周的行程。行程需要至少包括住宿、文化景点参观（及入场费）的信息和这些景点的有趣信息，以及交通费用。教师提供几个旅行信息的在线链接。理想情况是在不同语境中重复几乎相同的知识点。

强烈鼓励学生在制定各自的行程之前访问每个链接。他们需要密切注意词汇和文化信息，在他们的展示中使用它们，并准备知道如何在第二语言中进行比较。在课堂外完成项目后，学生需要在课堂上用第二语言展示他们的行程（例如，通过 PowerPoint 演示文稿），涵盖所需信息，并通过比较国家等来证明他们的选择。PPT 演示文稿的条目必须简洁，目的是让学生使用第二语言对项目进行详细说明。全班学生做笔记，然后通过比较所展示预算的不同方面，决定哪个演示拥有最有趣和最节约的预算。演讲水平和随后的讨论提供了学生在准备和在展示期间听取同伴意见时认知参与程度的反馈。正如 Leow 所指出的，语言水平可能决定了演讲水平、所需信息量和讨论程度。同时，这种类型的综合任务明确地基于心理语言学方法，在结合课堂时间和在线接触的混合教学中促进加工层次，以完成一个生态有效的活动。

加工层次也可以在第二语言（L2）书面文本中得到促进。可以要求学生在理解性阅读后重新审视文本，并识别目标信息（例如，词汇、语法项目等）。对于文本中的语法项目，可以要求他们形成一些假设或规则来管理这些项目。在写作中，如果从过程导向的角度来看（即，允许学生在纠正老师指出的错误后重写他们的原文），可以要求学生在完成重写后书面总结他们从错误中学到的知识（元认知）。这些任务鼓励学生更深入地加工他们阅读或书面产出的内容。

三、小结

加工层次的概念从认知心理学领域（例如，Craik & Lockhart，1972；Craik & Tulving，1975）发展到 ISLA（例如，Leow，2015）已经有了相当长的一段发展历程。认知心理学和 ISLA 对加工层次在留存语法和词汇项目方面的积极益处都有理论和实证支持，并且在实验接触几周后，与注意力、注意、意识（水平）、认知努力、精制、深入分析和先验知识相关的 DoP 概念贯穿于 L2 学习过程的若干阶段是非常有趣的。的确，L2 数据的加工方式似乎比学习条件或 L2 的外部操作更能揭示问题。换句话说，正如 Leow（2015）所指出的，DoP 可以解释为什么学生接收到的 L2 信息是相同的，但在他们接触或教师教学后却有不同的表现。这种强有力的支持强调了加工方式在 L2 学习中的作用，促进我们学生更深入地加工他们接触的 L2。教师可以提供或继续提供基于 DoP 的教育任务，确保学生在执行这些任务时从认知上进行了参与。这应该是我们 L2 课堂的主要目标之一。最后，需要继续对 DoP 在当前和新的 ISLA 研究流派中的作用进行进一步的调查。过程导向下的共时数据收集方法能为 L2 学习者加工不同的 L2 数据提供更有力的信息，可以更好地理解 L2 学习者在 L2 学习过程中的认知过程。这种理解可以引导教师设计出促进更深层次加工和认知参与的活动或任务，这将导致学生更稳固的学习。

本章由 Ronald P. Leow 教授与本书作者合作完成。作者在此对 Leow 教授的理论指导与反馈表示衷心感谢。

◎ **参考文献**

Bergsleithner, J. M. The role of prior knowledge in depth of processing during written production: A preliminary investigation [M]//R. P. Leow (Ed.) The Routledge handbook of second language research in classroom learning. London: Routledge, 2019: 104-118.

Bird, S. Expert knowledge, distinctiveness, and levels of processing in language learning [J]. Applied Psycholinguistics, 2012 33: 665-689.

Bistline-Bonilla, C., DeRobles, G., Xu, Y. Recasts in SCMC: Replicating and extending Gurzynski-Weiss et al. (2016) [M]//R. P. Leow (Ed.) The Routledge handbook of second language research in classroom learning. London: Routledge, 2019: 156-170.

Bowles, M. A. The effect of textual input enhancement on language learning: An online/offline study of fourth semester Spanish students [M]//P. Kempchinshky C. Pineros (Eds.) Theory, practice, and acquisition: Papers from the 6th Hispanic linguistic symposium and 5th conference on the acquisition of Spanish and Portuguese. Somerville, MA: Cascadilla Press, 2003.

Calderón, A. M. The effects of L2 learner proficiency on depth of processing, levels of awareness, and intake[M]//J. M. Bergsleithner, S. N. Frota, J. K. Yoshioka (Eds.) Noticing and second language acquisition: Studies in honor in Richard Schmidt. Honolulu: University of Hawai'i, 2013: 103-121.

Cerezo, L., Caras, A., Leow, R. P. Effectiveness of guided induction versus deductive instruction on the development of complex Spanish "gustar" structures: An analysis of learning outcomes and processes[J]. Studies in Second Language Acquisition, 2016, 38: 265-291.

Cintrón-Valentín, M. C., Ellis, N. C. Salience in second language acquisition: Physical form, learner attention, and instructional focus[J]. Frontiers in Psychology, 2016, 7: 1284.

Craik, F. I. M., Lockhart, R. S. Levels of processing: A framework for memory research[J]. Journal of Verbal Learning and Verbal Behavior, 1972, 11: 671-684.

Craik, F., Tulving, E. Depth of processing and the retention of words in episodic memory[J]. Journal of Experimental Psychology: General, 1975, 104(3): 268-294.

De la Fuente, M. J. Explicit corrective feedback and computer-based, form-focused instruction: The role of L1 in promoting awareness of L2 forms[M]//R. P. Leow, L. Cerezo, M. Baralt (Eds.) A psycholinguistic approach to technology and language learning. Berlin: De Gruyter Mouton, 2016.

Gass, S., Svetics, I., Lemelin, S. Differential effects of attention[J]. Language Learning, 2003, 53(3): 497-546.

Godfroid, A. Investigating instructed second language acquisition using L2 learners' eye-tracking data[M]//R. P. Leow (Ed.) The Routledge handbook of second language research in classroom learning. London: Routledge, 2019: 44-57.

Godfroid, A., Schmidtke, J. What do eye movements tell us about awareness? A triangulation of eye-movement data, verbal reports and vocabulary learning scores[M]//J. M. Bergsleithner, S. N. Frota, J. K. Yoshioka (Eds.) Noticing and second language acquisition: Studies in honor of Richard Schmidt. Honolulu: University of Hawai'i, 2013: 183-205.

Godfroid, A., Uggen, M. S. Attention to irregular verbs by beginning learners of German[J]. Studies in Second Language Acquisition, 2013, 35: 291-322.

Hsieh, H-C. Computerized type of feedback and depth of processing during a computerized problem-solving task[M]//R. P. Leow (Ed.) The Routledge handbook of second language research in classroom learning. London: Routledge, 2019: 120-137.

Hsieh, H-C., Moreno, N., Leow, R. P. Awareness, type of medium, and L2 development: Revisiting Hsieh (2008) [M]//R. P. Leow, L. Cerezo, M. Baralt (Eds.) A psycholinguistic approach to technology and language learning. Berlin: De Gruyter Mouton, 2016: 131-150.

Indrarathne, B. Enhancement, attention, and awareness: An eye-tracking study of English syntax [M]//R. P. Leow (Ed.) The Routledge handbook of second language research in classroom learning. London: Routledge, 2019: 331-345.

Indrarathne, B., Kormos, J. Attentional processing of input in different input conditions: An eye-tracking study [J]. Studies in Second Language Acquisition, 2017, 39(3): 401-430.

Jarvis, S., Raines, T., Schaefer, P., Sormaz, O. Effects of crosslinguistic similarity, complexity, and depth of processing on vocabulary recall [M]//R. P. Leow (Ed.) The Routledge handbook of second language research in classroom learning. London: Routledge, 2019: 273-285.

Kim, H. R., Bowles, M. How deeply do second language learners process written corrective feedback? Insights gained from think-alouds [J]. TESOL Quarterly, 2019 53(4): 913-938.

Laufer, B., Hulstijn, J. Incidental vocabulary acquisition in a second language: the construct of task-induced involvement [J]. Applied Linguistics, 2001, 22: 1-26.

Lee, J. F., Doherty, S. The effects of implicit positive and negative feedback on processing subsequent target linguistic items: An eye-tracking study [M]//R. P. Leow (Ed.) The Routledge handbook of second language research in classroom learning. London: Routledge, 2019: 361-374.

Leow, R. P. Do learners notice enhanced forms while interacting with the L2? An online and offline study of the role of written input enhancement in L2 reading [J]. Hispania, 2001, 84(3): 496-509.

Leow, R. P. Explicit and implicit learning in the L2 classroom: What does the research suggest? [J]. The European Journal of Applied Linguistics and TEFL, 2012, 2: 117-129.

Leow, R. P. Explicit learning in the L2 classroom: A student-centered approach [M]. New York: Routledge, 2015.

Leow, R. P. Explicit learning and depth of processing in the instructed setting: Theory, research, and practice [J]. Studies in English Education, 2018, 23: 769-801.

Leow, R. P. ISLA: How implicit or how explicit should it be? Theoretical, empirical, and pedagogical/curricular issues [J]. Language Teaching Research, 2019, 23(4): 476-493.

Leow, R. P., Hsieh, H-C., Moreno, N. Attention to form and meaning revisited [J]. Language Learning, 2008, 58: 665-695.

Leow, R. P., Mercer, J. D. Depth of processing in L2 learning: Theory, research, and pedagogy [J]. Journal of Spanish Language Teaching, 2015, 2: 69-82.

Leow, R. P., Donate, A., Gutierrez, H. Textual enhancement and L2 development: A depth of processing perspective[M]//R. P. Leow (Ed.) The Routledge handbook of second language research in classroom learning. London: Routledge, 2019: 317-330.

Leow, R. P., Thinglum, A., Leow, S. WCF processing in the L2 curriculum: A look at type of WCF, type of linguistic item, and L2 performance[J]. Studies in Second Language Learning and Teaching, 2023, 12(4): 653-675.

Li, F. Explicit instruction, prior knowledge, depth of processing, and grammatical knowledge development of Advanced EFL learners: The case of the English subjunctive mood[M]//R. P. Leow (Ed.) The Routledge handbook of second language research in classroom learning. Routledge, 2019: 347-360.

Loschky, L., Bley-Vroman, R. Grammar and task-based methodology[M]//G. Crookes S. M. Gass (Eds.) Task and language learning: integrating theory and practice. Clevedon, UK: Multilingual Matters, 1993: 123-167.

Manchón, R. M., Nicolás-Conesa, F., Cerezo, L., Criado, R. L2 writers' processing of written corrective feedback: Depth of processing via written languaging[M]//W. Suzuki N. Storch (Eds.) Languaging in language learning and teaching. A collection of empirical studies. Amsterdam: John Benjamins, 2020: 241-265.

Martin, A., Niu, M., Leow, R. P. Processing instruction, guided induction, and L2 development[M]//Leow, R. P. (Ed.). The Routledge handbook of second language research in classroom learning. London: Routledge, 2019: 375-390.

Martínez-Fernández, A. Revisiting the Involvement Load Hypothesis: Awareness, type of task and type of item[M]//Bowles, M., Foote, R., Perpiñán, S., Bhatt, R. (Eds.). Selected proceedings of the 2007 Second Language Research Forum. Somerville, MA: Cascadilla Proceedings Project, 2008: 210-228.

Medina, A. Test-enhanced learning in L2 Spanish lexical development: Issues of depth of processing and think-aloud reactivity[M]//Leow, R. P. (Ed.). The Routledge handbook of second language research in classroom learning. London: Routledge, 2019: 258-272.

Meritan, C. Exploring the pronunciation awareness continuum through self-reflection in the L2 French learning process[J]. Languages, 2021, 6(4): 1-27.

Moreno, N. Type of feedback and assessment task modality: The role of depth of processing [M]//Leow, R. P. (Ed.). The Routledge handbook of second language research in classroom learning. London: Routledge, 2019: 138-155.

Morgan-Short, K., Heil, J., Botero-Moriarty, A., Ebert, S. Allocation of attention to second language form and meaning: Issues of think alouds and depth of processing[J]. Studies in Second Language Acquisition, 2012, 34(4): 659-685.

Park, E. S., Kim, O. Y. Learners' engagement with indirect written corrective feedback: Depth of processing and self-correction[M]//Leow, R. P. (Ed.). The Routledge handbook of second language research in classroom learning. London: Routledge, 2019: 212-226.

Pellicer-Sánchez, A. Incidental vocabulary acquisition from and while reading[J]. Studies in Second Language Acquisition, 2016, 38(1): 97-130.

Qi, D. S., Lapkin, S. Exploring the role of noticing in a three-stage second language writing task[J]. Journal of Second Language Writing, 2001, 10(4): 277-303.

Ryan, K., Hamrick, P., Ryan, T., Miller, R., Was, X. A. Salience, cognitive effort, and word learning: Insights from pupillometry[M]//Gass, S. M., Spinner, P., Behney, J. (Eds.). Salience in SLA. Routledge, 2017: 187-200.

Rogers, J. Levels of awareness, depth of processing, and the learning of L2 case markers[M]//Leow, R. P. (Ed.). The Routledge handbook of second language research in classroom learning. London: Routledge, 2019: 76-88.

Rosa, E. M., Leow, R. P. Awareness, different learning conditions, and second language development[J]. Applied Psycholinguistics, 2004, 25: 269-292.

Rosa, E., O'Neill, M. D. Explicitness, intake, and the issue of awareness[J]. Studies in Second Language Acquisition, 1999, 21: 511-556.

Rott, S. Processing glosses: A qualitative exploration of how form-meaning connections are established and strengthened[J]. Reading in a Foreign Language, 2005, 17: 95-124.

Sachs, R., Nakatsukasa, K. Aptitude-treatment interactions in depth of processing: Individual approaches and prior linguistic coursework predict learners' approaches to computer-mediated language learning activities[M]//Leow, R. P. (Ed.). The Routledge handbook of second language research in classroom learning. London: Routledge, 2019: 422-437.

Shook, D. J. FL/L2 reading, grammatical information, and the input-to-intake phenomenon[J]. Applied Language Learning, 1994, 5(1): 57-93.

Schmidt, R. W. The role of consciousness in second language learning[J]. Applied Linguistics, 1990, 11(2): 129-158.

Son, M., Lee, J., Godfroid, A. Attention to form and meaning revisited: Insights from eye tracking[J]. Studies in Second Language Acquisition, 2022, 44(3): 788-817.

Thinglum, A., Serafini, E., Leow, R. P. Exploring the relationships between lexical prior knowledge and depth of processing during the intake processing stage: An online investigation of L2 vocabulary learning[M]//Leow, R. P. (Ed.). The Routledge handbook of second language research in classroom learning. London: Routledge, 2019: 89-103.

Zhuang, J. Computer-assisted guided induction and deductive instruction on the development of complex Chinese ba structures: Extending Cerezo et al. (2016)[M]//Leow, R. P. (Ed.). The Routledge handbook of second language research in classroom learning. London: Routledge, 2019: 391-406.

附录 表 3-1 加工层次过程的示例研究

二语学习过程的早期阶段

序号	研究	研究流派	研究对象	目的语结构	材料	测量任务	流程	DoP的操作	共时数据收集方法	DoP的水平	研究设计	研究结果
1	Rott (2005)	词汇学习	10名学习德语的英语母语者在第三和第四学期随机分配到单项选择注释组（MCG）或翻译注释组（STG）	4个目标词	一种改编自 Shade for Sale: A Chinese Tale (Dresser, 1994) 的文本，每个目标词都附有边缘注释，每个目标词重复4次	词汇知识量表（Wesche & Paribakht, 1996），词汇识别的多项选择测试、理解测试	所有参与者都阅读了相同的文章	元认知和语义扩展资源	非元认知有声思维法	低、高	目标前测-即时后测-延时后测（4周后）	MCG中的更高加工水平（更多的元认知和语义扩展资源）导致更好的目标词保存和对观点的理解
2	Godfroid & Schmidtke (2013)	词汇学习	29名大学水平的母语为荷兰语的高级英语学习者，接触4种不同的阅读条件之一	12个英语伪词	20篇英语语段中包含不同呈现方式的12个关键目标伪词	多项选择（每个题项有18个选项）的词汇后测	参与者们与研究人员单独会面，以理解段落义，同时他们的眼动轨迹被记录下来，然后后进行词汇测试，随后进行访谈以测量他们对目标伪词的意识	注视时长	眼动跟踪法（注意）和回溯性言语报告（意识）	无意识，记忆意识（熟悉感），自我意识（回忆）	即时后测	①阅读伪词总时间与词报告的伪词总意识之间存在着正相关关系；②自我意识与显著更长的注视时长相关，似乎与更高水平的意识的意识（高DoP）相关；③与记忆意识（低DoP）意识相比，（高DoP）更高意识比例的与更高的单词学习相关

续表

序号	研究	研究流派	研究对象	目的语结构	材料	测量任务	流程	DoP的操作	共时数据收集方法	DoP的水平	研究设计	研究结果
3	Jarvis et al. (2019)	词汇学习	84名英语语言学专业的学生	16个目标的伪词	含有目标词汇的词问卷，包含语言背景问卷、练习学习模块以及回忆模块包含目标词主要学习内容	回忆测试	参与者完成了词汇课程	学习者分析新词的形式和意义并将其与先验知识联系起来的认知努力	非元认知有声思维法	非常低的DoP（记忆）、低DoP（仅形式）、中等DoP（仅意义）、形式和意义兼具（高DoP）	实验阶段	深度加工和记忆记忆策略在仅遇到一次且目标相关语言的新词的回忆率中起着重要作用
4	Medina (2019)	词汇学习	89名大学层次的母语为英语的中级西班牙语学习者，接触以下实验条件之一：①文本增强组+有声思维、②文本增强组，无有声思维、③传统列表+有声思维、或④集中呈现组，无有声思维	24对英语—西班牙语单词对照	24对西班牙语—英语单词对照列表，以集中（TL）或分散（TE）形式呈现	①单词配对测试；②口语水平测试	前测—后测—延时后测（两天后）设计。在第一次会议上，参与者进行了前测，然后被随机分配到四个学习组中的一个，在学习阶段参与者进行分心任务，之后上进行延时后测，然后在第二次会议上进行延时后测，然后接触问卷调查和口语水平测试	Leow (2015)的定义和编码方案	非元认知有声思维法加上练习	低、中、高	前测—即时后测—延时后测（2天后）	①两个实验组中的DoP相似；②总加工层次与词汇回忆之间呈正相关但不显著

续表

序号	研究	研究流派	研究对象	目的语结构	材料	测量任务	流程	DoP的操作	共时数据收集方法	DoP的水平	研究设计	研究结果
5	Hsieh (2019)	计算机反馈	63名大学水平的西班牙语学生被随机分配到基于练习和反馈的正负效应（进一步细分为隐性与显性）的6种条件之一	西班牙语gustar结构	计算机化的问题解决型游戏	计算机化的测试①口语产出②书面产出③辨识测试	参与者被随机分配至实验室的一个实验组，并在之后进行了即时后测	Leow (2015)的定义和编码方案	非元认知有声思维	低、中、高	前测—即时后测—延时后测（2 1/2周后）	元语言反馈在各实验条件下的总体加工层次较低，导致组间表现差异不显著
6	Moreno (2019)	计算机反馈	28名第一学期学习西班牙语的学生，接触以下条件之一：①显性反馈或②隐性反馈	西班牙语动词前直接宾语代词	路径视频游戏	①控制型书面产出测试②控制型口语产出测试③辨识测试	参与者被随机分配到实验组中的一个，然后进行了即时后测	Leow (2015)的定义和编码方案	非元认知有声思维法	低、中、高	前测—即时后测—延时后测（2周后）	更高的加工层次水平导致更优越的表现
7	Bistline-Bonilla et al. (2019)	同步计算机辅助交流	40名大学水平的英语第二或第三学期的西班牙语学习者，接触以下语言习得条件之一：①增强重述或②未增强重述反馈	①词汇（12个单词），②形态（12个性别一致或数量一致），③西班牙语句法（12个直接宾语代词）	针对每个目标项3个故事复述任务	①12项辨识测试②每个目标项目包含18~20个项（其中12项为关键项目）的任务	3次会议（前测—实验阶段，即时后测，一周后延时后测）。在第二次会议上，参与者们被随机分配到一个实验组，练习了有声思维法，然后完成语言实验成实验任务	Gurzynski-Weiss 等人 (2016)	非元认知有声思维法	低意识水平、高意识水平	前测—实验阶段，即时后测，一周后延时后测	①重述类型与意识水平无关系；②语言项目的类型与参与者报告的类型显著相关；③在辨识任务中，报告的低意识水平与表现之间存在显著关系

续表

序号	研究	研究流派	研究对象	目的语结构	材料	测量任务	流程	DoP的操作	共时数据收集方法	DoP的水平	研究设计	研究结果
8	Rosa & O'Neill (1999)	教学	67名大学水平的英语母语者，第四学期学习西班牙语，接触以下条件之一：①正式教学（+FI，-RS），②+FI，+RS，③-FI，+RS，④-FI，-RS，或⑤控制组（仅任务）	过去事实相反的西班牙语条件句	计算机拼图游戏	22项句子多项选择辨识任务	参与者被随机分配到语言实验室的一个实验组，并进行了即时后测	Schmidt (1990)及其他地方）注意假设说	非元认知有声思维加练习	理解、注意、NVR（无语言报告）	前测-即时后测	在理解层次上的意识（较高的加工层次）在识别任务中的表现显著优于较低层次的意识（注意层次）。在理解层次上的意识（较高的加工层次）在两个测试任务中的表现都显著优于任注意层次的意识
9	Hsieh et al. (2016)	教学	13名西班牙语初学者，随机分配到以下条件之一：①面对面教学（FTF），②计算机辅助面对面教学（C-FTF），③计算机辅助教学(CAI)	西班牙语gustar结构	C-FTF是FTF的视频版本；CAI是一个计算机化路径游戏	①30题多项选择测试②口语产出测试③书面产出测试	FTF在教室里接受教学，而C-FTF和CAI在实验室里接受教学	Leow的(2015)编码方案	非元认知有声思维法	低、中、高	前测-即时后测-延时后测（2周后）	高加工层次在口头和书面产出后测中的保存效果越表现优越

续表

序号	研究	研究流派	研究对象	目的语结构	材料	测量任务	流程	DoP的操作	共时数据收集方法	DoP的水平	研究设计	研究结果
10	Adrada-Rafael (2017)	教学	88名中级西班牙语学习者，接触以下条件之一：①更多的显性教学，②较少的显性教学，③基线（控制组）	西班牙语未完成虚拟式用于与事实相反的条件句 西班牙语被动语态	修改后的真实阅读材料（415个单词），包含12个目标语结构实例	①解释（多项选择）测试 ②书面产出测试（填空）③理解任务（多项选择）④控制型产出测试（填空）	参与者在语言实验室中执行实验任务	Leow的(2015)编码方案	非元认知有声思维加练习 眼动追踪	低，中，深	前测—即时后测—延时后测（2周后）	更显著的教学方式导致更多的更高加工的例次与的例次相关，随着教学程度的降低，加工层次也降低，产生更多的低加工层次的例次。高DoP与严格评分的解释和书面产出测试以及理解测试之间存在显著关系 导致更多的高加工层次的例次，随着教学程度的降低，显性程度的降低，加工层次也随之降低，水平也随之降低，产生了更多的低加工层次的例次

续表

序号	研究	研究流派	研究对象	目的语结构	材料	测量任务	流程	DoP的操作	共时数据收集方法	DoP的水平	研究设计	研究结果
11	Lee & Doherty (2019)	教学	22名大学一年级和二年级的西班牙语学习者，接触两种类型的反馈，负面和正面	西班牙语被动语态	①自定进度的关于西班牙语被动语态的元语言解释，包括加工策略如加工教学(PI) ②书面的PI结构化输入活动	N/A	参与者们在语言实验室完成了实验任务	N/A	眼动跟踪加工练习	N/A	N/A	负面反馈导致任早期和后期加工过程中更多的视觉注意，这是因为较高的加工层次水平
12	Li (2019)	教学	69名高水平EFL大学生，随机分配到以下条件之一：①显性演绎式教学方式组(ED)、②显性归纳式教学方式组(EI)，或控制组	英语虚拟语气	计算机拼图游戏	3个多项选择知识测试	ED参与者们在执行实验任务之前接收了语法规则和理解问题。EI组执行了拼图游戏任务。对照组阅读了带有目标示例的文本并回答了理解问题	Leow (2015) 的定义和编码方案	非元认知有声思维加工练习	低、中、深	前测—即时后测—延时后测 (2周后)	①ED中加工层次较高。②高加工层次饮与即时后测和延时后测之间呈正相关关系，但效果不显著，为小到中等效果。GI组在学习结果上优于DI组，并且随着时间的推移保持优势

序号	研究	研究流派	研究对象	目的语结构	材料	测量任务	流程	DoP的操作	共时数据收集方法	DoP的水平	研究设计	研究结果
13	Martin et al. (2019)	教学	39名大学初级西班牙语学习者，接触以下条件之一：①基于输入的（加工教学-PI）或②基于输出的（引导型归纳-GI）	西班牙语动词前宾格代词	计算机化的PI和GI处理	①多项选择解释任务②书面表达任务③翻译任务	参与者们被随机分配到PI或GI指导，并按自己的进度工作	Leow（2015）编码方案	非元认知有声思维	低、中、深	前测—即时后测—延时后测（1周后）	两种教学条件都报告了相对较高的加工层次。GI组的处理更深，导致更高的意识水平，并且与立即翻译评估任务显著相关，这与对目标结构较高层次的理解更深有关
14	Rosa & Leow (2004)	计算机辅助语言学习	100名大学水平的高级西班牙语的学习者，接触以下条件之一：①显性任务前+显性反馈（EPEFE），②显性任务前+隐性反馈（EPIFE）	过去事实相反的西班牙语条件句	计算机化问题解决任务	①多项选择辨识任务②控制型书面产出测试	参与者们被随机分配到5个实验组中的一个，并被要求进行有声思维，随后进行即时后测	Schmidt（1990）注意假说	非元认知有声思维加工练习	理解、注意、未报告（NR）	前测—即时后测—延时后测（3周后）	任理解层次上的意识（较高的加工层次）在两个后测任务中的表现显著优于在注意层次的意识

续表

序号	研究	研究流派	研究对象	目的语结构	材料	测量任务	流程	DoP 的操作	共时数据收集方法	DoP 的水平	研究设计	研究结果
15	Cerezo et al. (2016)	计算机辅助语言学习	③显性反馈（EFE）	西班牙语 gustar 结构	电子游戏	①控制型口语产出测试 ②控制型书面产出测试 ③辨识测试	参与者们被班级随机分配到 GI、DI 或对照组中的一个	Leow (2015) 编码方案	非元认知有声思维加练习	低、中、高	前测—即时后测—延时后测（2周后）	在 GI 条件下的有声思维数据显示出较高的加工层次，大多数参与者达到了规则制定或理解层次的意识，并激活了规则的先验知识和假设成形的倒次。GI 组在所有（除了立即的口头产出达）中的学习结果更高，并且目留存更好
16	Zhuang (2019)	计算机辅助语言学习	④显性任务前（EP），⑤隐性反馈（IFE），或⑥控制组	中文的"把"字结构	计算机化的 GI 和 DI 干预	控制型口语产出任务，语法判断测试	参与者们被随机分配到 GI、DI 或对照组中的一个	Leow (2015) 编码方案	非元认知有声思维加练习	低、中、高	前测—即时后测—延时后测（1周后）	进行了有声思维的 GI 参与者中有一部分报告了高加工层次。高加工层次并不等同于理解层次的意识，正如 Leow（2015）所强调的那样

续表

序号	研究	研究流派	研究对象	目的语结构	材料	测量任务	流程	DoP的操作	共时数据收集方法	DoP的水平	研究设计	研究结果
17	Leow et al. (2019)	计算机辅助语言学习	15名大学水平的初级西班牙语学习者，分配到以下条件之一：①引导型归纳(GI)或②演绎式教学(DI)	西班牙语介词 para 和 por	电子游戏	多项选择和书面产出任务的结合	参与者们被随机分配到 GI 或 DI 中的一个	Leow (2015) 编码方案	非元认知有声思维加练习	低、中、高	前测—即时后测—延时后测（1周后）	GI 条件下的加工层次较高。在即时后测中的表现相似，但 GI 在延时后测中保持了增益，而 DI 在延时后测中成绩显著下降
18	Leow (2001)	文本增强	38名大学一年级英语母语的西班牙语学习者，接触①增强型或②未增强型阅读文本	西班牙语正式命令形式	Leow (1997) 中使用的短篇增强文本的修改版（242个单词）。真实文本（384个单词）	①17题项的多项选择辨识任务 ②17题项的书面产出任务 ③11题项的理解任务（包括多项选择和简短回答）	与 Leow (2001) 相同	未报告	非元认知有声思维	报告注意	前测—即时后测—延时后测（3周后）	报告的注意与即时辨识之间有显著的正相关关系。没有对延时后测试或书面产出进行分析，但两名高分参与者的定性报告似乎揭示了高水平意识（加工层次）与表现之间的差异关系

续表

序号	研究	研究流派	研究对象	目的语结构	材料	测量任务	流程	DoP 的操作	共时数据收集方法	DoP 的水平	研究设计	研究结果
19	Bowles (2003)	文本增强	15 名大学中级 II 英语母语学习者，接触西班牙语的西班牙语学习者，暴露于①增强型或②未增强型阅读文本	西班牙语正式命令形式	与 Leow (2001) 相同	和 Leow（2001）相同	与 Leow（2001）相同	与 Leow (2001) 相同	与 Leow（2001）相同	与 Leow（2001）相同	与 Leow（2001）相同	两名高分参与者的类似定性报告揭示了高水平意识（加工层次）与①未增强型（增强型阅读型表现之间的关系
20	Leow et al. (2019)	文本增强	34 名第一年学习西班牙语的英语母语者，接触西班牙语母语者，接触未增强阅读文章，①条件 1，接收未增强的两篇阅读文章，②条件 2，接收增强型阅读文章并被指示关注增强形式，或③条件 3，除了接收增强的文章并指示关注增强形式，还被要求提出增强形式的规则	西班牙语现在虚拟式和现在完成时	两篇阅读文章，每篇包含 10 个目标语项目的实例，通过①下面线标出整个画线词，②删除①后面产出的原始文本中的目标项目本中的原始文	① 10 题多项选择理解任务 ②填空控制型书②条件出被删除的原始文本中的原始文 ③ 52 项目标项目 ③更大的新情境翻译	参与者们被随机分配到语言实验室的三个实验条件中的一个	Leow (2015) 编码方案	非元认知有声思维加练习	低、中、高	前测—即时后测—延时后测（2 周后）	条件 3 的加工层次超过条件 2。报告层次意识与理解测试任务上与测试任务上显著优于所有其他参与者在前测条件 2。条件 3。条件 3 在所有任务上显著优于条件 2

续表

序号	研究	研究流派	研究对象	目的语结构	材料	测量任务	流程	DoP的操作	共时数据收集方法	DoP的水平	研究设计	研究结果
21	Ryan et al. (2017)	文本增强	26名语言学大学生，接触①增强型或②未增强型阅读型文本	30个目标伪词	N/A	包含60个题项的辨识记忆任务，其中包括旧项目和新项目	参与者们接受了一场培训，其中包含30个视觉呈现的句子，其中包含增强或未增强的目标伪词	N/A	眼动跟踪	扩懂	N/A	较高的加工层次（认知努力）预测了增强组的准确性
22	Indrarathne (2019)	文本增强	100名学习英语的商业类大学僧的僧罗语类学生，接触以下条件之一：①增强+教学+解释（条件A），②增强+教学（条件B），③仅增强（条件C），④未增强（条件D），或⑤控制组	英语使役动词"had"	3个短篇故事（每个包含7个目标项目），每个大约230个单词	①20题项（包含6个目标项目）句子构建（SR）任务 ②40题项（包含10个目标项目）定时语法判断测试（TGJ）	参与者们被随机分配到5个实验条件中的一个，并有研究人员进行了三次眼动追踪会议，间隔为一天。第三次会议后，参与者们进行了即时后测，随后，随后一天进行了事后访谈	Leow (2015) 的意识层次	眼动跟踪	注意（Noticing），报告（Reporting），理解（Understanding）三个层次的意识	前测，即时后测	①较高水平的意识（加工层次）在SR任务上的表现显著优于较低水平。②更高的意识（加工层次）增加的注视时间相关

续表

序号	研究	研究流派	研究对象	目的语结构	材料	测量任务	流程	DoP的操作	共时数据收集方法	DoP的水平	研究设计	研究结果
23	Leow et al.,(2008)	注意形式和意思	72名大学二年级西班牙语学生接触以下条件之一：①条件1:控制组(只为了理解意思而阅读),②条件2: sol(阅读理解并圈出所有的sol实例),③条件3: la(阅读理解并圈出所有的la实例),④条件4: lo(阅读理解并圈出所有的lo实例),⑤条件5: -n(阅读理解并圈出所有动词的-n实例)	N/A 理解	经过修改的真实文章(358个单词),关于阿兹特克人,包含相等数量的目标项目	一个包含10题的多项选择测试任务	测试前的训练阶段(MCC)后是回顾性口头报告阶段	未报告	非元认知有声思维加练习		即时后测	报告显示在加工目标项目的意义和形式上花费的努力最小,这可能解释了各组表现没有显著差异的原因。本研究中识别出的加工层次(三个缺乏加工层次),或可能在本研究结果中起到了作用
24	Morgan-Short et al.(2012)	注意形式和意义	361名大学三年级的西班牙语学习者接触与Leow等人(2008)相同的实验条件	N/A 理解	与Leow等人(2008)相同	与Leow等人(2008)相同	与Leow等人(2008)相同	与Leow等人(2008)相同	与Leow等人(2008)相同	与Leow等人(2008)相同	与Leow等人(2008)相同	较高的加工层次与更高的理解分数呈正相关

续表

序号	研究	研究流派	研究对象	目的语结构	材料	测量任务	流程	DoP的操作	共时数据收集方法	DoP的水平	研究设计	研究结果
25	Son et al. (2022)	注意形式和意义	84名大学三年级的英语西班牙语接触与Leow等人(2008)相同的实验条件	N/A 理解	参与者在语言实验室中见到了研究人员，阅读了计算机上的实验文本，并被告知每当他们看到指定的形式（即主段落中的sol, lo、la 或-n；练习段落中的inflación, la 或-n）时，应按下响应板上的不同指定按钮（即蓝色按钮），并注视该形式2秒钟。然后他们进行了理解测试，接着是测试	与Leow等人（2008年）相同，再加上诱发模仿测试（EIT）	与Leow等人（2008）相同	N/A	眼动跟踪加练习	N/A	即时后测	较高的加工层次与更高的理解分数呈正相关，而不是阻碍理解

续表

序号	研究	研究流派	研究对象	目的语结构	材料	测量任务	流程	DoP 的操作	共时数据收集方法	DoP 的水平	研究设计	研究结果
26	Rogers (2019)	偶发学习条件	26 名大学水平的英语母语者接触一个半人工语言系统	主格和宾格格标记	一个训练集,包括 24 个双音节的捷克名词和 48 个独特的句子(包含 3 个理解问题),重复 3 次 = 接触 144 个句子	①32 项新型多项选择句子完成任务(MCC)(16 项主格,16 项宾格)②置信度评分③来源归因	测试前的训练阶段(MCC)后是回顾性口头报告阶段	Schmidt's (2001) Noticing hypothesis Schmidt (2001) 注意假说	反应时间,回顾性口头报告	+理解和+注意	N/A	理解层次的参与者对句子的加工更深入,表现为更长的反应时间或更长的规则探析行为
27	Sachs & Nakatsukasa (2019)	个体差异	76 名大学水平的日语中级及以上水平的英语 L2 学习者	日语反身代词 jibun("自己")	计算机辅助活动	①对英语语言歧义敏感度和元语言知识的测量②解释 ji-bun 的计算机中介活动③背景和动机问卷,MLAT,工作记忆测试	前测,后测,延时后测(1 周之后),参与者们被随机分配到干预活动中	Zamora (2017) Leow 的 (2015) 定义和 Zamora (2017)	反思问卷	浅层,中层,深层	前测,即时后测,延时后测(1 周后)	①不同个体差异(ID)与加工层次的各种方面相关(先前经验,语法敏感性,元语言知识,机械记忆),②ID 与加工层次之间的一些关系在不同干预条件下有所不同,③工作记忆与加工层次之间没有显著关系

续表

二语学习的后期阶段

序号	研究	研究流派	研究对象	目的语结构	材料	测量任务	流程	DoP的操作	共时数据收集方法	DoP的水平	研究设计	研究结果
1	Calderon (2013)	语言水平	24名大学第二学期和第四学期的英语为母语的西班牙语学习者	8个西班牙语过去语气虚拟式	听觉修改后的杂志文本(304个单词)	一个包含16题项化多项计算机完成子句选择任务(包括8个关键项目)	前测-后测设计。参与者们边听实验文本,边做有声思维,边执行测试任务	关于意识,Schmidt的(1990)注意假说;关于加工层次,作者标准	非元认知有声思维加练习	意识:低,高;加工层次:低,高	前测,即时后测	①较低的语言水平=较高的语言加工层次。②较高的语言水平=较高的语言意识水平。③语言水平和摄入之间存在显著相关性
2	Bergsleithner (2019)	先验知识	39名大学英语学习葡萄牙语为母语者,包括①旧的先验知识(G1)或②近期的先验知识(G2)	10个英语不规则过去式动词	①教学阶段(针对G1),接着是辨识口头任务和控制型填空产出任务	控制型的填空产出任务(包括10个常规动词和10个目标不规则动词)	参与者们在语言实验室内用50分钟写了一篇叙事文	Leow(2015)编码方案	非元认知有声思维		前测,即时后测,延时后测(1周后)	①由于新近的先验知识,G1的加工层次较高,相比于旧先验知识的G1有较低的加工层次。②考虑到旧时G1的先验知识时,加工层次(低和高)之间没有太大区别。③对于新近的先验知识,较高的加工层次即时后测与延时即时后测的表现显著相关

续表

序号	研究	研究流派	研究对象	目的语结构	材料	测量任务	流程	DoP的操作	共时数据收集方法	DoP的水平	研究设计	研究结果
3	Thinglum et al. (2019)	先验知识	40名大学中级英语西班牙语学习者，接触①有先验知识（PK）或②无先验知识（-PK）	10个目标词汇项目	修改后的说明文（424个单词），包括西班牙语的填字游戏和匹配任务	①词汇测试（目标项目列表嵌入20个干扰项）②英语到西班牙语的翻译③西班牙语到英语的翻译④句子完成泛化后测⑤多项选择泛化后测	参与者们被随机分配到+PK或-PK，并被要求在两到四天之间的三次会议中完成实验材料和测试任务	Calderon (2013)和Leow (2015)的编码方案	非元认知有声思维加练习	低、中、高-准确，高+准确	前测—即时后测—延时后测	①有先验知识（+PK）的学习者报告显著较高的（特别是高+准确）和更准确的加工。②+PK在准确词汇产出目标项目方面表现显著更好。③所有加工层次变量与词识正相关，而更深的加工层次与产出两个个体任务的表现呈正相关
4	Li (2019)	先验知识	69名高水平EFL大学学习者，随机分配到①显性演绎式教学法（ED）、②显性归纳式教法（EI），或控制组	英语虚拟语气	计算机拼图游戏	3个MC知识测试	ED参与者们在执行实验任务之前接受了语法规则和理解问题。EI组执行了任务。对照组阅读了带有目标范例的文本并回答问题理解问题	Leow的 (2015)定义和编码的方案	非元认知有声思维加练习	低、中、深	前测—即时后测—延时后测（2周后）	①在先验知识（PK）为中等时，显性演绎式(ED)组较高的加工（较深）比显性归纳的(EI)式组的加工的留存（较低的加工层次）的留存更好。低或没有作用的PK没有作用

续表

序号	研究	研究流派	研究对象	目的语结构	材料	测量任务	流程	DoP的操作	共时数据收集方法	DoP的水平	研究设计	研究结果
5	Adrada-Rafael & Filgueras-Gomez, (2019)	书面纠正反馈（WCF）	在美国东海岸的一所中型私立研究型大学，29名以英语为第一语言（L1）的高水平西班牙语学习者	词汇和语法项目	一组描述一个故事的6幅图片		参与者们在语言实验室内写了第一篇作文，一作为前测，一周后收到了带有书面纠正性即时反馈的作文，将其重写为即时后测，并在两周后（延迟）在无反馈的情况下修正了他们的初稿	Leow的（2015）定义和编码方案	非元认知有声思维、练习	低、中、高	前测，即时后测，延时后测（2天后）	无论语言如何，超过50%的词汇和语法项目由L2学习者在高加工层次下处理。L2中较高的加工层次表现出较高的加工层次
6	Cerezo et al. (2019)	书面纠正反馈	46名在写作课程中的大一英语本科生，分配到①直接书面纠正性反馈，②间接书面纠正性反馈，③控制组	写作中的错误	作文（初稿和重写）	N/A	参与者们在课堂上写了他们的初稿。12天后他们收到了带有WCF的加工后的作文，并参加了一语会话。两天后，他们在没有书面纠正性反馈的情况下修订了他们的初稿	Leow的（2015）定义和编码方案	书面语言活动	5 levels 5个等级	前测，即时后测，延时后测（2天后）	书面纠正反馈类型：直接反馈：较高的加工层次；间接反馈：较低的加工层次。准确性：较高的加工层次导致了更优异的表现

续表

序号	研究	研究流派	研究对象	目的语结构	材料	测量任务	流程	DoP 的操作	共时数据收集方法	DoP 的水平	研究设计	研究结果
7	Caras (2019)	书面纠正反馈	46 名初学西班牙语的学习者，分配到①非聚焦直接、②间接、③间接带元语言书面纠正性反馈、④控制组	西班牙语 ser/estar 和未完成时/简单过去时的二分法	N/A	N/A	参与者在实验室内写了第一篇作文作为前测，一周后收到带有书面纠正性反馈的作文，将其重写为即时后测，两周后（延迟）在没有反馈的情况下修正了他们的初稿	Leow 的（2015）定义和编码方案	非元认知，有声思维	低，中，高	前测，即时后测，延时后测（2天后）	书面纠正性反馈类型：直接反馈：低加工层次；元语言反馈：较深的加工层次；间接反馈：低加工层次；同接反馈：低加工层次。元语言反馈>所有其他组在即时后测中。元语言反馈>控制组在延时后测中。ser/estar 的准确性：直接反馈性
8	Kim & Bowles (2019)	书面纠正反馈	22 名在学术写作课程中的本科生，分配到①非聚焦重述和②直接书面纠正性反馈	九种错误类型（拼写、屈折形态学、时态、冠词使用、词形态用、标点、句子结构、组织、格式/引用）	议论文	一个两阶段的作文与比较任务	参与者根据给定主题写了一篇议论文，一周后回来做边做边阅带有声思维阅带有面纠正性反馈（改写或直接）	Leow 的（2015）定义和编码方案	非元认知，有声思维，练习	低，高		书面纠正性反馈类型：在重述中相比直接反馈，书面纠正性反馈，显示了较高水平的加工。句子结构和组织与高加工层次相关，而标点、用词选择与低加工层次相关

续表

序号	研究	研究流派	研究对象	目的语结构	材料	测量任务	流程	DoP的操作	共时数据收集方法	DoP的水平	研究设计	研究结果
9	Leow et al. (2022)	书面纠正反馈	10名西班牙语初学者被分配到①直接和②间接无语言性反馈	西班牙语名词一形容词一致性, gustar结构	N/A	N/A	参与者在学期间根据教学大纲写了3篇300字的作文, 收到反馈后任在家里重写作文	Leow (2015) 定义和编码方案	非元认知有声思维, 练习	低、中、高	在作文初稿和修改稿中嵌入目的语结构	证实加工层次和后续二语学习有互益关系
10	Manchon et al. (2020)	书面纠正反馈	118名学习英语的西班牙语L2学习者, 接触①个人书面纠正性反馈, ②个人控制, ③合作书面纠正性反馈, 或合作控制组		"消防队长"任务的复杂版本 (Gilabert, 2007), 基于图片的决策写作活动	复杂度、准确性和流利度	参与者在课堂上写了他们的初稿。6天后他们收到带有WCF的作文, 并参加了语言会话。随后立即在有WCF的情况下修订了他们的初稿	Leow (2015年) 定义	书面语言活动	5个等级	前测后测	①与控制组相比, 参与者表现出较高的加工层次(层次3~5), ②个人和合作写作组之间没有显著差异, ③在2种条件下, 书面纠正性分析与分析的任何4个准确性维度之间没有相关性

续表

序号	研究	研究流派	研究对象	目的语结构	材料	测量任务	流程	DoP的操作	共时数据收集方法	DoP的水平	研究设计	研究结果
11	Park & Kim (2019)	书面纠正反馈	24名初级和中级水平的韩语学习者	全局错误类型：九种错误（拼写、屈折形态学、时态、冠词使用、标点、用词选择、句子结构、组织）	N/A	N/A	参与者与实验员单独会面，根据语言水平写了一篇一页的文章，收到了带有下画线反馈并纠正了错误	Leow的(2015)编码方案	非元认知有声思维、练习	5个组合的加工层次，认知努力（CE），和理解层次的意识（U）：层次5[高DoP]+[+U]，CF]+[+U]，层次4[高DoP]+[+U]，CE]+[+U]，层次3[高DoP]+[高CE]+[-U]，层次2[低DoP]+[低CE]+[-U]，层次1（[DoP]+[最小CE]）	实验阶段	较高层次的加工（层次4和5）与[+U]相关，导致了更好的和准确的自我纠正

第二部分 学习者个体差异因素

在第一部分，我们深入探讨了加工层次（Depth of Processing，DoP）理论，这一理论不仅为我们理解学习者如何处理语言输入提供了坚实的理论基础，而且强调了认知努力和信息分析在语言习得中的重要性。尽管 DoP 理论提供了一个有力的框架，但每个学习者处理信息的方式都是独特的，这是因为在二语加工中研究个体差异因素起着至关重要的作用，它们直接影响学习者对第二语言的掌握程度和学习效率。每个学习者都拥有独特的认知能力、学习风格、学习动机等个人特质，这些特质在语言习得过程中扮演着重要角色。虽然它们并非唯一决定因素，但它们确实对学习者的语言学习过程和成效有着显著的影响。通过认识到这些个体差异，教育者可以更有效地设计教学策略，以满足不同学习者的个性化需求。第二部分将深入探讨这些个体差异因素，与第一部分的 DoP 理论相互补充，共同构成了对 SLA 过程的全面理解。

第四章和第五章共同构成了第二部分的核心，分别从个体差异因素的分类和研究方法论两个维度，为我们提供了对 SLA 中个体差异进行深入理解的途径。第四章详细讨论了学习者在语言学习中所展现的个体特征，包括认知能力、情感态度、学习策略等，并探讨了这些特征如何与学习成效相互作用。第五章则聚焦于如何通过定量和定性研究方法，以及技术辅助和跨学科研究手段，来探究这些个体差异因素。第六章通过具体的研究案例，深入探讨了工作记忆在第二语言习得中的作用，尤其是在课堂环境下的影响。本章的发现补充了第二部分对个体差异因素在 SLA 中作用的理解，强化了在语言教学中考虑学习者独特认知需求的重要性。

第二部分的整合视角揭示了个体差异因素在 SLA 中的重要性，并强调了采用多元化研究方法的必要性。通过结合第一部分的理论和方法论基础，第二部分进一步强调了在语言教育实践中考虑学习者个体差异的重要性，为促进学习者的语言能力和个性化学习需求提供了科学依据和实践指导。

第四章　个体差异因素的定义及分类

个体差异因素在二语习得领域中扮演着至关重要的角色，它们是影响学习者语言学习成果的个人特质的集合。第四章深入探讨了这些因素的定义、分类以及它们如何塑造每个学习者独特的语言学习经历。从生理到心理，再到社会文化层面，个体差异因素涵盖了一系列复杂的变量，包括但不限于认知能力、情感态度、学习策略、动机水平等。本章将回顾个体差异因素的研究起源，介绍当前的分类体系，并逐一分析这些因素如何与语言学习的成功相关联。通过理解这些差异因素，研究者和教育者可以更深入地洞察语言学习过程，并为学习者设计更加个性化和有效的教学方法。

一、个体差异的起源与定义

个体差异因素或变量是指那些赋予学习者独特性并影响学习成果的个人特点，包括生理、社会和心理因素，甚至是这些因素的综合体(Li et al.，2022)。早期关于语言学习的研究主要集中在寻找普遍适用的学习共性并将其应用于教学实践。然而，随着时间的推移，研究者们逐渐认识到，除了这些普遍因素外，个体内在差异也对语言学习的成功发挥着重要作用(Griffiths & Soruç，2020)。

个体差异研究自 20 世纪 70 年代起就引起了研究者的兴趣，当时研究重点在于寻找优秀语言学习者的特征，如学习策略等。随着时间的推移，研究者们开始将这些因素细化为不同的类别和子类别，从宏观视角探求这些变量与语言熟练程度的关系(Pawlak & Kruk，2023)。到了 20 世纪末，个体学习者变量在语言发展中的作用受到了越来越多的重视，对个体差异因素的兴趣开始呈指数级增长。

随着社会文化理论和复杂动态系统理论对 SLA 研究领域的影响增大，研究者们开始认识到身份因素并不是单一地发挥作用，而是在多种情境影响下复杂地相互作用，并且具有可变性和可塑性。因此，研究方法也随之发生了变化，近些年来个体差异因素研究更多地采用微观视角，以情境化的方式关注各个因素的动态性。在本章节后续对个体差异因素的逐一介绍中，读者可以很清晰地看到理论转向对实证研究带来的重大影响。

在 SLA 的背景下，个体差异研究面临三个主要任务：决定研究哪些因素，探究这些因素如何与二语习得相互作用和影响，以及研究如何根据个体差异调整语言教学以提高教学效果(Ellis，2022)。了解个体差异对于研究者深入理解语言学习的过程和本质很重要，对于语言教师而言，意识到学习者的差异同样至关重要。教师可以根据学习者的差异设计教学材料、改变教学风格、采用新的教学策略，并提供适当的反馈，以创造促进学习者语言发展的课堂环境(MacIntyre，2002)。

二、个体差异因素的分类

L2 研究中对个体差异因素的分类一直是模棱两可的。不同的学者对个体差异因素的分类有着不同的理解和划分。Robinson(2002)将个体差异因素分为两大类：相对稳定(如工作记忆)的认知变量和更具可塑性(如焦虑)的意动/情感变量。MacIntyre(2002)则把个体差异因素划分为情感变量因素和认知变量因素两大类，其中情感变量因素包括态度、动机、焦虑和自信，而能力、智力和策略则属于认知变量的范畴。Cronbach 等(2002)提出的分类更为详细，包括情感、意动和认知三个维度："情感与感觉和情绪有关；意动与目标设定和意志有关；认知指的是分析和解释，包括推理、记忆和使用符号。"Ellis (2004)则按照"能力"(即智力、语言能力和记忆)、"倾向"(即学习风格、动机、个性和交际意愿)、"学习者对于二语学习的认知"(即学习者信念)和"学习者行为"(即学习者策略)这四个方面对个体因素进行分类。随着社会文化理论在 SLA 领域日渐受到关注和重视，社会和社会文化因素开始进入研究者的视野。Ellis(2022)意识到了社会因素和心理因素之间存在的根本区别，认为应当分别进行分类，同时指出心理因素范畴中还应当进一步分别出能力因素(多少相对稳定的)与倾向因素(会随着时间发生变化)两类。Li 等(2022)在 Cronbach 的基础上添加了一个类别，将个体差异因素分成四个主要类别：认知差异、意动差异、情感差异和社会文化/人口统计学差异。依据这个分类，认知差异因素包括语言能力、工作记忆、陈述性/程序性记忆、学习策略、认知风格和元认知；意动差异因素包括动机、思维、目标复合体和交际意愿；情感差异因素包括焦虑、享受、自我效能和学习者信念；社会文化/人口统计学差异因素包括年龄和身份。

正如 Li 等(2022)指出的，这种分类可能存在某些类别之间的重叠，尤其是意动变量和情感变量之间的重叠相对比较明显，但这个分类对希望全面了解二语习得中的个体差异的研究者和语言教师提供了一个方便、清晰的研究框架。在本章节中，我们将沿用 Li 等(2022)对个体差异因素的分类为读者逐一进行简要介绍。

(一)认知性差异因素

SLA 中的个体差异研究有两种不同的发展路径。起初的研究焦点是解释学习者成果之间的差异，但随着 SLA 的发展，焦点已经转向解释个体差异因素如何影响语言学习中所涉及的隐性和显性加工机制。由此，研究者们开始越来越关注那些具有认知性质的个体差异因素，尤其是语言能力和工作记忆。

1. 语言能力或学能（Language Aptitude/Ability）

语言能力（Language Aptitude/Ability）指的是学习语言所必需的一组认知能力，是解释二语学习差异的主要因素之一。在二语习得领域，对语言能力的研究早期主要围绕个体在有意识状态下、通过正式的语言教学学习和使用语言的能力。这种能力通常涉及对语法规则、词汇和语言结构的明确理解和应用，依赖于个体的分析能力和记忆能力，又被称为显性语言能力（explicit language aptitude）。例如，显性语言能力强的学习者可能善于通过记忆语法规则和词汇表来学习新语言。Carroll 和 Sapon（1959）开发的"现代语言能力测验"（MLAT）是这一阶段的典型代表。MLAT 通过评估一系列认知任务，如音素辨别、词汇记忆和语法敏感性，来预测个体的语言学习潜力。这些早期研究为语言能力的评估奠定了基础，并确立了显性语言能力的重要性。

与之对应的、相对较新的概念是隐性语言能力（implicit language aptitude），指的是个体在无意识状态下处理和学习语言的能力。例如，隐性语言能力强的学习者可能通过与母语者的自然交流来习得语言结构和模式，而不依赖于显性的规则学习。隐性语言能力与直觉、语感等密切相关，主要通过自然的语言接触和使用逐步积累和发展（Robinson，2005）。研究者们开始探讨隐性学习如何影响语言习得，特别是在语法和词汇的习得。

随着对显性和隐性语言能力研究的深入，研究者们逐渐认识到两者在语言学习中的互补作用。这两种能力在个体的语言学习过程中扮演着不同的角色，且各自的重要性可能因学习环境和目标语言的不同而有所变化。例如，在课堂教学中，显性语言能力可能在早期阶段更为重要，而隐性语言能力则在实际交流中发挥关键作用。通过理解隐性和显性语言能力，教育者和语言学习者可以更好地制定适合的学习策略，以最大化语言学习的效果。Skehan（1998）提出了语言能力的多因素模型，强调显性和隐性认知过程的协调和互动。这一阶段的研究强调了综合评估语言能力的重要性，并推动了对不同类型认知过程在语言习得中作用的进一步探索。

进入 21 世纪，随着神经成像技术的发展，研究者能够更深入地探讨显性和隐性语言能力的神经基础。例如，利用功能磁共振成像（fMRI）和脑电图（EEG）来研究语言学习过程中不同类型认知过程的脑区激活模式（Friederici，2011）。同时，人工智能和机器学习技术的发展也为语言能力的评估和个性化学习提供了新的工具。

研究发现，语言能力是一种相对稳定、不会轻易改变的个体认知特征，对学习者第二语言的发展有很强的预测性（Li，2016）。同时，有较长的语言学习经验者可能会展示更强的语言能力（Granena & Long，2013）。此外，语言能力还会随着年龄和年级水平的增加而增加，达到一定年龄（大约 11 岁）才开始趋于稳定（Roehr-Brackin & Tellier，2019）。

2. 工作记忆（Working Memory）

工作记忆（Working Memory，WM）是指能够暂时存储和操作信息的认知系统。根据

Baddeley 和 Hitch(1974)提出的多组分模型，工作记忆包括中央执行系统、语音环路和视觉空间模板三个部分。其中，中央执行系统负责注意控制和信息处理的协调；语音环路负责处理和存储语言信息；视觉空间模板则处理和存储视觉、空间信息在二语习得领域，工作记忆起初很少受到关注，但现在已被视为理解第二语言学习中所涉及的认知过程核心的关键因素。

早期的工作记忆研究主要探讨工作记忆与语言学习的关系。Daneman 和 Carpenter(1980)开发了阅读广度任务(reading span task)，用于测量个体的工作记忆容量，并探究其与阅读理解的关系。研究发现，高工作记忆容量与良好的阅读理解能力密切相关，工作记忆在语言处理中的重要性得到了初步验证。

随着 SLA 研究的深入，研究者开始关注工作记忆在二语学习中的作用。研究表明，工作记忆不仅影响母语处理，工作记忆容量也与二语词汇学习、语法习得和口语流利度显著相关(Miyake & Friedman, 1998)。例如，在词汇学习中，高工作记忆容量的学习者通常能够记住更多的新单词。不同的工作记忆任务(如听力广度和操作广度任务)也能够预测二语学习的不同方面(Service, 1992)。

近年来，研究者提出了更加综合的模型，探讨工作记忆在二语习得中的多层次作用。研究方法也更加多样化，包括行为实验、神经成像和个案研究等(Linck, Osthus, Koeth, Bunting, 2014)。Linck 等人(2014)研究发现工作记忆对二语学习的影响是多维度的，包括词汇、语法和发音等方面。

工作记忆的一个明显局限是其容量有限。尽管如此，它一直被视为主要记忆系统，甚至被认为在促进人类认知和行动方面可能比长期记忆(Long Term Memory, LTM)发挥更大的作用(Baddeley et al., 1988; Miyake & Shah, 1999; Lieder & Griffiths, 2020)。

3. 学习风格和策略(Learning Style and Strategies)

在二语习得领域，理解学习者如何学习语言是一个重要的课题。学习风格和学习策略是两个颇有些相似、重叠但又彼此不同的关键概念，帮助我们理解为什么不同学习者在语言学习中表现出不同的效果。

学习风格(Learning Styles)是指个人在学习过程中表现出的偏好和习惯，这些偏好和习惯影响个体如何感知、处理和组织学习信息(Felder & Silverman, 1988)。学习风格可以是视觉、听觉、动觉等多种类型。不同的学习者可能对不同的学习方式有不同的倾向。例如，视觉型学习者喜欢通过看图片和图表来学习，而听觉型学习者则更喜欢通过听讲座或录音来学习。Kolb(1984)的经验学习模型将学习者分为四种类型：调适者、分离者、同化者和聚合者。Fleming 和 Mills(1992)提出的 VARK 模型将学习风格分为视觉型、听觉型、读写型和动觉型。

学习策略(Learning Strategies)是学习者为促进语言学习而有意识采用的步骤或行动(Oxford, 1990)。这些策略可以帮助学习者更有效地学习和使用语言。Oxford(1990)将学习策略分为直接策略和间接策略。直接策略包括记忆策略、认知策略和补偿策略，而间接策略包括元认知策略、情感策略和社交策略。例如，记忆策略可以帮助学习者记住新的单词，认知策略可以帮助他们理解和使用语法规则。

尽管学习方式和学习策略不同，但它们经常重叠和相互作用（Cohen，2012；Wong & Nunan，2011）。比如听觉型风格的学生会从利用听觉的策略（例如听CD或讲座）中受益，视觉型学习者会从读书或看电影中受益，而具有动觉风格的学习者可能会采用涉及许多走动、表现活跃等的学习策略。

起初，学习风格和策略被认为是固定的个人特征，因此早期研究主要集中在描述不同学习者的学习风格和策略，以及这些风格和策略如何影响语言学习的结果上。例如，视觉型学习者在词汇学习中往往表现更好，而听觉型学习者在听力理解中更具优势（Reid，1987）。高效的记忆策略和认知策略可以显著提高词汇记忆和语法学习（O'Malley & Chamot，1990）。Oxford和Nyikos（1989）发现，学习策略的使用与学习者的性别、动机、学习风格等个体差异因素密切相关。女性学习者通常比男性学习者使用更多的社交策略和情感策略。

现在，学习风格和策略被认为是动态发展的，并且取决于许多其他因素（例如个体差异、背景和任务）之间的复杂相互作用（Nel，2008；Griffiths，2012）。学习者的风格选择会根据其他个人因素而变化，如年龄、性别、个性、文化、自主程度、情感特征、策略偏好、能力、信仰、动机等（Griffiths & Soruç，2020）。风格偏好也可能根据学习者必须与之互动的普遍社会和生态环境或为响应特定学习任务的要求而变化。

随着研究的深入，学者们也开始探讨如何根据学习者的个体差异量身定制教学策略，以提高语言学习的效果。研究表明，通过培训和干预可以有效提升学习者的学习策略使用能力。例如，Chamot和Kupper（1989）开发的CALLA模型（Cognitive Academic Language Learning Approach）通过教授学习策略，提高了学习者的语言能力和学术成就。

4. 元认知（Metacognition）

元认知（Metacognition）是指个体对自己认知过程的认知，即对自身思维活动进行监控、调节和管理的能力。Flavell（1979）首次提出了这一概念，强调元认知包括两个主要成分：元认知知识（metacognitive knowledge）和元认知调节（metacognitive regulation）。元认知知识是关于个人学习过程的知识，包括关于任务、策略和自我认知的知识。例如，一个学习者知道在听力练习时使用笔记可以帮助他更好地理解内容。元认知调节是指对认知过程进行计划、监控和评估的活动。例如，一个学习者会在听力练习前计划听什么内容，在听的过程中监控自己的理解，并在听完后评估自己是否理解了所有重要信息。

在二语习得研究中，元认知研究主要集中在以下几个方面：元认知策略的使用、元认知意识的培养以及元认知与语言学习效果的关系。学习者会使用元认知策略来提高语言学习效果。元认知策略包括计划、监控和评估学习过程。例如，一个学习者在开始学习新单词前会计划如何记忆这些单词，并在学习过程中不断监控自己的记忆效果。研究表明，高效的元认知策略使用能够帮助学习者更好地理解和记忆语言材料（Vandergrift，2003）；使用元认知策略的学习者在二语学习中表现更好（O'Malley & Chamot，1990）。

通过培训，可以提高学习者的元认知意识，让他们认识到元认知策略的重要性，并学会如何使用这些策略，从而更有效地使用学习策略（Wenden，1998）。例如，通过教授学生如何监控和评估自己的学习进度，教师可以帮助学生成为更自主的学习者。元认知意识的增强能够提高学习者的自主学习能力，从而促进二语习得（Anderson，2002）。

研究者们还发现，元认知对二语习得具有显著影响。元认知能力强的学习者在听力、阅读和写作等方面表现更佳（Goh & Taib，2006）。元认知策略的有效使用与语言学习成绩呈现出正相关（Zhang & Goh，2006）。

整体来看，早期的研究多将元认知视为一种特征，并调查了它与学习成果之间的联系，而近年来，研究者逐渐认识到元认知在二语习得中的核心作用，并提出了元认知训练在语言教学中的应用。他们主张在语言教学中融入元认知策略培训，可以显著提高学习者的学习效果（Chamot，2005）。教师应通过示范和指导，帮助学习者发展元认知能力，以促进自主学习（Harris，2003）。

5. 陈述性记忆和程序性记忆（Declarative and Procedural Memory）

陈述性记忆（Declarative Memory）是指我们能够有意识地回忆和陈述的记忆。这类记忆包括我们知道的事实和经历过的事件，所以也叫"显性记忆"。它可以进一步分为情景记忆（episodic memory）和语义记忆（semantic memory）。情景记忆涉及个人经历的具体事件和相关情境，例如记得"第一次吃苹果的情景"；而语义记忆则涉及一般知识和概念，例如知道"苹果是一种水果"（Tulving，1972）。在学习第二语言时，陈述性记忆帮助我们记住和回忆单词的含义、语法规则和具体的语言使用例子。例如，记住一个新单词的定义或者一个语法规则的例子（Ullman，2001）。

程序性记忆（Procedural Memory）是指我们无须有意识地回忆的技能和程序性知识，也叫"隐性记忆"。它包括运动技能（如骑自行车）和认知技能（如语言规则的运用）等（Squire，1987）。程序性记忆的主要特征是它与特定的任务或技能密切相关，并且不需要有意识的回忆，通常通过重复和练习而获得。在学习第二语言时，程序性记忆帮助我们通过重复和实践，逐渐将语言知识变成自动化的技能。这对于流利地使用语言、快速反应和无意识地应用语法规则非常重要（Paradis，2004）。

不同的记忆类型对语言学习影响不一。例如，Ellis（2005）发现，陈述性记忆能力强的学习者在早期语言学习中表现更好，而程序性记忆能力强的学习者在语言的流利度和自动化使用上表现更佳。

综合来看，二语习得过程是陈述性记忆和程序性记忆共同作用的结果。学者们提出了一些模型来解释它们在语言学习中的互补作用。Ullman（2001）的双重系统模型提出，语言学习涉及两种记忆系统：陈述性记忆和程序性记忆。他认为，陈述性记忆主要负责词汇和事实的学习，而程序性记忆则负责语法规则和语言使用的自动化。二语习得初期主要依赖于陈述性记忆，而随着学习者的熟练度提高，程序性记忆逐渐发挥更大作用。DeKeyser（2007）提出，语言学习者需要通过有意识的学习（依赖于陈述性记忆）和大量的练习（依赖于程序性记忆）来实现语言能力的全面发展。Paradis（2004）的隐性学习理论认为，语言的许多方面，特别是语法的学习，依赖于程序性记忆和隐性学习。通过大量的语言暴露和使用，学习者可以无意识地掌握语法规则。

6. 先验知识（Prior Knowledge）

先验知识（Prior Knowledge，PK）是指学习者在接触新知识之前所具备的知识、技能或能力（Jonassen & Grabowski，1993）。这一概念在认知心理学和教育学中占据重要位置，被认为是影响学习者学习过程和成果的重要认知性个体差异因素。先验知识的研究最早起源于心理学对记忆和学习过程的探索，特别是对记忆容量的研究，随后扩展到对学习者如何利用已有知识来处理新信息的探讨。随着认知心理学的兴起，先验知识的研究开始更多地关注学习者如何通过社会互动和个人经验来构建知识，这一过程中，社会文化理论（Vygotsky，1978）和信息处理理论（Anderson，1995）提供了重要的理论支持。

认知负荷理论（Cognitive Load Theory）（Cook，2006）提供了一个理解先验知识如何影响学习者工作记忆资源分配的理论框架。该理论认为，学习者的工作记忆容量有限，先验知识水平决定了他们处理新信息的效率。社会文化理论进一步强调了社会互动在构建和发展先验知识中的作用，而信息处理理论则关注先验知识如何影响信息的接收、编码和存储。认知灵活性理论（Cognitive Flexibility Theory）（Sternberg，1999）指出，学习者根据不同情境调整和应用知识和策略的能力对于语言学习至关重要。

在 SLA 领域，先验知识的研究主要集中在其对语言技能发展的影响、与教学效果的关系，以及如何影响语言学习成果。研究表明，具有较高水平先验知识的学习者在语言理解、记忆和使用能力上表现更佳（Goh & Taib，2006；Zhang & Goh，2006）。研究还发现，先验知识与学习者的动机相关，能够激发学习者的积极性，提高语言学习效率（Dörnyei，2009）。跨学科的先验知识，如解决问题的能力和批判性思维，也能积极促进语言学习（Elliott，1993）。技术在语言教学中的应用表明，学习者对技术的熟悉度作为先验知识的一部分，有助于他们利用在线资源和工具来增强语言学习（Warschauer & Healey，1998）。

尽管先验知识与第二语言发展之间的关系复杂，研究结果不一致，但可以确定的是，先验知识在语言学习过程中发挥着多方面的作用。未来的研究需要进一步探讨先验知识在不同学习阶段的具体作用，以及如何通过教学设计来充分利用学习者的先验知识，促进更有效的语言学习。这包括对先验知识层次性的深入理解，以及如何通过教育实践来扩展和深化学习者的先验知识基础。

7. 二语水平（L2 Proficiency Level）

二语水平的概念是 SLA 研究中的基石，它涵盖了对非母语语言使用者在语言能力方面的全面评估，并被视为一种认知性个体差异因素。这一概念的起源可以追溯到 20 世纪中叶，与语言学和心理学的交叉研究紧密相连。特别是乔姆斯基提出的生成语法理论，为理解语言习得的认知基础提供了重要视角，强调了人类语言习得的内在机制（Chomsky，1965）。

理论框架的构建为二语水平的深入理解提供了多维度的支持。普遍语法理论认为，所有人类语言都共享一套深层的语法结构，这套结构是语言习得的基础（Chomsky，1965）。认知心理学则从信息处理的角度，关注语言习得过程中的认知机制，例如 Baddeley 和 Hitch（1974）的工作记忆模型，它解释了语言输入是如何被大脑接收、处理和存储的。社会文化理论强调语言学习是一个社会化过程，受社会互动和文化背景的影响，维果茨基的最近发展区概念为理解语言能力的发展提供了新的视角（Vygotsky，1978）。动态系统理论则将语言能力的发展视为一个动态过程，涉及多种因素的相互作用和语言能力的不断调整，这一理论认为语言能力是不断演变的系统（De Bot et al.，2007）。

二语水平作为个体差异因素，在理论和现实中具有重要性。理论上，它丰富了我们对语言习得复杂性的认识，揭示了不同学习者在语言能力上的根本区别，并强调了认知能力在语言学习过程中的作用。这种认知性个体差异因素的理解有助于教育者和研究者更深入地探索影响语言习得的内在机制。现实中，了解学习者在工作记忆、注意力分配、信息处理速度等认知能力上的差异之后，教师可以设计更加个性化的教学计划，以适应不同学习者的需求。

在实证研究方面，大量研究已经探索了影响二语水平的各种因素。工作记忆的容量和效率与二语写作和口语表达能力密切相关，这一点在 Robinson（2001）的研究中得到了体现。关键期假说，如 Lenneberg（1967）提出的，指出在特定发展阶段，学习者对语言的习得更为敏感。性格特点和学习动机，如 Gardner 和 Lambert（1972）强调的，也会影响学习者的语言学习方式和交际能力。神经认知研究，如 Green 和 Abutalebi（2013）的工作，通过神经成像技术揭示了双语者的语言加工过程，为理解二语水平背后的神经机制提供了新的视角。

现有的理论和实证研究揭示了二语水平的复杂性，以及它作为个体差异因素在语言习得中的重要性。未来的研究需要继续探索新的理论视角和方法，以促进二语教学实践的发展和学习者语言能力的提升。同时，也需要更加关注如何利用个体差异来优化二语学习过程和结果。

（二）意动变量

1. 动机（Motivation）

动机（Motivation）是指驱动个体采取某种行为以达到特定目标的内在或外在力量。Gardner（1985）认为动机是影响语言学习者努力程度和坚持性的关键因素。确切来讲，动机可以解释为什么学习者相对于其他人采取或不采取某种行动，在行动的强度以及参与行动的时间长度上的差异。动机通常被分为两大类：内在动机（intrinsic motivation）和外在动机（extrinsic motivation）。前者源于个体对活动本身的兴趣和享受（例如，学习者因为对语言和文化的兴趣而学习二语）；而后者则源于外部的奖励或压力（例如，为了通过考试或获得更好的工作机会而学习二语）（Deci & Ryan，1985）。

　　二语学习从根本上来说是一种动机驱动的过程。不同的目标激励和驱动着二语学习者为达到理想的语言熟练程度而投入学习。学习动机的不同可能导致学习过程中学习者参与的数量和质量大不相同。学习者的动机和毅力也会受到学习过程中所涉及的几乎每个因素的影响，例如教学方法和技术、师生关系的质量、学习氛围、学习材料的质量以及可用的学习资源等。

　　在学习的过程中，学习者会经历不同的负面情绪状态，比如挫折、失败、不愉快的互动、使用新语言的风险以及因犯错误、被纠正或被嘲笑而感到的羞耻和尴尬。由于个性、动机和信仰体系等因素的差异，学习者对这些潜在的挑战会作出截然不同的反应。有些人可能会停止努力，而另一些人可能会感觉更有活力去面对挑战，甚至将其作为成功的机会。成功的语言学习还能让学习者体验到更愉快的情绪，如喜悦、兴奋、自豪和自信，这可以进一步激励学习者继续学习。因此，二语学习的整个过程就是一个激励过程，很大程度上取决于学习者如何看待学习第二语言的价值。

　　有关二语动机的理论很多，但由于研究角度的不同，研究者们难以对某种理论达成一致。主要的动机理论有以下几种。

　　Gardner 和 Lambert（1972）的动机理论：

　　Gardner 和 Lambert 将语言学习动机区分为工具动机和整合动机。整合动机指学习者希望融入目标语言文化，而工具动机则指学习者为了特定的实际目的（如就业或学术成就）而学习语言。

　　Deci 和 Ryan（1985）的自我决定理论（Self-Determination Theory，SDT）：

　　该理论强调内在动机和外在动机的相互作用，认为内在动机对长期的学习行为具有更强的驱动力。研究表明，满足基本心理需求（自主性、胜任感和归属感）可以提高学习者的内在动机，从而促进二语习得（Noels，2001）。

　　Dörnyei（2009）的二语动机自我系统模型（L2 Motivational Self System）：

　　该模型强调动机在不同学习阶段和情境中的变化性。Dörnyei 认为，动机为学习者减少真实二语自我与未来二语自我之间的差异提供了必要的动力。L2MSS 有三个主要维度：理想自我、应该自我和二语学习体验。理想自我代表一个人未来渴望成为的 L2 学习者形象；应当自我代表学习者为避免负面后果而应当履行的责任、义务和达到的期望；二语学习体验反映了学习目标语言过程中的兴趣。

　　Higgins（2012）的动机框架：

Higgins 提出了一种动机框架，试图将所有理论整合以达到一个宽泛但相对统一的共识。根据 Higgins 的框架，所有行为的根本动机是希望能在价值、控制和真相这三个维度达到有效。在语言学习过程中，价值维度是指语言学习的目标和结果；控制维度涉及语言学习的体验和过程；真相维度涉及出于好奇而追求目标并了解事物的真相。

近年来，动机研究在二语习得领域有了新的发展，特别是动机的动态性和复杂性得到了更多关注。此外，研究者们还开始关注动机与其他情感因素（如焦虑、自信心、学习策略）的互动关系。

2. 思维模式（Mindset）

思维（Mindset）是指个体对自身能力和智力的基本看法和信念。根据 Dweck（2006）的研究，思维主要分为两种类型：固定思维模式（fixed mindset）和成长思维模式（growth mindset）。固定思维模式认为智力和能力是与生俱来、固定不变的，无法通过努力改变。持有这种思维模式的人通常在面对挑战时容易放弃，因为他们认为失败是能力不足的证明。相比之下，成长思维模式认为智力和能力是可以通过努力和学习不断提升的。持有这种思维模式的人更愿意接受挑战，并从失败中学习和成长（Dweck，2006）。

在 SLA 领域，思维的研究主要集中在探讨学习者的思维模式如何影响其语言学习过程和结果。研究表明，不同的思维模式会显著影响学习者的动机、学习策略、应对挑战的方式以及最终的学习效果。

动机的影响：

成长思维模式的学习者通常拥有更高的内在动机。他们相信通过努力可以提高语言能力，因此在学习过程中表现出更高的坚持性和主动性。成长思维模式与积极的学习动机和持久的学习兴趣密切相关（Mercer & Ryan，2010）。固定思维模式的学习者更可能在遇到困难时失去信心，从而影响学习效果（Lou & Noels，2020）。

学习策略的影响：

成长思维模式的学习者更倾向于使用有效的学习策略，如计划、监控和评估自己的学习过程。他们也更愿意寻求反馈并进行自我反思。成长思维模式促进了学习者使用更广泛和有效的学习策略（Lou & Noels，2020）。而固定思维模式学习者可能更依赖于表面学习策略，避免挑战性的任务（Mercer & Ryan，2010）。

应对挑战的方式：

成长思维模式的学习者在面对语言学习中的挑战和失败时，更能保持积极的态度、从错误中学习，并不断调整自己的学习方法，表现出更高的恢复力和适应力（Lou & Noels，2020）。

迄今为止，大多数关于思维模式的研究采用单因素模型，将固定思维模式和成长思维模式看作一个连续体，两者在这个范围内因人而异（Dweck et al.，1995）。也有一些研究采用双因素模型，将个人思维模式分为固定思维组或成长思维组，认为两种思维模式之间存在不连续性(Dweck et al., 1995; Hong et al., 1999)。

Lou 和 Noels (2017)进一步探讨并发现语言思维可能存在三个相互关联的组成部分(Mercer & Ryan, 2010; Ryan & Mercer, 2012a),包括:关于语言智力的信念(即一般语言推理能力)、对 L2 能力的信念(即学习新语言的能力)以及对年龄敏感性的信念。已有研究表明,这三个组成部分的固定思维和成长思维可以很好地代入固定思维和成长思维的双因素模型中(Lou & Noels, 2017)。

3. 动机组合(Goal Complexes)

动机组合(Goal Complexes)是指个体在追求特定目标时,内在动机和外在动机的相互作用。这个概念强调动机的多维性质,指出个人的目标不是由单一的动机驱动,而是由多重动机共同影响。动机组合理论认为,个体的目标导向行为可以同时受到内在兴趣、任务价值、外在奖励和社会认同等多重因素的驱动。比如,一个学习者可能会因为对学习语言本身的兴趣(内在动机)以及想要通过考试(外在动机)而努力学习(Pintrich, 2000)。

在二语习得研究中,动机组合的概念被用来理解学习者在语言学习过程中表现出的复杂动机结构。研究发现,不同的动机组合可以影响学习者的学习策略使用、坚持性和学习成果。当学习者既有兴趣(内在动机)又有明确的外在奖励(外在动机)时,他们更可能使用更有效的学习策略(Elliot & Harackiewicz, 1996)。这意味着,当内在动机和外在动机有效结合时,学习者更可能使用频率更高、效果更好的学习策略,从而促进语言学习。

Kaplan 和 Maehr(2007)的研究表明,具有高内在动机和适度外在动机的学习者通常表现出更好的语言学习成果。这说明动机组合不仅影响学习过程,还影响最终的学习效果。

Pintrich(2000)指出,动机组合是动态的,会随着时间和情境的变化而变化。这种动态性在二语习得过程中尤为重要,因为学习者的动机可能会随着学习进度和外界环境的变化而调整。

4. 交际意愿(Willingness to Communicate)

交际意愿(Willingness to Communicate, WTC)是指个体在特定情境下选择使用语言进行交际的倾向性或意愿。这个概念源于早期第一语言交际研究中的"不愿意沟通"(Burgoon, 1976)、"言语行为倾向"(Mortensen et al., 1977)和"害羞"(McCroskey & Richmond, 1982)等概念。第一语言的交际意愿(L1 WTC)被视为一种稳定的沟通倾向,概念化为个人在自由选择时进行沟通的倾向(McCroskey & Baer, 1985)。L1 交际意愿与内向、疏远、自尊、沟通能力、沟通焦虑和文化差异等因素相关(McCroskey & Richmond, 1991)。例如,不喜欢的老师或不喜欢的科目等课堂因素也会抑制学生的 L1 交际意愿(McCroskey & McCroskey, 2002)。

鉴于其教学相关性,交际意愿的概念很快被引入第二语言习得领域。二语交际意愿(L2 WTC)是指个体在特定情境下选择使用第二语言进行交际的倾向性或意愿。针对 WTC 的研究大致从以下几个方向展开:与 WTC 相关的个体差异因素、与 WTC 相关的情境因素以及 WTC 的动态波动。

研究发现，语言自信心与 WTC 呈正相关关系，自信心越高，交际意愿越强（MacIntyre et al.，1998）。相反，语言焦虑则是影响 WTC 的负面因素，高水平的语言焦虑会抑制学习者的交际意愿（Yashima，Zenuk-Nishide，Shimizu，2004）。WTC 不仅受上述内部因素的影响，也会被外部情境因素（如话题熟悉度、交际伙伴、环境氛围）所影响。MacIntyre 等（1998）发现学习者在熟悉和感兴趣的话题下交际意愿更高。当与熟悉和友好的交际伙伴交流时，学习者的交际意愿更强（Cao & Philp，2006）。

交际意愿的动态视角研究（MacIntyre & Legatto，2011）受到复杂动态系统理论（CDST）（Larsen-Freeman & Cameron，2008）的启发。MacIntyre 和 Legatto（2011）将交际意愿设想为一个动态系统，揭示了它在瞬时时间尺度上与认知和情感系统的相互联系。受这一观点的启发，交际意愿研究领域迎来了"动态转向"（Larsen-Freeman & Cameron，2008）。动态视角下的交际意愿研究强调交际意愿不是固定不变的，而是随着时间和情境的变化而变化。例如，学习者的交际意愿可能在不同的课堂活动、不同的时间段内迅速变化（MacIntyre & Legatto，2011）。各种因素（如语言自信心、语言焦虑、话题兴趣、环境氛围等）相互作用，影响学习者的交际意愿。这些因素之间的互动是复杂和非线性的（Larsen-Freeman & Cameron，2008）。

（三）情感变量

1. 焦虑（Anxiety）

焦虑（Anxiety）是一种复杂的情绪状态，伴随着紧张、担忧和生理激活，通常在面对潜在威胁或压力情境时出现（Spielberger，1983）。在二语习得领域，语言焦虑被认为是影响学习者语言学习过程和结果的重要因素之一。它可能增加语言学习的难度和时间，引起注意力分散，触发不愉快的身体症状，促使学习者采取回避行为，影响他们与人交往或尝试新事物的意愿（MacIntyre，2017）。

在过去四十年中，语言焦虑研究经历了从"混杂"到"专门化"，再到目前的"动态"研究三个阶段。早期研究主要集中在探讨焦虑与语言学习成绩之间的关系。例如，Gardner 和 MacIntyre（1993）发现，焦虑与语言学习成绩之间存在负相关。类似研究揭示了焦虑作为一种情绪变量，可能会阻碍语言学习者的认知资源，从而影响其语言学习效果。

早期研究没有充分考虑焦虑在语言学习和使用中的特殊性，对诱发语言焦虑的根源及其情境了解甚少。伴随着 Gardner（1985）开发的学习动机模型以及 Horwitz 等（1987）开发的外语课堂焦虑量表（Foreign Language Classroom Anxiety Scale，FLCAS）成为广泛应用的测量工具，学者们开始对焦虑的类型和作用机制进行更为细致的划分。例如，Young（1991）的研究指出，焦虑的来源多样，包括对语言错误的恐惧、担忧来自同伴和教师的负面评价、课堂参与压力等。MacIntyre 和 Gardner（1991）区分了情境性焦虑（situational anxiety）、特质性焦虑(trait anxiety)和特定任务焦虑(task-specific anxiety)，并探讨了这些不同类型的焦虑在语言学习中的不同影响。这些研究奠定了针对具体情境定义和测量语言焦虑的基础，建立了语言焦虑与第二语言表现(尤其是听力技能)之间存在中度负相关性的观点。

动态研究受到复杂动态理论(Larsen-Freeman & Cameron，2008)启发，认为焦虑是在多种因素相互作用影响下的持续反应，而不是一个稳定特征(MacIntyre，2017；Gregersen et al.，2014)。即使是通常放松的学习者也会有焦虑反应。尽管动态视角还处于初级阶段，但它侧重于考察个体随着时间推移而发生焦虑变化的原因，与重点探究典型模式和人与人之间差异的专门化方法互为很好的补充。

情绪理论认为，包括焦虑在内的情绪是对感知到的威胁的适应性反应，旨在激发和引导应对威胁的行为。适量焦虑产生的兴奋可能会增加动机，有助于简单任务的完成，但复杂任务中的过度焦虑可能会阻碍认知过程和表现(Reeve，2015；Eysenck & Derakshan，2011；Horwitz，2017)。语言焦虑与一般焦虑的区别在于它与语言学习和交流的特定情境相关。其根源在于学习者内在和外在因素的结合，如语言熟练度、个性特征、教学方法、文化背景和动机取向等。语言焦虑可能成为语言学习情境的常态特征，可预测的焦虑可能会加剧学习者压力，导致焦虑的恶化(Gregersen et al.，2014)。尽管焦虑可以作为一种即时的保护性反应，但如果长期重复发生，可能会对学习产生持久的抑制效果(MacIntyre，1999)。

2. 愉悦(Enjoyment)

在心理学领域，愉悦通常被定义为一种积极的情感状态，伴随着快乐、满足感和成就感(Fredrickson，2001)。在二语习得领域，愉悦指学习者在语言学习过程中的积极情感体验，包括对学习活动的兴趣、对自身进步的自豪感以及在学习中感受到的乐趣(Dewaele & MacIntyre，2014)。

虽然早在20世纪80年代Gardner(1985)就提到了SLA的成功依赖于学习者对学习情境、整体性以及动机的积极态度，但早期的SLA研究主要集中于焦虑等负面情感对语言学习的影响，而对积极情感的关注相对较少。然而，随着积极心理学的发展，研究者逐渐认识到单纯关注焦虑及其负面影响是不够的，还需考虑更广泛的学习者情绪，如积极情感在学习过程中的重要作用。愉悦作为一种关键的积极情感，逐渐引起了研究者的关注(MacIntyre & Gregersen，2012)。他们认为积极情绪有助于提高注意力、增强社交凝聚力、增强长期适应力，鼓励学习者探索和承担语言风险，从而有助于抵消消极情绪对语言学习和使用的影响。

为了深入研究愉悦在SLA中的作用，研究者开发了相应的测量工具。例如，Dewaele和MacIntyre(2014)开发了外语学习愉悦量表(Foreign Language Enjoyment Scale，FLES)，用于评估学习者在语言学习过程中的愉悦体验。该量表成为广泛应用的测量工具，为实证研究提供了可靠的数据支持。

现有研究发现，愉悦与语言学习成绩之间存在显著的正相关关系（Dewaele & Alfawzan，2018）。学习者在语言学习过程中体验到的愉悦感越强，其语言学习成绩通常也越好。研究还表明，愉悦的来源多样，包括对学习内容的兴趣、与同伴的互动、教师的积极反馈以及自身的学习成就（Dewaele & MacIntyre，2016）。这些因素共同作用，使得学习者在语言学习过程中感受到愉悦和满足。Boudreau 等（2018）建议采用多种策略，例如使用有趣和有意义的学习材料、创造积极性和支持性的学习环境、鼓励同伴合作以及给予及时和积极的反馈。这些策略有助于提升学习者的愉悦感，进而提高其语言学习效果。

在 SLA 背景下，对外语愉悦的研究主要关注以下几个方面：外语愉悦与外语课堂焦虑的比较和联系、外语愉悦与动机的关系，以及从学习者内部因素（如年龄、性别、语种、情商特点、文化同理心、外语掌握程度等）和内外因素交互（如对待外语的态度、教师的角色、学校环境、社会环境等）的角度探讨外语愉悦的来源。

3. 自我效能（Self-efficacy）

自我效能（Self-efficacy）是指个体对自己在特定情境中成功完成某一任务的能力的信念（Bandura，1977）。这种信念源于多种体验，尤其是过去成功完成相关任务的亲身体验被认为是影响自我效能信念最有效的信息源（Bandura，1986）。除此之外，他人的成功经验、他人的鼓励以及诸如焦虑、喜悦或恐惧的情绪体验都是影响自我效能的因素。自我效能信念对于个体规划、学习和反思、调节行为、处理社会环境以及控制自己的生活至关重要（Bandura，1986）。

二语自我效能指学习者对自己能够成功学习和使用第二语言（L2）的信心。研究表明，自我效能感对语言学习者的动机、学习策略的使用及实际学习成绩具有显著影响。高自我效能感的学习者通常更具主动性、更愿意面对挑战，并且在遇到困难时更具韧性（Pajares，1996）。自我效能与语言学习成绩之间存在显著的正相关关系（Mills，Pajares，Herron，2006），这说明自我效能感不仅影响学习过程中的行为选择和努力程度，还直接关系到学习结果。Graham（2007）发现，高自我效能感的学习者倾向于使用更多有效的学习策略，并表现出更强的学习动机和坚持性。

研究表明，自我效能感受多种因素的影响，包括过去的学习经历、他人的反馈、观察他人的成功经验以及情感状态（Schunk，1991）。二语自我效能信念还与其他类型的信念（如对学习第二语言的信念）相互作用（Barcelos & Kalaja，2011）。

此外，Chen 和 Lin（2009）的研究指出，自我效能感在语言焦虑和学习动机之间起到中介作用。这意味着提高学习者的自我效能感可以降低他们的语言焦虑，从而提高他们的学习动机和成绩。

4. 学习者信念（Learner Beliefs）

学习者信念（Learner Beliefs）是指学习者对语言学习过程及其相关因素的看法和态度。这些信念不仅影响学习者的学习动机和行为选择，还可能影响他们的学习策略和最终的学习成果(Horwitz，1987)。

二语习得领域对学习者信念的关注始于 20 世纪 80 年代中期对于何为优秀的语言学习者的讨论。早期的学习者信念研究多为定性研究，通过访谈、问卷调查和观察等手段来收集数据，旨在揭示学习者信念的本质、描述其内容和结构。

受时代背景和理论的影响，学习者信念的研究从最初探究其本质转向研究其变化过程。早期研究在认知理论的影响下，将学习者信念视为固定不变的特质，并多采用量化方法进行描述和比较。1999 年，《System》杂志发表的特辑汇集了该领域早期的重要研究成果。

随后，社会文化理论的兴起带来了学习者信念研究的动态转向。研究者用动态发展的视角和定性研究的方法来探究学习者信念如何受学习者所处文化、社会、政治和教育环境影响而不断变化发展和调节学习过程。这一阶段的代表作是 Kalaja & Barcelos(2003)主编的 *Beliefs About SLA：New Research Approaches* 和 *System* 期刊于 2011 年刊发的以信念为主题的第二本特辑。

最近几年，随着复杂理论在 SLA 领域的普及，语言学习者信念的研究也拓展了新视角。信念被定义为一个相互关联、多层次的动态网络，构成了一个结构性不强的复杂系统(Barcelos，2003)。研究者延续定性研究传统，但采用更广阔的视角，对学习者信念进行深入分析，包括他们对语言学习的一般信念、对具体学习方面(如纠正性反馈和语法教学)的信念，以及信念与其他个体差异因素(如学习策略、情绪、交际意愿)之间的相互作用。

大致来看，针对学习者信念的二语实证研究主要聚焦于以下几个方面：学习者信念的本质(动态性、复杂性)、学习者对特定语言学习领域(如口语纠正性反馈、同伴反馈等)的信念、学习者信念与学习成果的关系，以及学习者信念与其他个体差异因素(如学习策略、交际意愿)的相互关系。

近年来的研究强调了学习者信念的动态性和复杂性。Ellis(2008)指出，学习者信念并非固定不变，而是会随着学习经历和外界环境的变化而调整。Barcelos(2003)也认为，学习者信念具有复杂性，往往受到文化背景、个人经历和社会环境的影响。学习者对不同语言学习领域的信念也各不相同。例如，学习者对口语纠正性反馈的信念可能会影响他们对教师反馈的接受程度和反应方式。若学习者认为纠正性反馈有助于提高口语能力，他们更可能积极接受和使用这些反馈(Schulz，2001)。同样，对同伴反馈的信念也会影响学习者在合作学习中的表现(Saito & Fujita，2004)。

学习者信念与学习成果之间存在显著关联。Horwitz(1987)的研究发现，持有积极学习信念的学习者通常表现出更高的学习成绩和更强的语言能力。Wenden(1998)认为，学习者信念可以直接或间接地通过影响学习策略的选择和使用，进而影响到学习成果。

学习者信念与其他个体差异因素(如学习策略、交际意愿)之间也存在复杂的相互关系。Oxford(1999)指出，持有积极学习信念的学习者更可能采用有效的学习策略，这些策略反过来又促进了语言学习的成功。此外，Yashima（2002）的研究表明，学习者信念还与其交际意愿相关。那些相信语言学习能够提高其交际能力的学习者更愿意参与实际的语言交际。

（四）社会人口变量

在个体差异研究中，虽然心理因素占据核心位置，但社会和社会文化变量的重要性一直被认可，并随着对社会文化理论兴趣的增加而受到更多关注（Ellis，2022）。在这个维度上，学习者在探索社会世界时，他们的身份和年龄等因素可能影响他们对不同目标语言实践的投入程度（Darvin & Norton，2022）。

在身份方面，SLA 研究使用了多种标签来描述语言学习者，如双语者、多语者、移民和传统学习者等。然而，这些标签可能无法充分传达学习者个人历史和生活经历的复杂性，包括他们的母语、种族、民族、国籍、性别、性取向、社会阶层和宗教信仰等方面的差异。学习者身份不再被视为固定不变，而是多重、流动且常相互矛盾的，受到社会环境、文化和社会资源、历史因素和物质条件的塑造，需要在不同环境中不断协商（Norton，2000；Toohey，2000；Pavlenko & Blackledge，2004；Block，2007；Kramsch，2009）。

批判理论基础上的身份研究着重于不平等的社会结构，强调权力分配不公导致的语言学习者参与机会的不均等。这些研究认识到意识形态对二语学习者身份的塑造和限定，强调动态身份，警告不能把身份类别本质化（Darvin & Norton，2022）。

在年龄方面，早期研究通常认为早期接触目标语言的儿童最终习得成就更佳，但这一观点也存在争议。研究发现，虽然早期学习者在开始阶段可能有优势，但这种优势随时间推移并不总能持续。此外，年龄较大的学习者可能拥有更多认知资源，老年人也并非像过去认为的那样在学习上有障碍（Gabrys-Barker，2018；Kliesch et al.，2018；Pfenninger & Singleton，2019a；Singleton & Pfenninger，2020）。

现代研究视年龄为复杂的社会文化变量，强调除了生理变化外，还应考虑其他社会、心理和背景因素。学习者的身体年龄并不决定非本土相似性（克服不了母语口音，不完全像本土口音），学习者的行为、策略和年龄效应相互交织，对不同环境中不同年龄的学习者产生不同的影响（Muñoz，2019）。

SLA 中的年龄研究涵盖了自然习得环境中年龄对习得成果的影响、课堂教学环境中儿童与成人学习差异、沉浸式教学环境中不同年龄的学习差异以及老年人学习差异等多个方面。

这些研究表明，学习者的身份和年龄在二语习得中起着重要作用，不仅影响语言学习的过程和结果，还受到社会、文化和历史等多重因素的影响。理解这些变量的复杂性对于有效地进行二语教学和学习具有重要意义。

三、小结

个体差异因素的研究为我们提供了丰富的见解，帮助我们理解了学习者在第二语言习得过程中所表现出的多样性。从认知因素如语言能力和工作记忆，到情感因素，如焦虑和自我效能感，再到社会文化因素如身份和年龄，这些变量共同作用于学习者的语言学习路径。本章的探讨强调了个体差异因素的多维性和动态性，以及它们在教学设计和学习策略中的应用价值。

通过本章的分析，我们认识到，尊重和适应学习者的个体差异对于促进语言学习至关重要。教育者可以根据学习者的不同需求和特点，调整教学方法和学习材料，以实现更有效的教学效果。同时，学习者通过了解自己的认知风格、动机倾向和情感状态，可以采取更加主动和有针对性的学习策略。

未来的研究应当继续探索个体差异因素在不同教学环境和学习阶段中的作用，以及如何利用这些因素来优化语言教学和学习过程。此外，随着新技术，如人工智能和神经成像技术的发展，我们有望获得更多关于个体差异因素如何影响语言习得的深入见解。最终，对个体差异因素的深入理解将有助于构建更加包容、灵活和个性化的语言教育环境，以满足每个学习者的独特需求。

◎ 参考文献

Anderson, J. R. Cognitive Psychology and Its Implications (5th ed.)[M]. New York: W. W. Norton Company, 1995.

Anderson, N. J. The role of metacognition in second language teaching and learning[R]. ERIC Digest, 2002. https://eric. ed. gov/? id=ED463659.

Ausubel, D. P. Educational psychology: A cognitive view[M]. New York, NY: Holt, Rinehart and Winston, 1968.

Baddeley, A. D., Hitch, G. J. Working memory[M]//Bower, G. A. (Ed.). The psychology of learning and motivation: Advances in research and theory. Vol. 8. New York: Academic Press, 1974: 47-89.

Baddeley, A. D., Thomson, N., Buchanan, M. Word length and the structure of short-term memory[J]. Journal of Verbal Learning and Verbal Behavior, 1988, 14(6): 575-589.

Bandura, A. Self-efficacy: Toward a unifying theory of behavioral change[J]. Psychological Review, 1977, 84(2): 191-215.

Bandura, A. Social foundations of thought and action: A social cognitive theory[M]. Englewood

Cliffs, NJ: Prentice-Hall, 1986.

Barcelos, A. M. F., Kalaja, P. Introduction to beliefs about SLA revisited[J]. System, 2011, 39 (3): 281-289.

Barcelos, A. M. F. Researching beliefs about SLA: A critical review[M]//Kalaja, P., Barcelos, A. M. F. (Eds.). Beliefs about SLA: New research approaches. Boston: Kluwer Academic, 2003: 7-33.

Block, D. Second language identities[M]. London: Continuum, 2007.

Boudreau, C., MacIntyre, P. D., Dewaele, J. -M. Enjoyment and anxiety in second language communication: An idiodynamic approach[J]. Studies in Second Language Learning and Teaching, 2018, 8(1): 149-170.

Burgoon, J. K. The unwillingness-to-communicate scale: Development and validation [J]. Communications Monographs, 1976, 43(1): 60-69.

Carroll, J. B., Sapon, S. M. Modern Language Aptitude Test[M]. New York: The Psychological Corporation, 1959.

Cao, Y., Philp, J. Interactional context and willingness to communicate: A comparison of behavior in whole class, group and dyadic interaction[J]. System, 2006, 34(4): 480-493.

Chamot, A. U., Kupper, L. Learning strategies in foreign language instruction[J]. Foreign Language Annals, 1989, 22(1): 13-24.

Chen, Y., Lin, Y. Exploring the relationships between EFL learners' self-efficacy beliefs and English performance[J]. Journal of Language Teaching and Research, 2009, 7(4): 842-849.

Chomsky, N. Aspects of the theory of syntax[M]. Cambridge, MA: MIT Press, 1965.

Cohen, A. D. Strategies in learning and using a second language (2nd ed.)[M]. New York: Routledge, 2012.

Cronbach, L. J., Snow, R. E., Corno, L. Remaking the concept of aptitude: Extending the legacy of Richard E. Snow [M]. Mahwah, NJ: L. Erlbaum, 2002.

Daneman, M., Carpenter, P. A. Individual differences in working memory and reading [J]. Journal of Verbal Learning and Verbal Behavior, 1980, 19(4): 450-466.

Darvin, R., Norton, B. Identity and language learning: Revisiting the past, envisioning the future [M]. Bristol: Multilingual Matters, 2022.

Deci, E. L., Ryan, R. M. Intrinsic motivation and self-determination in human behavior [M]. New York: Plenum, 1985.

DeKeyser, R. M. Skill acquisition theory [M]// B. VanPatten, J. Williams, eds. Theories in second language acquisition: An introduction. Mahwah, NJ: Lawrence Erlbaum, 2007:

97-113.

Dewaele, J. -M., MacIntyre, P. D. The two faces of Janus? Anxiety and enjoyment in the foreign language classroom [J]. Studies in Second Language Learning and Teaching, 2014, 4(2): 237-274.

Dewaele, J. -M., MacIntyre, P. D. Foreign language enjoyment and foreign language classroom anxiety: The right and left feet of FL learning? [M]// P. D. MacIntyre, T. Gregersen, S. Mercer, eds. Positive psychology in SLA. Bristol: Multilingual Matters, 2016: 215-236.

Dewaele, J. -M., Alfawzan, M. Does the effect of enjoyment outweigh that of anxiety in foreign language performance? [J]. Studies in Second Language Learning and Teaching, 2018, 8 (1): 21-45.

Dörnyei, Z. The L2 motivational self system [M]// Z. Dörnyei, E. Ushioda, eds. Motivation, language identity and the L2 self. Bristol: Multilingual Matters, 2009: 9-42.

Dörnyei, Z. The psychology of second language acquisition [M]. Oxford: Oxford University Press, 2013.

Dweck, C. S., Chiu, C., Hong, Y. Implicit theories and their role in judgments and reactions: A world from two perspectives [J]. Psychological Inquiry, 1995, 6(4): 267-285.

Dweck, C. S. Mindset: The new psychology of success [M]. New York, NY: Random House, 2006.

Elliott, C. Effects of prior knowledge and various rehearsal strategies on student achievement of different educational objectives [D]. Pennsylvania State University, 1993.

Elliot, A. J., Harackiewicz, J. M. Approach and avoidance achievement goals and intrinsic motivation: A mediational analysis [J]. Journal of Personality and Social Psychology, 1996, 70(3): 461-475.

Ellis, R. Individual differences in second language learning [M]// A. Davies, C. Elder, eds. The handbook of applied linguistics. Oxford: Blackwell Publishing, 2004: 525-551.

Ellis, R. The study of second language acquisition [M]. 2nd ed. Oxford: Oxford University Press, 2008.

Ellis, R. Foreword [M]// S. Li, P. Hiver, M. Papi, eds. The Routledge Handbook of Second Language Acquisition and Individual Differences. Routledge, 2022: xxiv-xxvii. https://doi. org/10. 4324/9781003270546

Eysenck, M. W., Derakshan, N. New perspectives in attentional control theory [J]. Personality and Individual Differences, 2011, 50(7): 955-960.

Felder, R. M., Silverman, L. K. Learning and teaching styles in engineering education [J]. Engineering Education, 1988, 78(7): 674-681.

Flavell, J. H. Metacognition and cognitive monitoring: A new area of cognitive-developmental inquiry [J]. American Psychologist, 1979, 34(10): 906-911.

Fleming, N. D., Mills, C. Not another inventory, rather a catalyst for reflection [J]. To Improve the Academy, 1992, 11: 137-155.

Fredrickson, B. L. The role of positive emotions in positive psychology: The broaden-and-build theory of positive emotions [J]. American Psychologist, 2001, 56(3): 218-226.

Friederici, A. D. The brain basis of language processing: From structure to function [J]. Physiological Reviews, 2011, 91(4): 1357-1392.

Gabrys-Barker, D. Third age learners of foreign languages [M]. Bristol: Multilingual Matters, 2018.

Gardner, R. C., Lambert, W. E. Attitudes and motivation in second-language learning [M]. Rowley, MA: Newbury House, 1972.

Gardner, R. C. Social psychology and second language learning: The role of attitudes and motivation [M]. London: Edward Arnold, 1985.

Goh, C. C. M., Taib, Y. Metacognitive instruction in listening for young learners [J]. ELT Journal, 2006, 60(3): 222-232.

Graham, S. Learner strategies and self-efficacy: Making the connection [J]. The Language Learning Journal, 2007, 35(1): 81-93.

Green, D. W., Abutalebi, J. Language control in bilinguals: The adaptive control hypothesis[J]. Journal of Cognitive Psychology, 2013, 25(5): 515-530.

Gregersen, T., MacIntyre, P. D., Meza, M. The motion of emotion: Idiodynamic case studies of learners' foreign language anxiety [J]. The Modern Language Journal, 2014, 98 (2): 574-588.

Griffiths, C. Learning styles: Traversing the quagmire[M]//C. Tribble (Ed.). Managing change in English language teaching: Lessons from experience. Oxford: Oxford University Press, 2012: 232-247.

Griffiths, C., Soruç, A. Individual differences in language learning: A complex systems theory perspective[M]. Palgrave Macmillan, 2020.

Granena, G., Long, M. H. Sensitive periods, language aptitude, and ultimate L2 attainment[M]. Amsterdam: John Benjamins, 2013.

Harris, V. Adapting classroom-based strategy instruction to a distance learning context[J]. TESL-EJ, 2003, 7(2).

Higgins, E. T. Beyond pleasure and pain: How motivation works [M]. New York: Oxford University Press, 2012.

Hong, Y. Y., Chiu, C. Y., Dweck, C. S., Lin, D. M. S., Wan, W. Implicit theories, attributions, and coping: A meaning system approach[J]. Journal of Personality and Social Psychology, 1999, 77(3): 588-599.

Horwitz, E. K. Surveying student beliefs about language learning[M]//A. Wenden J. Rubin (Eds.). Learner strategies in language learning. Englewood Cliffs, NJ: Prentice Hall, 1987: 119-129.

Horwitz, E. K. On the misreading of Horwitz, Horwitz, and Cope (1986) and the need to balance anxiety research and the experiences of anxious language learners[J]. Language Learning, 2017, 67(1): 141-148.

Jonassen, D. H., Grabowski, B. L. Handbook of individual differences, learning, and instruction[M]. Hillsdale, NJ: Lawrence Erlbaum, 1993.

Kalaja, P., Barcelos, A. M. F. (Eds.). Beliefs about SLA: New research approaches[M]. Boston: Kluwer Academic, 2003.

Kaplan, A., Maehr, M. L. The contributions and prospects of goal orientation theory[J]. Educational Psychology Review, 2007, 19(2): 141-184.

Kliesch, M., Giroud, N., Pfenninger, S. E., Meyer, M. Research on second language acquisition in old adulthood: What we have learned so far and where we are heading[J]. Swiss Journal of Psychology, 2018, 77(4): 111-120.

Kolb, D. A. Experiential learning: Experience as the source of learning and development[M]. Englewood Cliffs, NJ: Prentice-Hall, 1984.

Kramsch, C. The multilingual subject[M]. Oxford: Oxford University Press, 2009.

Larsen-Freeman, D., Cameron, L. Complex systems and applied linguistics[M]. Oxford: Oxford University Press, 2008.

Li, S. The role of aptitude in second language acquisition[J]. Language Teaching, 2016, 49(3): 279-293.

Li, S., Hiver, P., Papi, M. Individual Differences in Second Language Acquisition[M]//S. Li, P. Hiver, M. Papi (Eds.). The Routledge Handbook of Second Language Acquisition and Individual Differences. Routledge, 2022: 3-34. https://doi.org/10.4324/9781003270546.

MacIntyre, P. D. Motivation, anxiety and emotion in second language acquisition[M]//P. Robinson (Ed.). Individual differences and instructed language learning. Benjamins, 2002: 45-68.

Lenneberg, E. H. Biological Foundations of Language[M]. New York: Wiley, 1967.

Linck, J. A., Osthus, P., Koeth, J. T., Bunting, M. F. Working memory and second language comprehension and production: A meta-analysis[J]. Psychonomic Bulletin Review, 2014, 21(4): 861-883.

Lieder, F., Griffiths, T. L. Resource-rational analysis: Understanding human cognition as the optimal use of limited computational resources[J]. Behavioral and Brain Sciences, 2020, 43: e1, 1-60.

Lou, N. M., Noels, K. A. Language mindsets and goals: Implications for motivation, perceived instrumentality, and learning in second language acquisition[J]. Language Learning, 2017, 67(4): 771-813.

Lou, N. M., Noels, K. A. Promoting growth or fixed mindsets? Implicit theories, academic goals, and language achievement[J]. International Journal of Bilingual Education and Bilingualism, 2020, 23(6): 705-720.

MacIntyre, P. D., Gardner, R. C. Methods and results in the study of anxiety and language learning: A review of the literature[J]. Language Learning, 1991, 41(1): 85-117.

MacIntyre, P. D., Clément, R., Dörnyei, Z., Noels, K. A. Conceptualizing willingness to communicate in a L2: A situated model of confidence and affiliation[J]. The Modern Language Journal, 1998, 82(4): 545-562.

MacIntyre, P. D. Language anxiety: A review of the research for language teachers[M]//D. J. Young (Ed.). Affect in foreign language and second language learning: A practical guide to creating a low-anxiety classroom atmosphere. Boston: McGraw-Hill, 1999: 24-45.

MacIntyre, P. D., Legatto, J. J. A dynamic system approach to willingness to communicate: Developing an idiodynamic method to capture rapidly changing affect[J]. Applied Linguistics, 2011, 32(2): 149-171.

MacIntyre, P. D., Gregersen, T. Emotions that facilitate language learning: The positive-broadening power of the imagination[J]. Studies in Second Language Learning and Teaching, 2012, 2(2): 193-213.

MacIntyre, P. D. An overview of language anxiety research and trends in its development[M]//C. Gkonou, M. Daubney, J. M. Dewaele (Eds.). New insights into language anxiety: Theory, research and educational implications. Bristol: Multilingual Matters, 2017: 11-30.

McCroskey, J. C., Richmond, V. P. Communication apprehension and shyness: Conceptual and operational distinctions[J]. Central States Speech Journal, 1982, 33(3): 458-468.

Mercer, S., Ryan, S. A mindset for EFL: Learners' beliefs about the role of natural talent[J]. ELT Journal, 2010, 64(4): 436-444.

Mills, N., Pajares, F., Herron, C. A reevaluation of the role of anxiety: Self-efficacy, anxiety, and their relation to reading and listening proficiency[J]. Foreign Language Annals, 2006,

39（2）：276-295.

Miyake, A., Friedman, N. P. Individual differences in second language proficiency: Working memory as language aptitude[M]//A. F. Healy L. E. Bourne Jr. (Eds.). Foreign language learning: Psycholinguistic studies on training and retention. Mahwah, NJ: Lawrence Erlbaum Associates, 1998: 339-364.

Mortensen, C. D., Arnston, P. H., Lustig, M. W. The measurement of verbal predispositions: Scale development and application[J]. Human Communication Research, 1977, 3（2）: 146-158.

Muñoz, C. The critical period hypothesis for language acquisition: A critique[M]//M. S. Schmid B. Köpke (Eds.). The Oxford handbook of language attrition. Oxford: Oxford University Press, 2019: 163-176.

Nel, C. Learning style as a factor contributing to language learning performance[J]. South African Journal of Higher Education, 2008, 22（2）: 404-420.

Norton, B. Identity and language learning: Gender, ethnicity and educational change[M]. Harlow: Pearson Education, 2000.

O'Malley, J. M., Chamot, A. U. Learning strategies in second language acquisition[M]. Cambridge: Cambridge University Press, 1990.

Oxford, R. L., Nyikos, M. Variables affecting choice of language learning strategies by university students[J]. The Modern Language Journal, 1989, 73（3）: 291-300.

Oxford, R. L. Language learning strategies: What every teacher should know[M]. Boston: Heinle Heinle, 1990.

Oxford, R. L. Anxiety and the language learner: New insights[M]//J. Arnold (Ed.). Affect in language learning. Cambridge: Cambridge University Press, 1999: 58-67.

Pajares, F. Self-efficacy beliefs in academic settings[J]. Review of Educational Research, 1996, 66（4）: 543-578.

Paradis, M. A neurolinguistic theory of bilingualism[M]. Amsterdam: John Benjamins, 2004.

Pavlenko, A., Blackledge, A. Negotiation of identities in multilingual contexts[M]. Clevedon: Multilingual Matters, 2004.

Pawlak, M., Kruk, M. Individual differences in computer assisted language learning research[M]. Routledge, 2023.

Pfenninger, S. E., Singleton, D. A critical review of research relating to the critical period for second language acquisition[M]. Bristol: Multilingual Matters, 2019.

Pintrich, P. R. The role of goal orientation in self-regulated learning[M]//M. Boekaerts, P. R. Pintrich, M. Zeidner (Eds.). Handbook of self-regulation. San Diego, CA: Academic

Press, 2000: 451-502.

Reeve, J. Understanding motivation and emotion[M]. 6th ed. Hoboken, NJ: Wiley, 2015.

Reid, J. M. The learning style preferences of ESL students[J]. TESOL Quarterly, 1987, 21(1): 87-111.

Robinson, P. Task complexity, cognitive resources, and syllabus design: A triadic framework for examining task influences on SLA [M]//P. Robinson (Ed.). Cognition and Second Language Instruction. Cambridge: Cambridge University Press, 2001: 287-318.

Robinson, P. (Ed.). Individual differences and instructed language learning [M]. Benjamins, 2002.

第五章　个体差异因素的研究方法及相关研究

第五章将在第四章全面定义和分类个体差异因素的基础上，进一步探讨研究这些个体差异因素的方法论。个体差异因素对 SLA 领域的研究至关重要，它们不仅影响学习者的语言学习过程和成果，而且对揭示语言学习成功的关键因素具有决定性作用。选择合适的研究方法，不仅能够加深我们对这些差异的认识，而且能够拓宽我们的视野，使我们能够更准确地捕捉和分析学习者在语言习得过程中的独特表现。因此，研究方法的选择对于确保研究的深度和广度至关重要（Dörnyei，2009），它决定了我们能否全面理解并解释个体差异因素在语言习得中的作用。本章首先概述了研究方法的分类，然后详细讨论了不同方法的优势和局限，以及它们在实证研究中的应用。通过结合定量数据的广度和定性深入理解的深度，研究者能够更准确地捕捉和解释影响语言学习的认知、情感和社会文化因素。

一、研究方法概述

研究个体差异因素的常用方法可以分为定量研究和定性研究两种。两者在探究二语习得中的个体差异因素时各有侧重点和优势。定量研究提供了可量化的数据，有助于发现普遍趋势和模式；而定性研究提供了深入的洞见，有助于理解个体的独特经验和背景。在二语习得领域个体差异因素的研究中，结合使用这两种方法可以提供更全面的视角，以理解影响语言学习的复杂因素。

一般来说，定量研究方法可以用于探究如下个体差异因素：

①语言能力：通过标准化测试和问卷，定量研究能够收集有关学习者语言能力的数据，例如语法知识、词汇量和发音准确性（Alderson 等，2015）。

②学习策略：使用问卷和量表，研究者可以量化学习者使用特定学习策略的频率和效果，如记忆、推理和组织信息的策略（Oxford，1990）。

③动机和态度：定量方法能够评估学习者的学习动机强度、类型（如内在动机和外在动机）以及对语言学习的态度（Gardner & Lambert，1972）。

④焦虑水平：通过标准化的焦虑量表，定量研究可以测量学习者在语言学习情境中的焦虑水平（Horwitz et al.，1986）。

⑤个性特征：如外向性—内向性、开放性等个性维度可以通过问卷调查来量化

（Eysenck & Eysenck，1968）。

定性研究方法可用于探究如下个体差异因素：

①学习者的内心体验：通过访谈和观察，定性研究能够深入探索学习者对语言学习的感受、信念和态度（Merriam，2009）。

②学习过程的叙事：学习者通过自传、日记和访谈提供的个人叙事，揭示了他们的学习经历和个人故事（Clandinin & Connelly，2000）。

③学习策略的使用背景：定性研究可以揭示学习者在特定情境下如何以及为何使用特定学习策略（Wenden，1991）。

④情感和动机的深度分析：通过深入访谈，研究者可以理解学习者的情感体验和动机背后的复杂原因（Zimmerman & Schunk，2011）。

⑤文化认同和社会背景：定性研究能够探讨学习者的文化认同、社会背景如何影响其语言学习（Norton，2000）。

通过定量和定性研究方法所收集的个体差异因素的数据在数据性质、研究深度与广度、目的和方法以及结果的应用等方面存在一些区别。首先，定量研究方法产生的是数值化数据，便于统计分析和寻找模式；而定性研究方法产生的是文字和观察数据，侧重于深入理解个体经验。其次，定量研究能够覆盖大量样本，提供广泛的视角；而定性研究通常关注小样本，提供深入的个案分析。再次，定量研究旨在测试假设和建立因果关系，常用于验证理论；定性研究旨在探索和描述现象，常用于生成理论。此外，定量研究结果易于推广到更广泛的群体，而定性研究结果更侧重于特定情境下的深入理解。

二、具体研究方法

具体研究方法的选择应基于研究问题的性质、研究目的和可行性。定量方法可以通过数值数据的收集和统计分析来揭示学习者行为的模式和趋势。问卷调查作为定量研究的一种工具，能够快速从大量样本中获取信息，如学习者的语言学习策略、动机和态度等（Brown，2000）。

心理测量评估侧重于评估学习者在特定心理特质上的差异，如语言学习动机、焦虑水平和自我效能感等（Horwitz et al.，1986）。这通常涉及使用标准化心理测量工具，这些工具的结果具有较高的信度和效度。然而，标准化测试可能无法完全适应所有学习者的个体差异，且需要经过严格的项目分析、因素分析和信效度评估。

就定性研究方法而言，通过深入探索和描述学习者的经验、感受和观点，定性方法可以揭示个体差异的复杂性和多样性。在个体差异因素的研究中，叙事研究是一种常用的方法，通过关注学习者的故事和经历，以叙事为媒介来理解他们的语言学习过程（Clandinin & Connelly，2000）。数据收集方式包括访谈、日记和自传等，能够提供深刻的洞察，但结果难以普遍化，且存在分析的主观性。

案例研究深入分析特定个体或小组，揭示其学习经历和策略（Stake，1995）。案例研究通过深入访谈、观察和文档分析等方式，能够提供深入理解，但普遍性有限且可能存在研究者主观性。

混合方法研究结合了定量和定性研究的优势，允许研究者从不同角度探讨研究问题（Creswell & Clark，2017）。例如，可以先通过问卷调查收集数据，然后通过访谈深入探讨背后的原因。这种综合方法可以提供更全面的视角，帮助研究者理解数据的多维性。

技术辅助研究方法，如眼动跟踪法和网络分析，也为个体差异因素的研究提供了新的视角和工具。眼动跟踪法可以提供对学习者在阅读或听力理解中注意力分配的直接证据，而网络分析可以揭示学习者在社会网络中的互动模式和社区参与度。这些技术方法提供了对学习者认知过程和情感反应的精确测量，但可能需要专业知识和技能来操作，且成本较高（Dörnyei & Taguchi，2010）。

另外，个体差异因素的研究可以借鉴社会学、人类学和心理学等其他学科的研究方法，以获得更全面的视角。跨文化研究方法关注不同文化背景下学习者的语言学习体验，有助于揭示文化差异如何影响语言学习过程（Kramsch，1998）。这些方法能够提供对学习者社会文化背景和心理特质的深入理解，但可能需要研究者具备跨学科知识和技能。

总体来说，定量和定性方法各有优势和局限。定量方法提供了可重复验证的数据和普遍性结论，而定性方法则提供了对学习者个体经历的深刻理解。未来的研究可能会更多地采用混合方法，结合定量和定性的优势，以获得更全面的研究视角。在研究设计时，研究者应考虑如何平衡不同方法的优势和局限，以及如何整合多种数据源以获得更全面的研究结果。同时，研究者也应关注数据的质量，包括数据收集的可靠性、数据分析的有效性以及结果的解释力。通过持续的反思和改进，个体差异因素的研究可以更好地服务于语言教育实践，促进学习者的语言能力和个体差异的积极发展。

三、个体差异因素的相关研究分类

在第二语言习得领域，个体差异因素的相关研究主要集中在四个方向：新构念的内容与构成、个体差异作为结果变量、个体差异变量之间的关系，以及个体差异作为自变量与学习成果的关系（Li 等，2022）。

新构念的内容与构成研究关注验证新的个体差异因素。这包括开发或调整量表和测试工具，并收集证据以测试这些概念的有效性（Ibid.）。尽管理想的验证研究应包含多种有效性证据，但实际操作中往往难以实现。在 SLA 领域，不同研究在证据类型上各有侧重，如构造的内部结构或预测有效性。现代研究倾向于报告多种有效性证据，以确保心理测量的健全性（Griffiths & Soruç，2020）。例如，Dörnyei（2001）的研究表明，学习者的自我效能感对其语言学习动机有显著影响。此外，研究者也在探索神经语言学的方法，以理解语言习得过程中的大脑机制，如通过磁共振功能成像(fMRI)技术观察语言学习中大脑活动的变化。

个体差异作为结果变量的研究考察个体差异对其他变量的反应。研究者通过观察性和实验性方法，探讨了语言能力如何随着年龄、性别、学习经历等因素而变化(Ellis，2022)。观察性研究描述个体差异如何响应其他变量的变化，实验性研究则评估特定培训或教学干预对个体差异的影响(MacIntyre，2002)。例如，Harley 和 Hart(1997)的研究发现，年龄对第二语言的语音习得有显著影响，年幼的学习者更容易习得目标语言的准确发音。此外，研究也开始关注社会文化背景和数字时代学习环境对个体差异的影响。例如，Warschauer(2004)的研究探讨了计算机辅助语言学习(CALL)环境对不同学习者的影响，发现技术的使用可以促进语言学习，但效果受到学习者个体差异的影响。

个体差异变量之间的关系研究为理解不同变量(如工作记忆、学习风格与动机之间的关系)如何相互作用并影响学习结果提供了证据(Pawlak & Kruk，2023)。这类研究通常作为更大项目的一部分进行，而不是独立的研究重点。研究的目的是揭示个体差异结构的发散效度和收敛效度(Robinson，2002)。例如，Cohen(2014)的研究发现，学习者的深层学习风格与他们的语言学习动机正相关，而表层学习风格则与语言学习焦虑相关。这些研究有助于揭示个体差异结构的内在联系和相互作用机制。

个体差异作为自变量与学习成果之间的关系研究分为相关性研究和实验性研究。相关性研究探讨个体差异是否能预测学习成果，而实验性研究则操纵教学类型和学习任务，以研究个体差异与教学有效性之间的关系(Dörnyei，2005)。这些研究强调个体差异因素如何共同而独特地影响学习成果，以及不同个体差异因素可能与学习的不同方面相关(Dörnyei & Ryan，2015)。

通过这些研究方向，研究者可以深入理解个体差异在二语习得中的作用及其对学习成果的影响。这不仅有助于理论发展，还能为语言教学提供实用的指导，帮助教师根据学习者的个体差异设计更有效的教学策略(Ellis，2004)。

四、个体差异因素的相关研究趋势

在第二语言习得领域，个体差异研究的趋势逐渐从宏观层面的粗放研究转向受社会文化理论和复杂动态系统理论影响的微观层面精细化研究。这一趋势主要体现在以下方面(Li 等，2022)：

①微观层面精细化研究：研究趋势正从宏观层面转向微观层面，关注学习过程中的细节差异，如发音学习能力和焦虑等方面的细节。例如，Skehan(1998)的研究表明，学习者在语言输出的流畅性、准确性和复杂性方面表现出显著的个体差异。

②互动关系研究：研究者正在研究个体差异因素间的互动关系，例如能力倾向与学习动机之间的相互作用。例如，MacIntyre 等（2019）探讨了学习者的动机、焦虑和享乐倾向如何共同影响语言学习。

③多维影响路径：研究者探讨了个体差异因素如何通过多种路径直接影响或间接影响学习成果。例如，Dörnyei（2009）提出了"L2 自我"概念，强调个体的语言学习动机和自我认同对其学习成果有重要影响。

④动态复杂系统理论的应用：研究者采用动态复杂系统理论的视角，研究个体差异因素在不同学习阶段的变化及其作用。例如，Cameron 和 Larsen-Freeman（2007）提出了"复杂动态系统理论"作为理解语言学习的新框架。

⑤数字时代学习环境的探索：研究者探索了数字时代学习环境中新元素和新特点对个体差异因素的影响。例如，Thorne（2003）研究了在线环境中的第二语言习得，发现网络交流可以促进学习者的语言能力发展。

⑥心理语言学变量的关注：研究者关注了心理语言学领域的变量，如内隐语言能力、无聊、好奇心和毅力等，这些变量可能对二语学习过程和结果产生影响。例如，Reinders 和 Min（2012）探讨了移动学习环境下学习者使用移动设备进行语言学习的行为和态度。

⑦研究分布的均衡化：研究者呼吁更多关注听力、语用、词汇、写作等领域的个体差异因素研究，以实现研究领域的均衡发展。例如，Crossley 等（2012）研究了词汇习得中的个体差异，发现学习者在词汇学习策略使用上存在显著差异。

⑧整合理论与方法：研究者提倡整合不同的理论和经验方法，包括宏观和微观视角的结合，以深入理解个体差异因素如何影响 L2 学习进程和成果。例如，Pawlak（2022）提出了一种综合研究方法，结合定量和定性研究来探索学习者的语言学习策略。

⑨实证研究的深入与多样化：实证研究正通过案例研究、纵向研究和跨文化比较研究等方法，深入探讨个体差异因素在第二语言习得中的具体表现和影响机制。例如，Peirce（1995）通过案例研究揭示了身份认同在语言学习中的重要性，而 Larsen-Freeman 和 Long（2014）的跨文化研究则强调了文化差异对语言学习的影响。

⑩教学实践的应用：研究者正将个体差异因素的研究结果应用于教学实践，开发个性化学习路径和适应性教学策略，以满足不同学习者的需求。例如，Tomlinson（2014）探讨了如何利用学习者的语言学习策略来设计有效的教学方法。

⑪技术在语言学习中的应用：研究者正在探索如何利用信息技术，包括人工智能、虚拟现实等工具，来支持不同个体差异的学习者，提高语言学习效率。例如，Lee 等（2024）研究了虚拟现实技术在语言学习中的应用，发现它能够提供沉浸式学习体验，增强学习者的动机和参与度。

⑫研究伦理和多样性：研究者强调在研究中考虑伦理问题和多样性，确保研究结果的公正性和普适性。例如，De Costa（2015）讨论了研究伦理在应用语言学研究中的重要性，

强调研究者需要尊重所有参与者的文化背景和价值观。

⑬个体差异因素的预测能力：研究者正在探索个体差异因素（如沟通意愿、动机）的预测能力，并研究这些因素及其组合如何调节不同教学选择和学习方法的影响。例如，Ushioda（2009）提出了动机的个体化视角，强调了学习者内在动机的重要性以及它如何影响语言学习行为。

⑭跨学科研究的扩展：随着认知科学、神经科学和心理学等领域的发展，跨学科研究为 SLA 领域提供了新的视角和方法。例如，Gass 等（2015）利用认知科学的研究成果来探讨语言学习过程中的认知机制。

⑮长期追踪研究的重要性：长期追踪研究有助于揭示个体差异因素在语言学习过程中的稳定性和变化性。例如，Singleton 和 Lengyel（1995）的长期研究发现，某些个体差异因素，如学习者的开放性和灵活性，在语言学习过程中表现出相对的稳定性。

⑯社会文化理论的整合：社会文化理论，如 Vygotsky 的社会发展理论，为理解语言学习中的社会互动和合作学习提供了理论基础。例如，Swain 和 Lapkin（2005）的研究探讨了社会文化因素如何影响语言学习的认知和情感过程。

⑰语言学习中的个体化路径：随着对个体差异认识的深入，研究者越来越重视为学习者设计个性化的学习路径。例如，Dörnyei、Csizér 和 Nyikos（2002）研究了学习者个性化需求与语言学习任务设计之间的关系。

尽管特定领域研究备受关注，但研究重点分布不均衡，听力、语用、词汇、写作等领域的个体差异因素研究相对缺乏（Li 等，2022）。为深入理解个体差异因素如何影响 L2 学习进程和成果，需要整合不同的理论和经验方法，包括宏观和微观视角的结合（Pawlak & Kruk，2023）。同时，新的理论指导和多样化、创新的数据获取方法对于推动个体差异素研究的深入了解至关重要（Li 等，2022）。此外，还需关注某些个体差异因素（如沟通意愿、动机）的预测能力，并探讨各种个体差异因素及其组合如何调节不同教学选择和学习方法的影响（Larsen-Freeman，2015；Loewen，2020；Pawlak，2021；Spada，2011）。

五、小结

第五章对个体差异因素的研究方法及相关研究进行了全面审视，强调了在 SLA 领域内采用多元化方法的重要性。通过定量和定性研究方法的结合，我们能够揭示学习者在语言学习中所表现出的复杂个体差异性。定量研究方法通过标准化测试和问卷调查提供了可量化数据，使我们能够发现普遍趋势和模式；而定性研究方法，如访谈、观察和叙事，提供了对学习者独特经验和背景的深入理解。

本章深入探讨了研究方法的分类，突出了不同方法的优势和局限，并讨论了它们在实证研究中的应用。混合方法研究的引入，展示了如何通过结合定量和定性数据，提供更全面的视角来理解学习者的语言学习过程。此外，技术辅助研究方法和跨学科研究方法的应用，为探究个体差异提供了新的工具和视角。

在个体差异因素的相关研究分类方面，本章讨论了新构念的内容与构成、个体差异作为结果变量、个体差异变量之间的关系，以及个体差异作为自变量与学习成果的关系。研究趋势显示，SLA 领域的研究正逐渐从宏观层面转向微观层面，关注学习过程中的细节差异，并越来越多地采用跨学科和跨文化的研究方法。

本章还强调了研究伦理和多样性的重要性，提醒研究者在探索个体差异因素时，应尊重所有参与者的文化背景和价值观。同时，也强调了长期追踪研究的重要性，以及社会文化理论整合的必要性，这有助于我们更全面地理解个体差异因素如何影响 L2 学习进程和成果。

最终，第五章指出，未来的研究可能会更多地采用混合方法，结合定量和定性的优势，以获得更全面的视角。研究者在设计研究时，应考虑如何平衡不同方法的优势和局限，并整合多种数据源以获得更全面的研究结果。通过持续的反思和改进，个体差异因素的研究将更好地服务于语言教育实践，促进学习者的语言能力和个体差异的积极发展。这种综合性的研究方法论不仅加深了我们对 SLA 中个体差异的理解，也为语言教育领域提供了更为丰富和精准的指导。

◎ 参考文献

Alderson, J. C., Clapham, C., Wall, D. Language test construction and evaluation [M]. Cambridge：Cambridge University Press，1995.

Cameron, L., Larsen-Freeman, D. Complex systems and applied linguistics [J]. International Journal of Applied Linguistics，2007，17(2)：226-240.

Clandinin, D. J., Connelly, F. M. Narrative inquiry：Experience and story in qualitative research [M]. San Francisco, CA：Jossey-Bass，2000.

Cohen, A. D. Strategies in learning and using a second language [M]//S. M. Gass A. Mackey (Eds.). The Routledge handbook of second language acquisition. London：Routledge，2014：159-174.

Creswell, J. W., Clark, V. L. P. Designing and conducting mixed methods research [M]. New York：Sage Publications，2017.

Crossley, S. A., Salsbury, T., McNamara, D. S. Predicting the proficiency level of language learners using lexical indices [J]. Language Testing，2012，29(2)：243-263.

De Costa, P. I. (Ed.). Ethics in applied linguistics research：Language researcher narratives [M]. London：Routledge，2015.

Dörnyei, Z. Motivational strategies in the language classroom [M]. Cambridge: Cambridge University Press, 2001.

Dörnyei, Z. The psychology of the language learner: Individual differences in second language acquisition[M]. Mahwah, NJ: Lawrence Erlbaum Associates, 2005.

Dörnyei, Z. The psychology of second language acquisition[M]. Oxford, UK: Oxford University Press, 2009.

Dörnyei, Z. The L2 motivational self[M]//Z. Dörnyei E. Ushioda (Eds.). Motivation, language identity, and the L2 self. Multilingual Matters, 2009: 9-42.

Dörnyei, Z., Csizér, K., Nyikos, M. The role of individual and social factors in language learning motivation[J]. Intercultural Communication Studies, 2002, 11(1): 37-55.

Dörnyei, Z., Ryan, S. The psychology of the language learner revisited [M]. New York: Routledge, 2015.

Dornyei, Z., Taguchi, T. Questionnaires in Second Language Research: Construction, Administration and Processing[M]. 2nd ed. New York: Routledge, 2010.

Ellis, R. Individual differences in second language learning[M]//A. Davies C. Elder (Eds.). The handbook of applied linguistics. Oxford: Blackwell Publishing, 2004: 525-551.

Eysenck, H. J., Eysenck, S. B. G. Manual of the Eysenck Personality Inventory[M]. London: University of London Press, 1968.

Gardner, R. C., Lambert, W. E. Attitudes and motivation in second language learning[M]. Rowley, MA: Newbury House, 1972.

Gass, S. M., Behney, J., Plonsky, L. Second language acquisition: An introductory course[M]. London: Routledge, 2020.

Griffiths, C., Soruç, A. Individual differences in language learning: A complex systems theory perspective[M]. Palgrave Macmillan, 2020.

Harley, B., Hart, D. Language aptitude and second language proficiency in classroom learners of different starting ages[J]. Studies in Second Language Acquisition, 1997, 19(3): 379-400.

Horwitz, E. K., Horwitz, M. B., Cope, J. Foreign language classroom anxiety[J]. The Modern Language Journal, 1986, 70(2): 125-132.

Kramsch, C. Language and culture[M]. Oxford: Oxford University Press, 1998.

Larsen-Freeman, D. Complexity theory [M]//B. Van Patten J. Williams (Eds.). Theories in second language acquisition: An introduction. 2nd ed. New York: Routledge, 2015: 227-244.

Larsen-Freeman, D., Long, M. H. An introduction to second language acquisition research[M]. London: Routledge, 2014.

Lee, S. M., Wang, X., Park, I., Lestiono, R. It feels so real! Situated authentic language learning in immersive virtual reality [J]. Education and Information Technologies, 2024, 1-23.

Li, S., Hiver, P., Papi, M. (Eds.). The Routledge handbook of second language acquisition and individual differences[M]. New York: Routledge, 2022.

Loewen, S. Introduction to instructed second language acquisition [M]. New York: Routledge, 2020.

MacIntyre, P. D. Motivation, anxiety and emotion in second language acquisition [M]//P. Robinson (Ed.). Individual differences and instructed language learning. Amsterdam: Benjamins, 2002: 45-68.

MacIntyre, P. D., Gregersen, T., Mercer, S. Setting an agenda for positive psychology in SLA: Theory, practice, and research [J]. The Modern Language Journal, 2019, 103 (1): 262-274.

Merriam, S. B. Qualitative research: A guide to design and implementation[M]. San Francisco, CA: Jossey-Bass, 2009.

Norton, B. Identity and language learning: Gender, ethnicity and educational change [M]. Harlow, UK: Pearson Education, 2000.

Oxford, R. L. Language learning strategies: What every teacher should know[M]. Boston, MA: Heinle Heinle, 1990.

Pawlak, M. Investigating individual learner differences in second language learning [M]. New York: Springer, 2021.

Pawlak, M. Research into Individual Differences in SLA and CALL: Looking for Intersections[J]. Language Teaching Research Quarterly, 2022, 31: 200-233.

Pawlak, M., Kruk, M. Individual differences in computer assisted language learning research[M]. Routledge, 2023.

Peirce, B. N. Social identity, investment, and language learning[J]. TESOL Quarterly, 1995, 29 (1): 9-31.

Robinson, P. (Ed.). Individual differences and instructed language learning[M]. Amsterdam: Benjamins, 2002.

Spada, N. Beyond form-focused instruction: Reflections on past, present and future research[J]. Language Teaching, 2011, 44(2): 225-236.

Reinders, H., Min, Y. C. Enhancing Information Language Learning with Mobile Technology-Does it Work? [J]. Journal of Second Language Teaching and Research, 2012, 1(1): 3-29.

Singleton, D. M., Lengyel, Z. (Eds.). The age factor in second language acquisition: A critical look at the critical period hypothesis[M]. Berlin: Multilingual Matters, 1995.

Skehan, P. A cognitive approach to language learning [M]. Oxford: Oxford University Press, 1998.

Stake, R. E. The art of case study research[M]. Thousand Oaks, CA: SAGE Publications, 1995.

Swain, M., Lapkin, S. The evolving sociopolitical context of immersion education in Canada: some implications for program development[J]. International Journal of Applied Linguistics, 2005, 15(2): 169-186.

Thorne, S. L. Artifacts and cultures-of-use in intercultural communication[J]. Language Learning & Technology, 2003, 7(2): 38-67.

Tomlinson, C. A. The differentiated classroom: Responding to the needs of all learners [M]. Ascd, 2014.

Ushioda, E. A person-in-context relational view of emergent motivation, self and identity[M]//Z. Dörnyei E. Ushioda (Eds.). Motivation, language identity, and the L2 self. Berlin: Multilingual Matters, 2009: 215-228.

Warschauer, M. Technology and social inclusion: Rethinking the digital divide[M]. Cambridge: MIT press, 2004.

Wenden, A. L. Learner strategies for learner autonomy[M]. New York: Prentice Hall, 1991.

Zimmerman, B. J., Schunk, D. H. Handbook of self-regulation of learning and performance[M]. New York: Routledge, 2011.

第六章　个体差异因素的研究案例

为了让读者更清晰地理解个体差异对二语学习的影响，本章将通过具体研究案例进行详细探讨。我们选取了一个个体差异因素——工作记忆（Working Memory，WM），来分析其与二语习得之间的复杂关系。具体来说，本研究关注中级汉语学习者在学习西班牙语过程中，WM 对二语语法练习表现的影响。本研究通过全面考察，评估了学习者的 WM 容量，并分析了他们在语法任务中的表现，旨在揭示 WM 对二语语法学习成果的潜在影响。研究框架采用了"课堂环境下的二语习得"（Instructed Second Language Acquisition，ISLA），并通过基于课堂的方法和检验 WM 随时间变化的稳定性，填补了现有文献中的方法论和理论空白。本章的研究发现有助于我们更深入地理解 WM 与二语学习过程之间的动态互动，并为语言教学法和教育干预措施的设计提供了重要的见解。

WM，作为一种认知性个体差异因素，其作用一直是 ISLA 领域的研究重点，相关研究涉及多个方面，例如阅读（如 In'nami et al.，2022）、写作（如 Vasylets & Marín，2021）、教学和语法发展（如 Santamaria& Sunderman，2015），以及纠正性反馈（如 Baralt，2015，针对计算机化重铸；Li & Roshan，2019，针对书面纠正性反馈）。这一研究热潮源于学界对 WM 在语言处理中的重要作用的认识，尤其是在二语（L2）数据中存储语言信息的能力。

尽管关于 WM 作用的研究数量相对较少，研究结果不一致，这也促使了近期的研究呼吁，建议未来对 WM 进行更多深入调查（例如 Li，2023；Manchón & Sanz，2023（针对写作））。与此同时，我们注意到，现有 WM 研究的研究设计大多基于实验室应用型 ISLA 方法（基于实验室），而较少涉及 ISLA 应用型方法（位于课堂环境的语言课程中）（Leow，2019）。这一差异对实验室研究结果在实际教学环境中的适用性提出了挑战。

此外，WM 研究中的一些方法论问题也需要谨慎对待（例如，Mitchell et al.，2015；Wright，2015）。其中一个主要的批评点是可靠性问题。WM 测试通常是一次性施测，这使得研究假设参与者在某一学业阶段的 WM 水平能够反映其整体或稳定的 WM 能力。为了解决这些问题，本研究尝试将 WM 研究置于正式课堂环境中，并从学期的两个不同阶段收集参与者的 L2 表现和 WM 数据。

一、引言

在 L2 学习中，WM 的作用一直是 ISLA 研究的核心议题之一（例如 Baddeley，2000；

Baddeley & Hitch，1974）。ISLA 研究人员在认知心理学领域不断寻求理论和实证指导。许多研究者普遍采用 Baddeley（2003）对 WM 的定义，认为 WM 是"信息的临时存储和操作，是多种复杂认知活动所必需的"（p. 189）。这一定义为理解 WM 在语言学习中的作用提供了重要框架。

同时，部分研究者采用了 Baddeley（2000）的 WM 模型，这一模型对 Baddeley 和 Hitch（1974）早期的工作进行了修正，并加入了一个新的处理元件，从而超越了 Atkinson 和 Shiffrin（1968）多存储记忆模型中传统的存储单元概念。Baddeley 在其 2000 年的修正模型中提出了四个主要组成部分：中央执行器、语音环路、视觉空间素描板和外显缓冲器。中央执行器作为监督系统，负责协调和调控其他子系统之间的信息流动，并进行进一步的认知处理。语音环路主要负责存储和演练语言信息，包括声音和语言的编码，以及那些以语音形式呈现的视觉信息。视觉空间素描板则在短时间内存储图像、形状和空间信息，而新增的外显缓冲器则充当"备份"存储，帮助将 WM 的各部分与长期记忆连接起来。

尽管这一模型为 ISLA 研究提供了有力的理论支持，但学界在 WM 的概念、测量方法和机制上仍存在一定的困惑和争议（Li，2023；Wright，2015）。特别是，现有的 WM 研究多集中在实验室环境中的应用 ISLA 方法，而较少探讨课堂环境中的实际应用（Leow，2019）。这种方法论的局限性使得实验室研究结果在真实教学情境中的适用性受到了挑战。

此外，WM 研究中还存在一些方法论问题。例如，语言测试和 WM 测试类型的选择（Li，2023；Mitchell et al.，2016；Wright，2015）对研究结果产生了影响，这提示我们在解读这些研究结果时应保持谨慎。特别是 WM 的可靠性问题尚待解决，具体而言，单次施测的 WM 测试与在不同学习阶段反复测量的 WM 数据之间，是否能够得到一致的结果，仍是一个亟待深入探讨的问题。

为了解决这些问题，本研究旨在将 WM 研究置于课堂教学环境中，结合两组数据进行分析：一是参与者在教学后进行的显性语法练习中的 L2 表现，二是在学期内两个不同阶段进行的 WM 数据测量。通过这样的设计，本研究期望能够为 WM 在 L2 学习中的作用提供更加可靠和适用的实证依据。

二、文献综述

（一）WM 与 ISLA 中的 L2 语法发展

在 ISLA 领域，WM 对二语学习的影响主要体现在它在语言处理、语法规则内化以及句法结构操作中的核心作用。语法学习本身涉及较为复杂的认知过程，如规则的内化、句法结构的操作与存储，因此，WM 对语法学习的作用受到了研究者的特别关注。鉴于 WM 在语言理解和生成中的关键作用，尤其是在处理和保持语言结构信息的短期存储上，它被认为是支持 L2 学习者语法习得和应用的重要认知资源（Baddeley，2003；Ellis，2008）。许多研究指出，语法学习要求学习者能够在短时间内保持和操作语法规则，这正是 WM 发挥作用的核心机制之一（McLaughlin，1990；Tokowicz & MacWhinney，2005）。因此，如何测量和理解 WM 的容量、处理速度及其与语法学习的关系，成为 ISLA 研究中的一个重要课题。

就 WM 对语法学习的作用的研究而言，研究者主要探讨了 WM 与多种变量的关系，特别是这些变量如何影响语法学习。这些变量包括以注意力为基础的输入加工机制、不同类型的反馈，以及不同的学习或教学条件。研究普遍显示，WM 与 L2 学习者在 L2 数据中对语法目标项目的注意分配呈正相关（例如 Indrarathne & Kormos，2017；Issa，2019）。此外，WM 可能影响 L2 学习者在语法学习上从不同类型的反馈中获益，包括重铸（Révész，2012；Sagarra，2007）和显性元语言解释（Goo，2012；Li，2013）。WM 还可能介导学习者在不同反馈模式下的语法表现，如增强型反馈与非增强型反馈（Sagarra & Abbuhl，2013）。在不同的学习或教学条件下（如隐性与显性条件），WM 容量与旨在引导学习者注意并意识到对 L2 数据中语法信息的教学材料密切相关（Leeser，2007；Sanz et al.，2016）。

然而，尽管一些研究指出 WM 容量较大的学习者在 L2 语法学习上表现更好（如 Linck & Weiss，2011，2015；Santamaria & Sunderman，2015），但也有研究未发现 WM 与 L2 语法学习之间的关联（如 Grey et al.，2015；Sagarra，2000）。还有研究发现不同学习或教学条件下 WM 与 L2 语法发展之间的关系存在差异（例如，针对隐性条件的研究如 Indrarathne & Kormos，2017；Leeser，2007；Sanz et al.，2016，以及针对显性条件的研究如 Indrarathne & Kormos，2017；Tagarelli et al.，2015）。此外，在同一研究中也出现了相互矛盾的结果（如 Serafini & Sanz，2016；Sanz et al.，2016；近期综述见 Li，2023；McCormick & Sanz，2022）。

鉴于关于 WM 在 L2 语法学习中作用的研究相对较少，且许多变量（如 L2 熟练度、WM 测试、实验设计、评分标准和统计分析方法等）存在差异，研究结果尚未达成一致。值得注意的是，许多 WM 研究采用的任务类型主要包括实验性解释任务和控制性书面产出任务（如填空、语法判断任务和故事回忆任务等）。然而，鲜少有研究关注 WM 在大多数 L2 课堂中典型活动（即教学后的显性语法练习）中的作用。与实验性语法任务相比，这类练习任务更适合典型的教学环境，尤其是那些基于教科书编写的配套练习册中的活动。因此，探索 ISLA 实证研究与正式课堂环境之间的相关性显得尤为重要。

（二）ISLA 应用中的 WM 研究

仔细回顾那些声称反映正规课堂环境的 WM 研究，我们会发现，这些研究的设计主要基于实验室环境（应用 ISLA），而不是在教学大纲和课堂语言课程中自然形成的环境（ISLA 应用）（Leow，2019）。Leow 认为，应用 ISLA 与 ISLA 应用（他称之为"教学环境下的语言学习"或 Instructed Language Learning, ILL)之间的主要区别在于研究目的及其对教学环境的潜在影响。应用 ISLA 研究主要聚焦教学环境,不一定需要提供具体的教学影响或与语言课程的直接联系。因此,这类研究通常会深入探讨许多假定在 L2 学习中起重要作用的外部或内部变量(如认知过程、教学类型、个体差异、语言项目、突出性、互动等)。而 ISLA 应用的研究则依赖于那些"旨在为教学实践提供信息,促进从课程角度看是成功的学习水平"(p. 487)的研究。因此,将基于 ISLA 应用研究的教学推断应用到教学环境中仍然具有挑战性,这表明,实证研究应当在语言教学大纲和课程的范围内进行,而非范围外,且应采用学生在典型语言课堂环境中完成的任务,例如语法练习任务。

(三)WM 研究设计的方法问题

自 Harrington 和 Sawyer(1992)以及 Mackey 等人(2002)分别对 WM 在阅读理解和 L2 互动中的作用进行了开创性的早期研究以来,尽管关于 WM 在 ISLA 中的作用的研究越来越多,但根据 Li(2023)的说法,除了上述不一致的实证研究结果之外,"在 WM 的概念化、测量和机制方面一直存在一些困惑"(p. 348)。此外,还有学者提出了有关 WM 研究设计的方法问题(如 Mitchell et al., 2015;Wright, 2015)。一些研究者(例如 Ellis, 2005;Gass & Mackey, 2007;Wright, 2015)指出,由于 WM 的概念与母语(L1)紧密相关,因此,原先用于研究母语 WM 的方法和测量工具可能不完全适用于第二语言(L2)学习者的研究。目前学界提出的几个方法论问题包括:在 L2 中使用阅读广度任务(这一任务在 WM 文献中非常流行),可能会受到 L2 阅读能力和/或 L2 学习者熟练程度的影响(Gass & Lee, 2011);以及语言发展的不同阶段(例如,初级、中级、高级)可能需要不同的 WM 测量方法来准确探讨其作用。例如,研究表明,语音短时记忆(PSTM)可能对早期阶段的学习者更为有利,而执行工作记忆(EWM)可能与水平更高的学习者在语言产出、理解及其在学习过程中的策略使用之间存在密切关系(Wright, 2015)。

一个尚未解决的方法问题是 WM 测试本身的可靠性。典型的 WM 测试(如阅读广度任务、数字广度任务、运算—单词广度任务、字母—数字排序任务)通常为一次性测试,这就导致了一种假设,即在学业过程的某个阶段获得的 WM 水平可以反映参与者的整体 WM 水平。换句话说,我们可以假定,在语言课程的不同阶段,学习者的 WM 水平(如低、中、高)与学习成绩之间的关系是稳定的。然而,这一假设显然需要通过实证研究来进一步验证。

(四)总结

在过去几十年中,研究 WM 在 L2 语法学习中的作用的研究不断增加。然而,这些 ISLA 的研究通常更多地从实验室的角度设计,而不是将这些设计置于自然的课堂教学环境中,以便为教学实践提供实际意义。此外,我们注意到,在语言课程的特定阶段收集的

WM 数据的可靠性需要得到实证支持。因此，本研究提出了以下两个研究问题：

①在常规语言教学大纲中进行的语法练习中，通过前测和两次延时后测测量的 WM 水平与中国西班牙语学习者的表现之间是否存在相关性？

②中国西班牙语第二语言学习者在两个不同阶段的 WM 水平之间是否存在正相关？L2 学习者的 WM 水平在语言学习过程中是否保持稳定？

二、研究设计

(一)研究对象

本研究的参与者为 30 名西班牙语专业二年级学生，年龄在 19 至 20 岁之间。他们在中国中部一所著名的"211 工程"文科大学学习西班牙语语法课程。该课程为期 16 周，每周一次，每次 1.5 小时，总计 24 小时。学生们的西班牙语水平为中级，根据欧洲语言共同参考框架(CEFR)，具体处于 A2 至 B1 级别。在参加本课程之前，学生们已经接受了三个学期的西班牙语教学，共计 48 节课，每节课 1.5 小时。

由于在前测、后测或其他关键评估期间缺席的参与者被排除，有效参与者的实际人数减少到 24 人(女生 18 人，男生 6 人)。为了确保研究结果的可靠性和有效性，这一剔除过程是必要的。

(二)目标西班牙语语言结构

西班牙语的语态，尤其是区分陈述式和虚拟式，对于非罗曼语系的语言学习者来说，是相当具有挑战性的。传统上，语法学家区分两种不同的情态：Realis 和 Irrealis。Realis 指的是实际发生的事件的语气，而 Irrealis 指的是非实际发生的事件的语气。在西班牙语中，Realis 和 Irrealis 大致上分别对应于陈述式和虚拟式。

正如 Chung 和 Timberlake(1985, p. 241)所说："虽然一个事件基本上只有一种实际发生的方式，但一个事件可以有无数种不完全实际的方式。"因此，关于语态的讨论主要集中在 Irrealis/虚拟式上，这也是西班牙语教科书中提到的典型区别。

在西班牙语中，虚拟式结构几乎总是出现在从句中，通常由主句中的特定动词或表达式引发。这些动词或表达式表达了希望、愿望、意志、怀疑、不确定以及其他无法确认或验证的事件。虚拟式也用于由不定前项、不存在的前项或被否定的前项引导的从句中，例如："Ayer, no encontramos a nadie (que viviera cerca de la Universidad)"(昨天，我们没有找到住在大学附近的人)。

本研究的重点是虚拟式的这种用法，包括表达意愿的动词(例如："Los padres les aconsejan a sus hijos que estudien mucho"(父母建议他们的孩子要努力学习))和表达可能性、概率等的表达方式(例如:"Fue imposible que yo terminara el proyecto a tiempo"(我按时完成项目是不可能的))。

学习关系从句中的西班牙语未完成时虚拟式(相对于陈述式)可能会带来形式—意义映射方面的额外问题。学习者不仅要正确推断语篇的语义/语用信息(即事件在所有或某些可能的世界中是否实际发生),还要与主句中的过去前置句保持时态一致。

(三)语法练习任务

为了确保本研究的设计与教学大纲和语言课程(ISLA 应用)相符合,我们决定采用教学环境中常用的语法练习形式。在显性教学内容结束后,教师会提供一张练习表,针对最近在课堂上正式教授的语法点。练习表包含独立句子练习,每个句子都是一个不完整的西班牙语句子,目标动词不定式前留有空白,例如:Ayer, no encontramos a nadie (que _____ (vivir) cerca de la Universidad)(语法练习任务见本章附录 A)。

该语法练习任务由 20 个题项组成,包括 15 个目标项目(10 个新句子)、5 个在前测中已经出现过的目标项目和 5 个需要使用陈述式的干扰项。任务要求受试者根据主句中的动词或表达式,在空白处填入适当的动词形式。

(四)WM 测试

本研究采用汉语阅读广度测验(Chinese Reading Span Test, CRST)来评估 WM 的能力。最初的阅读广度测验由 Daneman 和 Carpenter(1980)开发,主要用于测量 WM 的存储能力,而没有明确评估处理能力。为了解决这一局限性,Waters 和 Caplan(1996)对测验进行了修改,使其能够同时评估存储和处理能力。在他们的改编版中,存储能力通过回忆句子末尾的一个单词来体现,而处理能力则通过受试者判断句子真实性的能力来评估。

本研究使用的 CRST 包含 70 个汉语复合句,每个句子后面都有一个短句供理解判断,其中一半的句子与复合句语义一致。这些句子分为 2、3、4 和 5 组,每组 5 道题。这些句子来源于 Cui 和 Yao(1996)开发的 CRST,而该 CRST 是基于 Waters 和 Caplan(1996)的原始测试的改编版。

评分基于参考答案,总分 70 分。对于句子中最后一个单词的回忆,受试者每答对一个单词得 1 分,答错或漏答不得分。对句子的理解判断也采用同样的计分方法。理解和回忆句末词测试的最高分是 140 分。

与韩亚文和肖雯(2023)的研究方法一致,我们计算了每位受试者正确回忆的句末词数量和正确理解的句子数量。他们的 Z 分数的平均值被用来确定 WM 测试的最终得分。

(五)实验流程

本研究设计采用了前测—第一次延时后测(延时后测 1)—第二次延时后测(延时后

测 2）的形式。在第 11 周，任课教师向学生正式介绍了西班牙语的不完全过去时虚拟式后，学生们被提供了一个语法练习任务，其中包括以前学过的语法项目和 5 个针对西班牙语半过去式的题项。这 5 个题项作为前测。学生们被要求将这个语法练习任务作为家庭作业完成，并在完成后交还给教师以获得反馈。第一次 WM 测试（WM1）也在这一天进行。

教师通过在学生的错误下画线来提供间接的纠正性反馈，并在第二天将反馈过的练习任务返还给学生。在课堂教学中，教师用西班牙语口头复习了练习任务中的句子，点名让一名学生提供正确的句子，并解释了使用西班牙语不完全过去时虚拟式的原因。

延时后测 1 包括完整的语法练习任务，一周后的第 12 周在课堂上完成。延时后测 2 在两周后的第 14 周进行。第二次 WM 测试（WM2）在延时后测 2 结束后的一天后进行，即第一次 WM 测试的 5 周后。

（六）评分

在评分过程中，每个目标语法结构的正确使用将获得 1 分，错误使用则获得 0 分。由于研究的重点在于区分陈述式和虚拟式的知识点，轻微的拼写错误不会导致扣分。前测（旧题）的总分为 5 分，而新题的总分为 10 分。

（七）分析

在分析中，我们通过将语法测试分数转换成百分比并进行归一化处理，以反映每位参与者在不同评估点（前测、延时后测 1 中的旧题项、延时后测 1 中的新题项、延时后测 2 中的旧题项和延时后测 2 中的新题项）上的正确率。

根据受试者的表现，两个测试阶段得出的 WM 数据被分为两个不同的组别——WM1 和 WM2。以成绩中位数零分为临界值，将这些组别进一步分为低 WM 组和高 WM 组。通过这种分类，WM1 包括 12 个低 WM 数据点和 10 个高 WM 数据点，而 WM2 包括 9 个低 WM 数据点和 13 个高 WM 数据点。针对研究问题 1，考虑到 WM 分数和语法测试结果的序数属性和非正态分布，我们进行了斯皮尔曼相关分析（Spearman's rho correlation analysis），以评估每个评估点的 WM1 与上述语法测试分数之间的关系。随后，我们又采用了类似的斯皮尔曼 rho 相关分析来研究 WM2 与语法测试分数之间的关系。

要解决研究问题 2，还必须考虑 WM 数据的序数性和非正态性。因此，我们采用了斯皮尔曼相关分析（Spearman's rho correlation analysis）来探讨 WM1 和 WM2 之间的相关性。为了确定 L2 学习者的 WM 水平在整个西班牙语课程中的稳定性，我们进行了描述性分析，以详细了解观察到的变化。

在解释斯皮尔曼 rho 系数时，我们采用了以下基准：0.25 表示小效应，0.40 表示中效应，0.60 表示大效应（Plonsky & Oswald，2014）。

四、研究结果

（一）WM 水平与语法测试成绩的相关分析

本节针对研究问题 1，介绍了探究 WM 水平与语法测试成绩之间关系的相关分析结果。

1. WM1 与语法测试成绩的相关分析

首先，我们进行了斯皮尔曼 rho 相关性分析，以探究 WM1 与语法测试成绩之间的关系。如表 6-1 所示，前测分数与 WM1 之间呈现不显著的负相关（$\rho = -0.032$，$p = 0.889$），这表明参与者的初始语言水平与他们在研究开始时的 WM 能力之间没有显著的关联。

表 6-1 WM1 与测试之间的斯皮尔曼相关分析结果

		前测	延时后测 1 的旧题项	延时后测 1 的新题项	延时后测 2 的旧题项	延时后测 2 的新题项
WM1	Correlation Coefficient	-0.032	-0.028	0.097	0.120	-0.061
	Sig. (2-tailed)	0.889	0.902	0.668	0.594	0.789

*. Correlation is significant at the 0.05 level (2-tailed).

b. Listwise N = 22

同样，WM1 与延时后测 1 的旧题项得分之间的相关性也不显著（$\rho = -0.028$，$p = 0.902$），表明两者之间没有明显的联系。对于延时后测 2 中的旧题项，相关性同样不显著，尽管呈现正相关（$\rho = 0.120$，$p = 0.594$），这表明两者之间的关系非常微弱。

至于新题项，WM1 与延时后测 1 分数之间的相关性不显著，接近于零（$\rho = 0.097$，$p = 0.668$），表明两者之间的关系较弱。WM1 与延时后测 2 的新题项之间的相关性不显著，且呈现负相关（$\rho = -0.061$，$p = 0.789$），表明两者之间存在轻微的负相关。

2. WM2 与语法测试成绩的相关分析

表 6-2 显示了 WM2 与语法测试分数之间的相关性。前测分数与 WM2 之间存在接近中等程度的负相关（$\rho = -0.344$，$p = 0.117$）。虽然这一趋势在统计学上并不显著，但它暗示了初始语言水平较高的参与者在第二个评估点（WM2）可能会表现出较低的 WM 能力。

对延时后测 1 中的旧题项进行的相关分析表明，它们与 WM2 的负相关关系非常微弱（$\rho = -0.057$，$p = 0.800$），这表明两者之间存在微弱的负相关，但并未达到常规的统计显著性水平。对于延时后测 2 中的旧题目，与 WM2 的相关性较弱且呈正相关，但仍不显著（$\rho=0.041$，$p=0.855$），这表明 WM2 与以前所学材料的记忆保持之间没有明显的联系。

就延时后测中的新题项而言，WM2 与延时后测 1 分数之间的相关性很弱，且不显著，呈负相关（$\rho=-0.025$，$p=0.912$）。在延时后测 2 的新题项中，其与 WM2 有接近中等程度的负相关（$\rho=-0.377$，$p=0.084$）。这一结果接近统计学意义，表明 WM2 与受试者学习和保留新语言信息的能力之间可能存在更明显的负相关关系。

表 6-2　WM2 与测试之间的斯皮尔曼相关分析结果

		前测	延时后测 1 的旧题项	延时后测 1 的新题项	延时后测 2 的旧题项	延时后测 2 的新题项
WM2	Correlation Coefficient	-0.344	-0.057	-0.025	0.041	-0.377
	Sig. (2-tailed)	0.117	0.800	0.912	0.855	0.084

＊. Correlation is significant at the 0.05 level (2-tailed).

b. Listwise N=22

(二)二语学习两个阶段 WM 水平的相关性和稳定性

本节介绍与研究问题 2 有关的结果，即探究中国西班牙语 L2 学习者在语言课程的两个不同阶段的 WM 水平之间是否存在正相关，以及这些水平随时间变化的稳定性。为了探讨这种关系，我们采用了斯皮尔曼秩相关系数，这是一种适用于分析序数水平数据的非参数统计方法。该分析旨在评估学习者在整个语言课程学习过程中工作记忆的初始评估（WM1）和最终评估（WM2）之间的相关性。

计算得出的 WM1 和 WM2 之间的斯皮尔曼相关系数为 0.086，未达到常规的统计显著性水平（$p=0.689$）。这一不显著的结果表明，在学期初和学期末，L2 学习者的 WM 水平之间没有实质性的正相关。正相关系数不显著的原因可能是样本量较小，导致统计功效不足，从而可能无法检测到实际存在的关系。然而，尽管如此，两种 WM 测试的结果没有明显的相关性并不一定表明 WM 是稳定的。这是因为不同个体的 WM 表现可能存在相当大的差异。一些学习者的 WM 在测试期间可能保持稳定，而另一些学习者的 WM 则可能发生变化。群体层面的分析可能无法捕捉到这些微妙的个体差异。因此，我们进行了进一步的深入分析，以确定中国西班牙语学习者在语法练习中的 WM 水平与他们在一次前测和两次延时后测中的表现之间的差异。

结果如表 6-3 所示，呈现出三种值得注意的模式。首先，在"高 WM 水平稳定性"类别中，最初被认为具有高 WM 能力的学生在延时后测中表现出了强大的记忆留存能力。在延时后测 1 中，旧题项的平均得分率为 94%，与延时后测 2 中观察到的 100% 的留存率相当；相反，在延时后测 1 中，新题项的平均得分率为 94%，随后略有下降，在延时后测 2 中为 90%。这些差异虽然存在，但在统计学上并不显著，表明尽管存在轻微的时间波动，但总体 WM 稳定性仍然保持不变。

其次，在"低 WM 水平一致性"组中，具有持续低 WM 能力特点的参与者表现出较高的留存率，在两次延时后测中，他们对以前遇到的题型的留存率从 96% 到 100% 不等，对新题项的留存率从 92% 到 98% 不等。保持成绩的这种显著一致性意味着，WM 能力较低的学习者能够保持稳定的 WM 成绩水平，在新旧题项上都能有效地取得好成绩。

再次，"过渡性 WM 水平变异"组（包括在两个阶段之间经历过 WM 水平转变的学生）的成绩指标变异最大。值得注意的是，在延时后测 2 中，新题项的得分跨度很大，从 30% 到 100% 不等，平均达到 82%。这种显著的分数分散性表明，这组学生的 WM 成绩波动很大，这对这些学生 WM 水平稳定性的假设提出了挑战。

表 6-3　WM 水平的变化与语法测试分数

被试编号	WM1水平	WM2水平	前测	延时后测 1 的旧题项	延时后测 2 的旧题项	延时后测 1 的新题项	延时后测 2 的新题项	延时后测 1 的总题项	延时后测 2 的总题项
WM 变化类型									
高 WM 水平稳定性组									
1	high	high	80%	100%	100%	100%	90%	100%	93%
6	high	high	40%	100%	100%	100%	90%	100%	93%
15	high	high	100%	80%	100%	80%	90%	80%	93%
16	high	high	100%	80%	100%	90%	100%	87%	100%
22	high	high	100%	100%	100%	100%	100%	100%	100%
23	high	high	60%	100%	100%	100%	80%	100%	87%
27	high	high	100%	100%	100%	90%	80%	93%	87%
均值			83%	94%	100%	94%	90%	94%	93%
低 WM 水平一致性组									
24	low	low	100%	100%	100%	100%	100%	100%	100%
26	low	low	100%	100%	100%	80%	90%	87%	93%
4	low	low	100%	100%	100%	90%	100%	93%	100%
7	low	low	100%	100%	100%	90%	100%	93%	100%
8	low	low	100%	80%	100%	100%	100%	93%	100%
均值			100%	96%	100%	92%	98%	93%	99%

续表

被试编号	WM1水平	WM2水平	前测	延时后测1的旧题项	延时后测2的旧题项	延时后测1的新题项	延时后测2的新题项	延时后测1的总题项	延时后测2的总题项
过渡性WM水平变异组：从低WM到高WM或从高WM到低WM									
3	low	high	100%	100%	100%	90%	80%	93%	87%
9	low	high	80%	20%	100%	10%	30%	13%	53%
12	low	high	100%	100%	100%	100%	100%	100%	100%
13	low	high	40%	80%	80%	90%	70%	87%	73%
14	low	high	40%	100%	80%	100%	80%	100%	80%
17	low	high	80%	100%	100%	100%	100%	100%	100%
20	low	high	40%	100%	100%	100%	90%	100%	93%
10	high	low	60%	100%	100%	100%	100%	100%	100%
11	high	low	80%	80%	100%	100%	80%	93%	87%
25	high	low	100%	100%	80%	90%	90%	93%	87%
均值			72%	88%	94%	88%	82%	88%	86%

五、讨论

(一)研究问题1

相关分析的结果揭示了WM能力与语法练习题项成绩之间的微妙关系。就WM1而言，它与旧题项的前测和延时后测的相关性都不显著，这表明WM1在语言学习的初始阶段或对以前所学材料的保留中没有发挥实质性作用。在第一次和第二次延时后测中，WM1与新题项的正相关也不显著，这进一步表明WM1对学习者在这些新题项上的表现影响甚微。这些结果为先前研究提供了实证支持，这些研究指出WM与L2显性语法学习或学习条件之间没有显著关联(例如Gray et al.，2015；Robinson，2005；Sagarra，2000)。

相比之下，WM2与语言练习成绩的关系更为复杂。WM2与前测的适度负相关暗示了一种潜在的反向关系，即较高的初始水平可能与较低的WM2能力有关。这可能意味着，初始水平较高的学习者在完成语言任务时对WM2的依赖程度可能较低。与第二次延时后测中新题项的中等负相关性表明，WM2可能在延时语法练习中的学习过程中扮演更重要的角色。具有较高WM2容量的学习者在与新题项互动时，可能面临较大的认知负荷，这可能会影响他们的处理能力。

WM1 和 WM2 与旧测试题项的相关性较弱或不显著，这表明 WM 可能不是留存以前所学材料的有力决定因素。这可能表明，一旦语言知识被内化并储存在长时记忆中，其对 WM 能力的依赖性就会降低。

这些发现强调了 WM 对语言知识学习和保持的不同影响，从而加深了我们对 L2 学习认知过程的理解。研究结果强调，有必要进一步研究 WM 容量对语言学习的影响，尤其是对新题项的处理以及 WM2 容量较高的学习者所面临的潜在认知负荷的影响。未来的研究应在不同的教学情境中考虑这些关系，并在设计语言学习干预措施时考虑到学习者的不同认知特征。

(二)研究问题 2

"高 WM 水平稳定性"组:

在我们的研究中，观察到的"高 WM 水平稳定性"表明，具有较高 WM 能力的学习者在语言教学的各个阶段都表现出稳定的保持成绩的能力。这一发现与 Linck 和 Weiss (2011、2015)的研究相一致，他们认为具有较大 WM 广度的学习者在 L2 语法学习方面更为熟练。高 WM 容量学习者的持续表现可能得益于他们对注意力资源的有效分配和对认知负荷的有效管理，而这两者对于处理新的语言信息都至关重要(Sagarra & Abbuhl, 2013; Sanz et al., 2016)。

较高的 WM 能力使学习者能够进行更深层次的认知加工，这对于将新信息整合到现有知识结构中是不可或缺的。这种整合是长期保留和发展强大语言能力的基石(Linck et al., 2014)。功能完善的 WM 可以帮助学习者进行复杂的认知操作，如模式识别、规则抽象和策略学习，使学习者能够以更有意义的方式在语言形式及其功能之间建立联系。

在两次延时后测之间，新题项的成绩略有下降，这可能反映了语言学习的渐进性和递归性。这一现象强调了学习者需要通过反复接触和练习来重温和巩固新获得的知识，而这一过程是巩固语言知识的基础(Williams, 2012)。这也意味着，即使是 WM 能力高的学习者，也能从强调间隔重复和分散练习的教学策略中获益，因为众所周知，这些技巧能促进长期记忆(Robinson, 2005)。

"低 WM 水平一致性"组:

"低 WM 水平一致性"组的表现对"低 WM 能力就是低语言学习成绩的同义词"这一假设提出了有力的挑战。我们的研究结果与 Gray 等人(2015)和 Sagarra(2000)的研究结果相一致，他们认为 WM 能力与 L2 语法学习之间没有显著联系。尽管这组学生的 WM 容量较低，但他们仍能熟练处理新的语言题项，这表明他们可能采用了补偿性认知策略。这些策略可能包括有效地使用记忆法(这有助于信息的组织和检索)(Fritz et al., 2007)。

此外，参与更深层次的语义加工可能是一个关键因素，它使学习者能够以一种有意义的方式将新信息与现有知识联系起来(Crooks，1988)。即使学习者的认知资源有限，这一过程也能帮助他们更好地保留和理解语言材料。

这组学生(就读于中国一所著名的文科院校)在新题项上表现出色的能力也可能说明了动机因素在 L2 学习中的潜在重要作用。Dörnyei(2013)强调了推动语言学习过程的动机力量，认为学习者的内在动机和已识别的调节能力会对语言学习产生重大影响。此外，社会和教育环境可以提供一个支持性框架，增强学习者克服认知限制的能力。Ellis(2005)讨论了教学环境在塑造语言学习体验中的作用，强调了能够为语言发展提供支架的有利学习环境的重要性。

这组学生的表现还引发了关于 WM 的可塑性及其通过语言学习活动增强的潜力的问题。训练研究已经表明，特定类型的认知训练可以提高 WM 容量(Jaeggi et al.，2008)，这可能对我们如何设计语言学习任务以促进认知发展具有重要意义。

"过渡性 WM 水平变异"组：

"过渡性 WM 水平变异"组的成绩数据显示出 WM 能力的显著波动性，与"高 WM 水平稳定性"组的稳定成绩形成鲜明对比。这种变化揭示了 WM 的动态性质及其与语言学习过程之间的复杂相互作用。

这种波动的一个可能解释是，当学习者适应新的认知要求和学习策略时，WM 能力具有暂时性变化。当学习者在 WM 水平之间转换时，他们可能正在发展或完善这些策略，从而导致学习成绩的暂时不一致(Cowan，2001)。这一时期的调整对语言学习尤为重要，因为它可能涉及注意力资源的重新分配和认知过程的重新调整，以适应新的语言信息。

在第二次延时后测中，新题项的得分范围很广，这表明该组学习者正在经历认知变化期，而这一变化期可能受到多种因素的影响。这些因素可能包括学习风格的个体差异、语言材料的复杂性、所使用的教学方法以及学习者的情感状态，如动机和焦虑(Dörnyei，2013)。

在"过渡性 WM 水平可变性"组中观察到的可变性挑战了 WM 作为一种静态结构的传统观点，并支持一种更具流动性的观点。这表明，WM 能力可能比以前认为的更具可塑性，更能对学习环境做出反应。这对语言学习理论具有重要影响，因为语言学习理论可能需要纳入一种对认知资源及其随时间发展的更动态的观点。

总之，通过"高 WM 水平稳定性"、"低 WM 水平一致性"和"过渡 WM 水平可变性"的视角来探讨 WM 在语言学习中的作用，有助于对 WM 能力如何与语言学习过程相互作用有一个更细致的理解，从而为相关文献作出贡献。我们的发现，结合前文的文献综述，强调了进一步研究的必要性，这些研究应该考虑到 WM 容量的动态性和可能的波动性，以及它与 L2 学习成果之间复杂的关系。在语言学习的不同阶段，WM 表现的差异性凸显了考虑个体差异和教学环境对 WM 在 L2 学习中的作用的影响的重要性。

六、结语

本研究试图通过解答两个重要问题来扩展 WM 在 L2 课堂语法学习中作用的研究范围，这两个问题是基于以往研究中提出的。首先，它通过以下两点解决了以往基于实验室应用 ISLA 方法的 WM 研究结果的适用性挑战：1）将研究设计置于一个现有的教学大纲和语言课程之中，遵循语言课程的规范和格式（即应用 ISLA）；2）采用在许多语言课堂中常见的任务，即专注于之前教授的语法点的语法练习任务。结果表明，在三个测试阶段，WM 与中国中级西班牙语学习者在语法练习任务中的表现没有显著关系。

其次，典型的 WM 测试是一次性的，这就导致了一个假设，即在一个阶段对 WM 水平的测量是可靠的，也就是说，在后续阶段进行的任何表现都会与第一阶段收集的 WM 水平相关联。为了解决这一可靠性问题，我们在语言课程期间，在相隔五周的两个不同阶段收集了 WM 数据。数据显示，不同时间段的 WM 测试之间没有显著的相关性。对数据的进一步研究发现，参与者之间的 WM 水平存在显著差异，这表明 WM 能力并不是一个静态的结构，而是会随着时间的推移而波动。这一发现挑战了关于 WM 稳定性的假设，表明 WM 能力可能比以前认为的更动态，更能对学习环境作出反应。

本研究的发现强调了在研究 WM 在 L2 学习中的作用时考虑其动态性质的必要性，从而为相关文献做出了贡献。研究结果表明，WM 能力可能以复杂的方式与语言学习过程相互作用，其影响可能因学习阶段和教学环境的不同而不同。此外，本研究还强调了使用对语言任务的认知要求敏感的教学方法的重要性，这些方法可以为具有不同 WM 能力的学习者提供适当的支持。

七、教学启示

本研究对教学具有重要的启示意义。教育工作者在设计语言课程和教学方法时，应考虑到 WM 的动态性质。我们提倡采用灵活的教学策略，以适应学习者在不同学习阶段的认知特点。例如，将解决问题的任务与策略性学习活动相结合，可以提升 WM 技能，这对语言处理和语言保持至关重要（Li & Roshan, 2019；Sagarra & Abbuhl, 2013）。

此外，本研究强调了语言知识演练和巩固的重要性，表明采用间隔重复和分散练习的教学策略可以使所有学习者受益，无论他们的 WM 能力如何（Robinson, 2005；Williams, 2012）。

本研究还呼吁重新评估个体差异因素在 L2 学习中的作用。我们鼓励教育工作者为具有不同 WM 能力的学习者提供量身定制的支持，利用记忆工具和元认知策略来帮助 WM 能力较低的学习者（Dörnyei, 2013；Ellis, 2005）。

八、局限性和未来研究建议

虽然本研究揭示了 WM 在 ISLA（具体为 L2 课堂语法学习）中的作用，但也认识到了其局限性，并为未来研究提供了基础。其中一个局限是样本量较小，这可能限制了我们研究结果的普遍性，未来需要进行更大规模的研究，以增强类似研究的外部有效性。此外，本研究的短期设计可能无法深入了解 WM 的长期发展及其与 L2 熟练程度的动态交互作用，这突出了需要进行受试内纵向研究的必要性，以捕捉 WM 在语言学习情境中不断发展的性质，而不是以往研究中针对熟练程度所采用的典型横断面设计（例如，Linck & Weiss, 2015；Sagarra & Herschensohn, 2010；Serafini & Sanz, 2016）。针对中国西班牙语学习者的研究可能无法涵盖所有的 L2 学习经验，这表明需要开展涵盖各种语言对和学习者人口统计特征的研究。此外，本研究中对特定 WM 任务的依赖可能无法完全代表 WM 在 L2 学习中作用的复杂性，这凸显了采用多样化的 WM 评估方法以调动不同 WM 组成成分的重要性。最后，本研究中缺乏对个体差异的控制，如学习者先前的语言经验、学习动机和学习策略，这些因素也可能影响 WM 能力和 L2 学习效果。未来的研究应纳入控制这些个体差异的措施，以更好地了解其潜在的混杂效应。

本章由 Ronald P. Leow 教授与本书作者合作完成。作者在此对 Leow 教授的理论指导与反馈表示衷心感谢。

◎ 参考文献

Atkinson, R. C., Shiffrin, R. M. Human memory: A proposed system and its control processes [M]//K. W. Spence, J. T. Spence (Eds.), The psychology of learning and motivation. Vol. 2. New York: Academic Press, 1968: 89-195.

Baddeley, A. D. The episodic buffer: a new component of working memory? [J]. Trends in Cognitive Sciences, 2000, 4(11): 417-423.

Baddeley, A. D. Working memory: Looking back and looking forward [J]. Nature Reviews Neuroscience, 2003, 4(10): 829-839.

Baddeley, A. D., Hitch, G. Working memory [J]. The Psychology of Learning and Motivation, 1974, 8: 47-89.

Baralt, M. Working memory capacity, cognitive complexity and L2 recasts in online language teaching [M]//Wen, Z., Borges Mota, M., McNeill, A. (Eds.). Working memory in second language acquisition and processing. Bristol: Multilingual Matters, 2015: 248-269.

Chung, S., Timberlake, A. Tense, mood, and aspect [M]//Shopen, T. (Ed.). Language typology and syntactic description. Vol. 3, Grammatical categories and the lexicon, Cambridge: Cambridge University Press, 1985: 202-258.

Cowan, N. The magical number 4 in short-term memory: A reconsideration of mental storage capacity [J]. Behavioral and Brain Sciences, 2001, 24(1): 87-114.

Daneman, M., Carpenter, P. A. Individual differences in working memory and reading [J]. Journal of Verbal Learning and Verbal Behavior, 1980, 19(4): 450-466.

Dörnyei, Z. The Psychology of Second Language Acquisition [M]. Oxford: Oxford University Press, 2013.

Ellis, N. At the interface: Dynamic interactions of explicit and implicit language knowledge [J]. Studies in Second Language Acquisition, 2005, 27: 305-352.

Ellis, R. The study of second language acquisition (2nd ed.) [M]. Oxford: Oxford University Press, 2008.

Flavell, J. H. Metacognition and cognitive monitoring: A new area of cognitive-developmental inquiry [J]. American Psychologist, 1979, 34(10): 906-911.

Fritz, C. O., Morris, P. E., Acton, M., Voelkel, A. R., Etkind, R. Comparing and combining retrieval practice and the keyword mnemonic for foreign vocabulary learning [J]. Applied Cognitive Psychology, 2007, 21(4): 499-526.

Gass, S., Lee, J. Working memory capacity, inhibitory control, and proficiency in a second language [M]//Schmid, M. S., Lowie, W. (Eds.). Modeling bilingualism: From structure to chaos: In honor of Kees de Bot. Amsterdam: John Benjamins, 2011: 59-84.

Gass, S. M., Mackey, A. Data elicitation for second and foreign language research [M]. New York: Routledge, 2007.

Goo, J. Corrective feedback and working memory capacity in interaction-driven L2 learning [J]. Studies in Second Language Acquisition, 2012, 34(3): 445-474.

Grey, S., Cox, J. G., Serafini, E. J., Sanz, C. The role of individual differences in the study abroad context: Cognitive capacity and language development during short-term intensive language exposure [J]. The Modern Language Journal, 2015, 99: 137-157.

Han Y., Xiao, W. Effects of productive vocabulary knowledge and working memory capacity on the EFL learners' oral fluency [J]. Journal of PLA University of Foreign Languages, 2023, 46 (6): 87-95.

Harrington, M., Sawyer, M. L2 working memory capacity and L2 reading skill [J]. Studies in

Second Language Acquisition, 1992, 14: 25-38.

In'nami, Y., Hijikata, Y., Koizumi, R. Working memory capacity and L2 reading: A meta-analysis[J]. Studies in Second Language Acquisition, 2022, 44(2): 381-406. https://doi.org/10.1017/S0272263121000267.

Indrarathne, B., Kormos, J. The role of working memory in processing L2 input: Insights from eye-tracking[J]. Bilingualism: Language and Cognition, 2017, 21(2): 355-374.

Issa, B. I. Examining the relationships between attentional allocation, working memory and second language development: An eye-tracking study [M]//Leow, R. P. (Ed.). The Routledge handbook of second language research in classroom learning. New York: Routledge, 2019: 464-479.

Jaeggi, S. M., Buschkuehl, M., Jonides, J., Perrig, W. J. Improving fluid intelligence with training on working memory[J]. Proceedings of the National Academy of Sciences, 2008, 105 (19): 6829-6833.

Juffs, A., Harrington, M. Aspects of working memory in L2 learning[J]. Language Teaching, 2011, 44(2): 137-166. https://doi.org/10.1017/S0261444810000509.

Leeser, M. J. Learner-based factors in L2 reading comprehension and processing grammatical form: Topic familiarity and working memory [J]. Language Learning, 2007, 57(2): 229-270.

Leow, R. P. From SLA>ISLA>ILL: A curricular perspective[M]//Leow, R. P. (Ed.), The Routledge handbook of second language research in classroom learning. New York: Routledge, 2019: 483-491. https://doi.org/10.4324/9781315165080-33.

Li, S. The interactions between the effects of implicit and explicit feedback and individual differences in language analytic ability and working memory [J]. The Modern Language Journal, 2013, 97(3): 634-654.

Li, S. Working memory and second language learning: A critical and synthetic review[M]// Godfroid, A., Hopp, H. (Eds.), The Routledge handbook of second language acquisition and psycholinguistics. New York: Routledge, 2023: 348-360.

Li, S., Roshan, S. The associations between working memory and the effects of four different types of written corrective feedback[J]. Journal of Second Language Writing, 2019, 45: 1-15. https://doi.org/10.1016/j.jslw.2019.03.003.

Linck, J., Weiss, D. J. Working memory predicts the acquisition of explicit L2 knowledge[M]// Sanz, C., Leow, R. P. (Eds.), Implicit and explicit language learning: Conditions, processes and knowledge in SLA and bilingualism. Washington D. C.: Georgetown University

Press, 2011.

Linck, J. A., Weiss, D. J. Can working memory and inhibitory control predict second language learning in the classroom? [J]. Sage Open, 2015, 5(4): 2158244015607352.

Linck, J. A., Osthus, P., Koeth, J. T., Bunting, M. F. Working memory and second language comprehension and production: A meta-analysis[J]. Psychonomic Bulletin Review, 2014, 21: 861-883.

Mackey, A., Philp, J., Fujii, A., Egi, T., Tatsumi, T. Individual differences in working memory, noticing of interactional feedback and L2 development[M]//Robinson, P. (Ed.), Individual differences and instructed language learning. Amsterdam: John: Benjamins, 2002: 181-208.

Manchón, R., Sanz, C. Introduction to the special issue on working memory and L2 writing: Implications for SLA and individual differences research[J]. Studies in Second Language Acquisition, 2023, 45: 599-621. https://doi.org/10.1017/S0272263123000359.

McCormick, T., Sanz, C. Working memory and L2 grammar learning among adults[M]// Schwieter, J. W., Wen, Z. (Eds.), The Cambridge handbook of working memory and language. Cambridge: Cambridge University Press, 2022: 573-592. https://doi.org/ 10.1017/9781108955638.032.

McLaughlin B. Theories of second language learning[M]. London: Edward Arnold, 1987.

Mitchell, A. E., Jarvis, S., O'Malley, M., Konstantinova, I. Working memory measures and L2 proficiency[M]//Wen, Z., Borges Mota, M., McNeill, A. (Eds.), Working memory in second language acquisition and processing. Bristol: Multilingual Matters, 2015: 270-284.

Plonsky, L., Oswald, F. L. How big is "big"? Interpreting effect sizes in L2 research[J]. Language Learning, 2014, 64(4): 878-912.

Révész, A. Working memory and the observed effectiveness of recasts on different L2 outcome measures[J]. Language Learning, 2012, 62(1): 93-132.

Robinson, P. Cognitive abilities, chunk-strength, and frequency effects in implicit artificial grammar and incidental L2 learning: Replications of Reber, Walkenfeld Hernstadt (1991) and Knowlton Squire (1996) and their relevance for SLA[J]. Studies in Second Language Acquisition, 2005, 27: 235-268.

Sagarra, N. The longitudinal role of working memory on adult acquisition of L2 grammar[D]. University of Illinois at Urbana-Champaign, 2000.

Sagarra, N. Working memory and L2 processing of redundant grammatical forms[M]//Han, Z., Park, E. S. (Eds.), Understanding second language process. Bristol: Multilingual Matters,

2007: 133-147.

Sagarra, N., Herschensohn, J. The role of proficiency and working memory in gender and number agreement processing in L1 and L2 Spanish[J]. Lingua, 2010, 120: 2022-2039.

Sagarra, N., Abbuhl, R. Optimizing the noticing of recasts via computer-delivered feedback: Evidence that oral input enhancement and working memory help second language learning[J]. The Modern Language Journal, 2013, 97(1): 196-216.

Santamaria, K., Sunderman, G. Working memory in processing instruction: The acquisition of French clitics[M]//Wen, Z., Borges Mota, M., McNeill, A. (Eds.), Working memory in second language acquisition and processing. Bristol: Multilingual Matters, 2015: 205-223.

Sanz, C., Lin, H., Lado, B., Bowden, H., Stafford, C. One size fits all? Learning conditions and working memory capacity in ab initio language development[J]. Applied Linguistics, 2016, 37(5): 669-692. https://doi.org/10.1093/applin/amu058.

Serafini, E. J., Sanz, C. Evidence of the decreasing impact of cognitive ability on second language development as proficiency increases[J]. Studies in Second Language Acquisition, 2016, 38: 607-646.

Tagarelli, K. M., Borges Mota, M., Rebuschat, P. Working memory, learning conditions, and the acquisition of L2 syntax[M]//Wen, Z., Borges Mota, M., McNeill, A. (Eds.), Working memory in second language acquisition and processing: Theory, research and commentary. Bristol: Multilingual Matters, 2015: 224-247.

Tokowicz N, MacWhinney B. Implicit and explicit measures of sensitivity to violations in second language grammar: An event-related potential investigation[J]. Studies in second language acquisition, 2005, 27(2): 173-204.

Vasylets, O., Marín, J. The effects of working memory and L2 proficiency on L2 writing[J]. Journal of Second Language Writing, 2021, 52: Article 100786.

Waters, G. S., Caplan, D. The capacity theory of sentence comprehension: critique of Just and Carpenter (1992)[J]. Psychological Review, 1996, 103: 761-772.

Wen, Z. Theorizing and measuring working memory in first and second language research[J]. Language Teaching, 2014, 47(2): 173-190.

Williams, J. The potential role(s) of writing in second language development[J]. Journal of Second Language Writing, 2012, 21: 321-331.

Wright, C. Working memory and L2 development across the lifespan: A commentary[M]//Wen, Z., Borges Mota, M., McNeill, A. (Eds.), Working memory in second language acquisition and processing. Bristol: Multilingual Matters, 2015: 285-298.

附录 A 语法练习任务

请在下列句子的括号中填入适当的不定式形式。

1. Su mamá le pidió a su hija que _____ (quitarse) la camisa porque estaba arrugada y ella quería plancharla.

2. No había ningún ejecutivo en el mundo de los negocios que _____ (poder) resolver el problema.

3. Estoy seguro que Ángeles _____ (saber) la verdad.

4. Era cierto que Isabel _____ (haber terminado) su composición a tiempo.

5. Creo que _____ (haber) muchos cambios en el mundo hoy en día.

6. No había ninguna compañía que _____ (pagar) dinero extra por hacer horas extraordinarias.

7. El consejero les recomienda a los estudiantes que _____ (descansar) un poco más para evitar el estrés.

8. El año pasado, quería que mis amigos _____ (estudiar) todos los fines de semana conmigo.

9. El profesor siempre permitía que sus estudiantes _____ (entregar) sus tareas tarde.

10. Antes de salir para el concierto, sus padres le aconsejaron a su hija que _____ (tener) mucho cuidado.

11. Ayer, no encontramos a nadie que _____ (vivir) cerca de la Universidad.

12. A medianoche, Jorge les dijo a sus amigos que lo _____ (llevar) a casa.

13. Era importante que nosotros _____ (trabajar) muchas horas para terminar este Proyecto.

14. Fue posible que los invitados _____ (olvidar) la dirección del edificio.

15. En el pasado, los jefes no permitían que sus empleados _____ (tomar) vacaciones con sueldo.

16. Fue increíble que ellos _____ (llegar) a tiempo después de tantos obstáculos.

17. Era necesario que los estudiantes _____ (pasar) dos días preparándose para el evento.

18. Los padres les aconsejaron a sus hijos que _____ (estudiar) mucho.

19. Fue imposible que (yo) _____ (terminar) el proyecto a tiempo.

20. No hay duda que Manuel _____ (ir) a tener éxito.

第三部分　学习者个体差异因素与二语加工

前两部分探讨了学习者个体差异因素和二语加工的相关理论基础和研究方法论，在本书的第三部分，我们将深入剖析学习者个体差异因素与二语加工的相互作用。第七章作为这一部分的起点，使用系统性综述的方法，全面审视了个体差异因素与二语加工之间的关系。本章详尽地探讨了这些因素如何深刻塑造学习者在二语习得过程中的个性化路径，并显著影响学习成效。通过系统性综述，本章不仅能加深我们对二语加工多维性的理解，也为教育者提供了定制化教学策略的理论支持。

继第七章之后，通过第八章和第九章的实证研究案例向读者详细介绍了具体的个体差异因素与二语加工的不同方面的关系。其中，第八章采用行动研究方法，细致分析了基于体裁的教学法对 EFL 学习者在学术论文摘要写作中的认知、行为和情感进展的具体影响，聚焦学习者的个体差异因素——元认知意识与学术写作加工的关系。研究结果的深入剖析不仅揭示了写作成果及过程的演进，也凸显了学习者之间的差异性，并为提升学习者学术写作技能提供了创新的教学视角。

第九章将研究焦点转向显性教学法条件下学习者的个体差异因素——先验知识和二语水平——对学习者二语语法加工深度的影响。通过聚类分析方法，本章细致地考察了不同教学方法如何塑造学习者的认知加工路径，并探讨了这些路径如何受到先验知识和二语水平等个体差异因素的影响，最终作用于二语学习成效的提升。本章的实证研究成果，不仅为前文的理论基础提供了丰富的实证支持，也通过前文介绍的方法工具，深化了我们对显性教学条件下学习者认知策略的理解。

综合第三部分的三章内容，我们得以全面地洞察个体差异因素在二语加工中所扮演的角色。从对认知差异的宏观审视到对写作技能的微观分析，再到对教学方法影响的深入探讨，本部分不仅拓展了我们对二语学习过程中个体差异的认识，也为教育者提供了制定个性化教学方案的理论依据。这些综合性的分析不仅为我们在二语教学领域带来了新的启示，也为未来的研究指明了更为深入和细致的发展方向。

第七章　个体差异因素与二语加工间的关系

在前几章中，我们从不同角度审视了二语加工的复杂性，包括加工层次（DoP）理论的探讨、个体差异因素的定义和分类，以及研究方法的多样性。本章将在此基础上系统性地综述这些个体差异因素与第二语言加工之间的密切联系，特别是认知性个体差异，如工作记忆容量和学能等，如何影响二语学习者在信息处理、语言理解和记忆保持等认知加工活动上的表现。这一议题与前六章深入讨论的二语加工与个体差异因素的理论和方法论紧密相连。通过深入分析这些差异因素，我们旨在为二语教学提供更为精准的指导，以促进学习者的二语能力和认知能力的发展。此外，本章还将考虑如何将这些认知性个体差异因素与前几章讨论的社会文化因素和情感因素相结合，以获得对二语习得过程中个体差异更全面的了解。

通过这种综合性的分析，第七章不仅扩展了我们对二语加工的认知维度的理解，而且为教育者提供了宝贵的见解，帮助他们根据学习者的具体需求设计个性化的语言教学方法。这种综合方法论的应用，反映了前六章中所倡导的跨学科和多角度研究的重要性，同时也强调了在二语习得研究中考虑个体差异的必要性。通过本章的综述，我们期望能够为二语教学领域带来新的启示，并推动未来的研究向着更加细致和深入的方向发展。

一、引言

在应用语言学领域，个体差异是一个关键的研究议题，它涉及个体在语言学习过程中所展现的独特特征（Dörnyei，2005）。这些特征既包括社会文化背景等个体间的差异，也包括心理特质和情感态度等个体内在的差异性（Li et al.，2022）。个体差异对人类行为和认知具有显著影响，导致人们在认知能力、情感意志和态度动向等方面表现出不同程度的差异。在二语习得领域，个体差异可以被细分为多个维度，包括社会文化因素（如信念、态度和经历）、认知因素（如学习能力、工作记忆、学习风格）以及情感因素（如焦虑、性格、动机和交际意愿）（Ellis，2008；Pawlak，2021；Robinson，2002；Skehan，1989）。这些差异不仅塑造了每个学习者在二语习得过程中的独特路径，而且对语言学习的发展和成效产生了显著影响。二语加工是语言学习者认知活动的核心，涉及个体理解和处理第二语言信息的过程。在这个过程中，个体内在的差异性，尤其是认知性个体差异，如工作记忆容量、学能等，起着至关重要的作用。这些差异决定了学习者在信息处理、语言理解和记忆保持等认知活动上的表现。因此，深入研究这些认知性个体差异对二语加工的影响，对于我们全面理解语言学习和加工的复杂性至关重要。这种理解不仅能帮助学习者识别并优化自己的学习策略，提高学习效率，还能为教育者提供宝贵的指导，帮助他们根据学习者的具体需求设计个性化的语言教学方法。

尽管前人研究已经揭示了认知性个体差异因素对二语加工的多方面影响，例如工作记忆在二语写作中的作用（Li，2023）以及学能对二语学习的影响（Robinson，2005a），但现有研究仍多集中于单一差异因素的探讨。对认知性个体差异因素的综合作用及其与二语加工关系的系统性研究还相对缺乏。

鉴于此，本章旨在通过系统性综述研究，综合现有文献，梳理认知性个体差异因素与二语加工之间的关系，并探讨其潜在的作用机制及其在实际语言教学中的应用价值。通过这一研究，我们期望为二语教学提供更为精准的指导，以促进学习者的语言能力和认知能力的发展。

二、文献综述

（一）二语加工

在二语习得领域，二语加工是指对第二语言接受性和产出性使用的心理过程，主要包括语音加工、词汇加工、句子加工和双语加工等多个方面（Jiang，2018，p. xii，p. 2）。不同的学者对这些加工过程有着不同的解释，其中意识水平是一个关键因素。

"意识"被定义为"个体经历了对某些认知内容或外部刺激的特定主观体验的一种特定的心理状态"（Tomlin & Villa，1994，p. 193）。Schmidt（1990）等人指出，察觉（noticing）是控制意识的机制，而意识的操作定义可以总结为口头报告的能力。由此，意识分为两个层次：低层次的"察觉"和高层次的"理解"，后者涉及元语言意识。察觉假说（Schmidt，1990）认为，注意力（attention）是察觉（noticing）的必要条件，而察觉是语言摄入的必要且充分条件，而理解则导致更深层次的学习。意识水平的实证依据已在若干研究中发现，这些研究采用有声思维范式，用在线程序测量形态和句法结构的意识（Leow，1997；Rosa & O'Neill，1999；Rosa & Leow，2004）。

Shook（1994）在探讨 FL/L2 写作输入研究中，将"注意力的大小"（the amount of attention）作为解释加工过程的依据。他认为"注意力"（attention）是指"专注于、注意到、引起某人注意、意识到"（focusing on，noticing，having one's attention drawn to，being conscious of）。Shook 进一步将注意力分为三个层级：没有引起注意，引起注意、以及除了引起注意外还专注于形成语法规则（no attention drawn to the items，attention drawn to the items, attention drawn to the items plus focus on forming grammatical rules)。

Hulstijn (1992,2001)强调了心理努力(mental effort)在二语加工中的作用,认为"更细致地处理新词汇信息(例如,通过关注单词的发音、正字法、语法类别、意义和与其他单词的语义关系)比不那么细致地处理新词汇信息(例如,通过只注意其中的一个或两个维度)会得到更高的记忆保留"。Laufer 和 Hulstijn (2001)进一步提出了参与(involvement)这一概念,它综合了加工中的关注和细化(elaboration),这被认为是激发研究者将"关注"和"细化"操作化到特定任务中的首次尝试。

目前,普遍认为,在实验操作中"参与"由"需求(need),研究(research)和评估(evaluation)"三个部分组成。学界一般认为,加工从最初接触二语到我们的二语学习者输出,分为几个阶段,包括:输入→摄入→内部系统→输出(Input→Intake→Internal system→Output)。基于此,Batstone(1996)将"察觉"定义为"学习者对输入的关注导致的语法摄入",其中"摄入"指的是"成为学习过程一部分的输入(p. 273)。Leow(2015)基于这一框架,提出了一个更为精细的二语学习过程模型,不仅包括学习加工阶段的概念,也包括学习过程和产出的概念。他将加工阶段描述为输入、输入加工、摄入、摄入加工、内部系统、产出/知识加工、产出,并用加工层次(depth of processing)这一概念来解释加工过程,将其定义为"学习者对输入中的一些语法项目或词项进行编码和解码时所付出的相对认知努力程度、分析层次、对摄入的详细阐述及先验知识、假设的检验与规则形成的使用"(p. 204)。"

在二语加工研究中,为了准确测量学习者的注意力和关注度等加工指标,研究者采用了多种实验性和评估性任务。Leow (2015)的二语学习过程模型指出,有三种主要的测量方法可获取数据:眼动跟踪法(eye-tracking),在线言语报告(online verbal reports)或有声思维法(think aloud protocols),以及反应时方法(reaction time)。在输入和输入加工阶段,这三种方法可以用来收集学习者二语学习过程和加工的数据,揭示学习者如何处理和内化语言信息。眼动跟踪法通过追踪学习者在阅读或观看二语语言材料时的眼动,提供了对视觉注意力分配的直接测量(Godfroid, 2019)。在线言语报告或有声思维法要求学习者在实时处理语言输入时口头报告他们的思维过程,从而揭示学习者对特定二语语言特征的意识和关注(Bowles, 2010)。反应时方法则通过测量学习者对特定二语语言刺激作出反应所需的时间,来评估其加工速度和效率(Jiang, 2012)。

当探究二语加工的产出时,研究者采用了多种方法来评估学习者的语言产出和学习成果。刺激回想法(stimulated recalls)要求学习者在特定时间点回顾并报告他们的思考过程,从而提供了对学习者注意力和学习策略的洞察(Gass & Mackey, 2013)。学习者的摄入可以通过离线多项选择题识别(offline multiple-choice recognition)和解释(interpretation)任务来评估,这些任务能够反映学习者对语言材料的理解深度。此外,知识水平可以通过填空题(fill-in-the-blank)和语法判断测试(grammaticality judgment tests, GJT)等任务来衡量,这些任务能够测试学习者对语言结构的显性知识。而对于隐性知识，研究者可能会采用离线口头报告(offline verbal reports)、自信评级(confidence ratings)和来源归因(source attribution)等方法，这些方法有助于揭示学习者对语言知识的内隐理解和应用。

图 7-1 展示了这些测量方法的概览，为研究者提供了一个框架，用以设计和评估二语加工研究中的注意力和关注度。

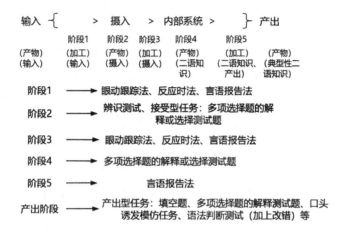

图 7-1　Leow(2015)二语学习过程模型及对应的实验和评估测量任务(p.129)

(二)个体差异与二语习得

个体差异的概念起源于个体差异心理学，最初由弗朗西斯·高尔顿爵士(1869)提出，并逐渐被引入二语习得领域。在二语习得领域，个体差异是指个体所具有的相对稳定的区别于他人的特征(Dornyei，2005)。学者们对个体差异的讨论和研究焦点主要集中在探讨个体差异如何影响二语习得的过程和结果。尽管学界对个体差异的具体要素的分类尚未形成共识，但主流观点认为，个体差异因素主要包括以下三个方面：社会文化因素(如信念，态度，经历)、认知因素(如学能，工作记忆，学习风格)和情感因素(如焦虑，性格，动机，交际意愿)等(如 Dörnyei，2005；Ellis，2008；Li et al.，2022；Pawlak，2021；Robinson，2002；Skehan，1989)。在上述三类个体差异因素中，认知性个体差异的因素与二语加工尤为相关(Granena，2023)。具体来说，Cronbach(2002)认为"认知指的是分析和解释。它包括推理、记忆以及使用符号"(p.4)。基于 Cronbach 的分类，Li et al.(2022)将学能(Wen et al.，2019)、工作记忆(Skehan，2002)、学习风格(Green & Oxford，1995)、陈述记忆/程序记忆(Hamrick，2015)纳入认知性个体差异因素进行研究。此外，本章还依据 Leow(2015)的二语学习过程模型，纳入了 prior knowledge(先验知识、先验知识、背景知识、话题知识)、第一语言背景(L1 background)和二语水平等认知性个体差异因素。

学能(language aptitude)是一种对第二语言(L2)学习至关重要的认知能力。学能是一个复杂的构念，包括致使个体学习者学习得好或快的认知能力和感知能力（Carroll，1981；Doughty et al.，2007）。一般认为，学能由三个组成部分组成：语音编码、语言分析能力和机械记忆。它们分别大致对应于语音、语法和词汇的学习（Carroll，1981）。语音编码指的是识别声音，学习语音—符号的关联和模仿。语言分析能力是指识别句子要素的语法功能和从语言材料中推断语言规律的能力。机械记忆，又称联想记忆，是记忆单词和词义之间联系的能力。这些认知能力与通过推理、深思熟虑的假设检验和记忆来有意识地学习语言相关。在第二语言习得领域，学能作为一个重要的个体差异，在语言学习过程中具有很强的影响作用，可以解释相当一部分学习结果差异（Li et al.，2019）。学能不仅关系到学习者的语言习得效率，还涉及语言知识的记忆和应用；语音编码能力影响着学习者的发音和听力理解，而语言分析能力则与语法和句法的掌握密切相关；机械记忆对于词汇记忆和语言的流利使用也至关重要（Carroll，1981）。学能高的个体在语言学习任务中表现更佳，这可能是因为他们能够更有效地处理和存储语言信息（DeKeyser，2000）。一些研究者甚至认为，高学能有助于学习者达到类似母语者的语言水平（DeKeyser，2000）。目前，学能研究中常用到的测量方法包括 MLAT（Carroll & Sapon，1959），LLAMA（Meara，2005）以及 Hi-LAB（Linck et al.，2013）。

"工作记忆"（working memory，WM）最初由 Miller 等人在 1960 年提出，是指让个体能够制定计划和保持目标的认知能力。根据 Baddeley 和 Hitch（1974）的模型，工作记忆由一个中央执行器组成，它控制着两个特定的子系统：（1）语音回路，负责语音信息的操作和保留；（2）视觉空间画板，处理视觉和空间信息。工作记忆在二语加工中扮演着至关重要的角色。它涉及信息的暂时存储和操控，对于语言的理解和产生尤为重要。研究表明，工作记忆容量较大的学习者在处理复杂的语言结构时，表现出更高的效率和准确性。这是因为工作记忆能够暂存和操作句法和语义信息，促进句子的解析和意义的构建（药盼盼等，2013）。此外，工作记忆的执行功能，如抑制控制和更新，对二语学习者在面对竞争性信息时的注意力分配和信息筛选也至关重要。然而，工作记忆对二语加工的影响并非一成不变。当句子结构简单或句子加工对工作记忆的要求不高时，工作记忆的作用可能不明显（药盼盼等，2013）。二语熟练度也调节了工作记忆与二语句法加工之间的关系，随着二语熟练度的提高，工作记忆对语言加工的贡献可能会发生变化（Juffs，2004；McDonald，2006）。综上所述，工作记忆在二语加工中的作用是多维度的，其对语言理解、产生和学习的影响是多方面的。了解工作记忆如何与二语加工相互作用，对于设计有效的二语教学方法和提高学习效率具有重要意义。

先验知识（prior knowledge），也称为内容图示或话题知识，是指个体在学习新信息之前已经拥有的相关知识和经验（Shing Brod，2016）。在语言学习领域，先验知识被认为是一个关键的认知变量，它影响着学习者如何接收、处理和记忆新的语言表达（Bransford，1979；Mayer，2003）。根据 Bransford 和 Schwartz（1979）的理论，先验知识是学习者认知结构的一部分，它影响着学习者对新信息的编码和存储。此外，Jonassen 和 Grabowski（1993）提出，先验知识是学习者在学习过程中主动构建知识的基础，它能够促进学习者对新知识的理解和应用。在实证研究中，先验知识的测量通常借助问卷调查、判断任务和表现性任务等方法。问卷法可以直接询问学习者关于特定话题的知识水平，而判断任务和表现性任务则通过学习者对特定刺激的反应来间接评估其先验知识（Leow，2019）。先验知识对二语加工的影响体现在多个层面。首先，先验知识可以作为学习者理解和加工语言输入的过滤器。具有相关话题背景知识的学习者能更快地识别和理解语言结构（Mayer，2003）。其次，先验知识还影响学习者对新词汇和语法结构的内隐和外显学习（Leow，2019）。此外，先验知识丰富的学习者在语言产出任务中表现得更为流利和准确。

母语（或称第一语言、语言知识、语言背景，L1）是指个体自幼习得并通常作为主要交流工具的语言。在二语习得领域，母语不仅是语言学习的基础，而且对第二语言（L2）的学习和加工过程有着深刻的影响。母语对二语加工的影响可以通过几个关键理论来理解。首先，迁移理论（Transfer Theory）认为母语的知识和经验会在不同程度上影响二语的学习和加工，这种影响可能是正面的，也可能是负面的（Carroll，1999；Doughty，2003）。其次，根据 Slobin（1996）的"语言特定性假说"（Language Specificity Hypothesis），母语的认知和文化框架对二语学习者的语言加工有深刻的影响。此外，MacWhinney（2006）的"竞争模型"（Competing Systems Model）提出，母语和二语在大脑中作为独立的系统存在，它们之间存在竞争和互动，这种动态关系影响着二语的加工和习得。实证研究中对母语影响的测量通常涉及多种方法，包括语料库分析、行为实验（如语法判断任务、词汇决策任务）、反应时间测量以及脑成像技术（如 ERP、fMRI）。通过控制母语和二语之间的语言距离，研究者可以更准确地评估母语对二语语法和语音加工的影响。母语对二语加工的影响体现在多个层面。在语音加工方面，母语的音韵系统可能影响学习者对二语音素的感知和产出（Sorace，1993；Cadierno & Lund，2004）。在语法加工方面，母语的句法结构可能对二语的句法习得产生迁移效应（Kellerman，1995）。此外，母语的读写能力也可能对二语的阅读理解和写作能力产生积极影响（Gass & Selinker，2001）。随着二语熟练度的提高，学习者可能会越来越多地依赖二语本身的系统进行语言加工，而减少对母语的依赖。

学习风格（learning style）也是认知性个体差异的一个关键方面，对二语学习者的加工过程有着显著的影响。Reid（1995，p. viii）将学习风格定义为个人吸收、处理和保留新信息和技能的自然、习惯和首选方式。常见的学习风格测量工具包括问卷调查，如 Reid 的 Learning Style Survey（Reid，1995）。研究表明，学习风格对二语加工有直接影响。学习风格的不同可能导致学习者在处理语言输入时采用不同的注意力分配和信息处理策略（Chamot & O'Malley，1987）。例如，一些学习者可能更倾向于视觉学习，而另一些则可能更依赖听觉或动手操作。这些不同的学习风格可以影响学习者对语言材料的接收和内部处理方式。

　　二语熟练度或二语水平（Second Language Proficiency）指的是个体在第二语言（L2）的听、说、读、写等方面的综合运用能力。它不仅包括语言知识的掌握，还涉及语言使用时的流利性、准确性和复杂性。就二语熟练度对二语加工影响的理论而言，Robinson（2005b）提出，认知能力对二语产出的影响可能受到二语熟练程度的调节。Williams（2015）进一步指出，工作记忆容量与二语加工和学习之间的关系很复杂。其中就有部分原因是，这种关系受到其他因素的调节，这种复杂性部分源于二语熟练度的调节作用。（Wen et al.，2015）。从理论的角度来看，二语熟练程度的调节作用可以通过工作记忆与长期记忆之间的联系来解释。在 Wen 等人（2015）的集成 WM-SLA 框架中，工作记忆的组成部分与长期记忆（LTM）之间的双向互动，强调了二语熟练度在工作记忆与二语知识之间相互作用中的重要性。在实证研究中，二语熟练度的测量可以通过多种方式进行，包括但不限于词汇量测试、语法能力测试、阅读理解能力测试、写作能力评估、口语表达能力评估以及综合语言能力测试。此外，问卷调查也是收集关于学习者语言使用信心和自我评估数据的有用工具。二语熟练度对二语加工的影响表现在多个层面。首先，二语熟练度较高的学习者在处理语言输入时更为高效，能够更快地激活相关词汇和语法结构（Segalowitz & Freed，2004）。其次，二语熟练度还影响工作记忆的负荷，熟练度较高的学习者在执行相同难度的语言任务时，所感受到的认知负荷较低（Wen et al.，2015）。

　　陈述性记忆（DM）是指依赖于内侧颞叶（包括海马体）及其相关回路的学习和记忆过程，它与事实和事件的知识相关，如个人经历和语言知识（Ullman et al.，2020；Ullman，2020）。程序性记忆（PM）依赖于基底神经节及其相关回路，主要负责技能和习惯的学习，如骑自行车或语言的语法加工（Ullman et al.，2020；Ullman，2020）。认知模型提出了陈述性记忆和程序性记忆在晚期二语习得中的作用，这些模型假设了两种记忆系统与二语学习的相关性（DeKeyser，2015，2009；Ullman，2004，2015，2016）。Hamrick（2015）、Morgan-Short 等人（2014）的研究表明，在习得的最初阶段，陈述性记忆对第二语言语法习得起到了促进作用，因为语法规则最初是在陈述性记忆系统中学习的（Ullman Lovelett，2018）。此外，由于陈述性记忆是专门用于快速学习任意联想的记忆系统，因此对于二语词汇的学习和记忆尤为重要（Ullman，2016）。在实证研究中，陈述性记忆的测量通常涉及识别记忆任务（e.g.，the Continuous Verbal Memory Test，or［CVMT］），配对联想任务（e.g.，the Modern Language Aptitude Test Part V［MLAT-V］，the LLAMA-B），以及列表学习任务。这些任务能够评估学习者对词汇和语法规则的记忆能力。程序性记忆的测量则通常通过序列反应时间任务（Serial Reaction Time，SRT）来进行，这种任务能够评估学习者对语言结构的自动加工能力。陈述性记忆（DM）和程序性记忆（PM）在二语加工中发挥着互补的作用，共同推动学习者从语言知识的理解向语言技能的自动化转变（Ullman，2004）。随着语言实践的积累，这些知识逐渐转化为 PM，与基底神经节相关，使学习者能够自动化地运用语言，实现流利交流（Ullman，2016）。这种从 DM 到 PM 的过渡是二语加工的核心，它不仅涉及语言知识的内化，还包括了语言技能的精细化和自动化，对于学习者最终能够自如运用第二语言进行有效沟通具有决定性的影响（DeKeyser，2009）。

（三）以往关于个体差异与二语加工关系的综述文献

在现有的关于个体差异和二语习得关系的综述研究中，研究人员们通常集中于探讨特定个体差异因素与二语习得的某个具体语言技能（如写作、词汇、发音、阅读理解等）之间的关系，为我们理解个体差异如何影响二语学习提供了宝贵的视角。例如，陈士法、崔涛涛和罗小姝（2016）在他们的研究中对国内外语界过去 20 年关于工作记忆与第二语言习得关系的研究进行了全面的回顾。该研究不仅审视了工作记忆在语言学习过程中的重要性，还分析了不同研究方法和理论视角下的发现。该研究明确指出，工作记忆的容量与第二语言习得的效率和效果存在显著的正相关性，进一步证实了工作记忆在语言处理中的中心作用。研究还讨论了工作记忆的不同子成分，如中央执行功能和语音循环，以及它们如何与语言习得的不同方面相互作用。此外，陈士法等人也探讨了通过特定训练提高工作记忆能力的可能性，以及这种提高如何能够促进第二语言学习者的语法掌握和语言流利度。他们的研究为理解和应用工作记忆理论于第二语言教学提供了宝贵的见解，为未来的研究和实践指明了方向。

Albert 和 Csizér（2022）的元分析旨在评估应用语言学领域顶级期刊中定性研究的分布特征、主题选择以及选定的质量控制问题。这项研究涵盖了 2016 年至 2020 年发表在 *Applied Linguistics*，*Language Learning*，*Language Teaching Research*，*Studies in Second Language Acquisition and Modern Language Journal* 等顶级期刊上的 93 篇研究文章，这些文章采用了定性研究方法或包含定性部分的混合方法。研究结果表明，不同期刊之间在定性研究的数量上存在显著差异。在主题选择方面，一些传统的个体差异变量似乎扮演了主导角色，同时涉及语言习得的认知过程也有所增加。关于质量控制问题，研究指出在报告质量控制措施方面，包括研究中使用的工具，还有改进的空间。基于这些发现，作者得出结论，对应用语言学领域可接受过程的更系统性理解，不仅可以增加发表的定性文章数量，还可以提升它们的主题重要性。

Li（2023）则聚焦于工作记忆与二语写作之间的关系。通过系统性综述，Li 探讨了以往研究中用于验证这一关系的研究的方法论，并指出了不同研究设计对结果解释的影响。Li 的研究不仅揭示了工作记忆与二语写作之间的复杂关系，也强调了采用更为严谨的研究方法对于深化我们对这一领域理解的重要性。

综上所述，这些研究从不同的角度出发，共同描绘了个体差异在二语加工中的多方面作用。工作记忆作为个体差异的一个重要组成部分，在语言习得的多个方面发挥着作用。同时，除了工作记忆之外，其他个体差异因素，例如语言学能、先验知识、母语以及焦虑水平，也在第二语言习得过程中扮演着不可忽视的角色。然而，现有综述研究往往集中于二语学习的具体产出而非学习过程本身，即二语加工，且对个体差异因素的考虑并不全面。例如，Albert 和 Csizér（2022）的元分析揭示了应用语言学领域顶级期刊中定性研究的分布特征和主题选择，强调了在报告质量控制措施方面存在改进空间，这表明在研究设计和方法论上的严谨性对于深入理解个体差异至关重要。为了弥补现有研究的这些不足，本研究将全面涵盖认知性个体差异因素对二语加工的影响，重点探讨特定二语语言技能的学习过程。此外，本研究将系统地总结现有研究的特征，包括研究设计、样本选择、使用的工具和研究发现的一致性与差异，以提供一个更全面的视角。通过这种全面的方法，我们希望为该领域提供一个更深入的理解，并为未来的研究方向提供指导。

三、研究方法

本研究旨在通过系统性综述方法，梳理截至 2023 年 9 月下旬的中英文文献，探究认知性个体差异因素与二语加工关系的实证研究。系统性综述也称系统性文献综述，是采用特定的统计分析方法（如描述性统计、内容分析、元分析等），从分散的研究成果中总结出针对研究主题结论的一种文献研究方法（黄甫全等，2017）。在应用语言学领域，系统性综述逐渐成为二语习得文献研究的重要方法（Plonsky & Gonulal，2015；Macaro et al.，2018）。

基于此方法，本研究围绕以下三个问题对相关文献进行筛查、编码、内容分析与数据统计：

第一，研究趋势：认知性个体差异因素与二语加工关系的实证研究在主题演变、应用以及方法论发展上展现了哪些主要趋势？

第二，研究方法与特征分析：在探究认知性个体差异与二语加工关系的研究中，研究设计、数据收集、分析方法具有哪些共性和差异性特征？

第三，研究发现与未来研究方向：现有文献在认知性个体差异对二语加工影响的实证证据、研究一致性与差异、以及研究局限性和未来研究需求方面提供了哪些关键见解？

（一）文献检索

本研究通过数据库检索方式，全面覆盖中英文文献。文献检索与筛选过程如图 7-2，共检索出认知性个体差异与二语加工关系的实证研究文献 192 篇（含英文 92 篇，中文 100 篇）。本研究选择在二语习得等人文社科方面涵盖广泛的主流数据库进行检索，其中，中文数据库选取中国知网、万方数据库的中文核心期刊、CSSCI 期刊和博士论文，英文数据库选取 Web of Science、ProQuest 硕博论文库，对标题、摘要和关键词进行组合检索。检索词和检索式经过精心设计，以确保全面性。由于同一构念有不同称法，例如，二语熟练度又称二语水平或外语水平，研究人员在检索过程中不断更新和完善检索词，检索式为（背景知识 OR 先验知识 OR 内容图 OR 二语水平 OR 外语水平 OR 二语熟练度 OR 语言水平 OR 学能 OR 工作记忆 OR 学习风格 OR 母语 OR 陈述记忆 OR 程序记忆）AND（加工 OR 注意 OR 意识 OR 参与 OR 细化 OR 努力 OR 认知 OR 心理）。

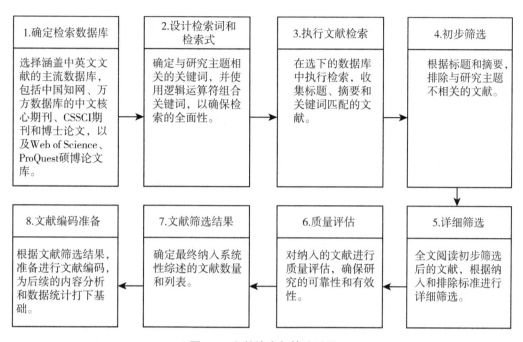

图 7-2　文献检索与筛选过程

文献筛选过程遵循预先设定的纳入和排除标准，包括：

①研究主题为探究认知性个体差异因素与二语或外语加工的关系；

②出版语言为中文或英文；

③文献来源为中文核心期刊和 CSSCI 期刊、博士论文，或英文同行评议的期刊、图书与博士论文；

④文章为定性、定量或混合方法的实证研究；

⑤排除研究对象是双语学习者的研究。

⑥在初步检索后，通过人工筛查排除不符合条件的文献。所有纳入的文献均经过质量评估，以确保研究的可靠性和有效性。

（二）文献编码

文献编码过程如图 7-3 所示。在确定国内国外有效实证研究文献之后，本研究借鉴了 Li（2023）的系统性文献综述的编码体系与分析框架，构建了初步的编码框架。该框架包括研究设计、样本特征、干预措施、结果测量和研究质量等类别，并为每个类别设定了明确的编码标准。

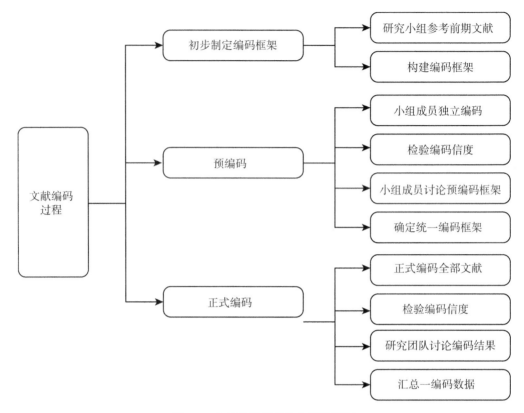

图 7-3　文献数据编码及分析流程图

在预编码阶段，小组成员根据预先设定的标准，独立对共同选取的五篇代表性文献进行编码。试编码文献的选择基于研究设计的多样性和主题的广泛性，以确保编码框架的适用性。

试编码结束后，小组成员针对编码结果的差异进行详细的讨论，并参考编码指南解决分歧。通过这一过程，形成了正式的编码框架。为了确保编码的信度，本研究采用了 Cohen's Kappa 系数方法来评估编码信度。

在正式编码之前，所有编码人员均接受了充分的训练，并通过预编码练习来确保对编码框架的一致理解和应用。初始的编码员间的信度（Inter-coder Reliability）均值达到 0.92 以上，这表明编码人员之间具有高度的一致性。然后，根据正式编码框架，对有效文献 192 篇进行正式编码。编码过程中，所有编码人员均接受了充分的训练，以确保对编码框架的一致理解和应用。编码数据经过汇总和统一，为后续的内容分析和数据统计提供了基础。

（三）数据分析

数据分析将采用描述性统计来概述文献的基本特征，如发文年份、研究对象学段。此外，对于文献主题演变、个体差异测量、二语加工测量、数据分析方法和研究结果，将结合内容分析和描述性统计来深入探讨。

四、结果

（一）研究趋势与理论框架

综合来看，此次研究共编码了 192 篇文献。从发文年份上看，如图 7-4 所示，基于数据统计，国内外最早于 1996 年开始个体差异和二语加工的研究，由于该领域仍处于初步探索阶段，从 1996—2006 年发文量一直属于较低水平。从 2007 年起，国内外发文量逐渐增多，到 2013 年和 2017 年的年发文量最多，达到了 20 篇，其次是在 2018 年和 2021 年均达到 18 篇。

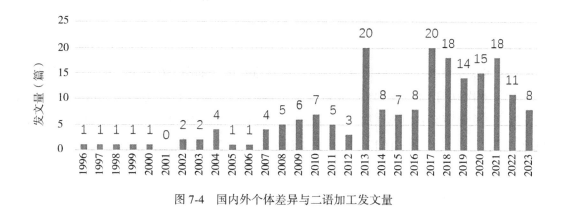

图 7-4　国内外个体差异与二语加工发文量

从研究对象所在学段来看，超过一半（109 篇）国内外实证研究以在校大学生为研究对象展开（如 Coda & Miller，2018；王月旻，崔刚，2022），一部分（30 篇）研究的对象选择本科生和研究生的组合，只有少量研究（7 篇）针对中小学生（如戴运财，2014；Marull，2017）。其他实验中的被试则是未标明或在所在学段上体现出更多样的混合。一般来讲，大学生通常已经具备了一定的语言基础和学习能力，能够更好地配合研究者完成实验任务，而中小学生可能还在语言学习的初级阶段，他们的语言能力和认知水平可能不足以支持复杂的二语加工任务型实验程序。尽管如此，以初学者为研究对象群体的实验（如 Grenfell & Harris，2015），仍然值得我们关注。

从研究主题上看，如图 7-5 所示，基于内容分析，此研究共总结归纳出 10 类认知型个体差异，国内外实证研究中关注最多的认知性个体差异因素是二语水平(99 篇)，其次是工作记忆(49 篇)和母语背景(43 篇)。相比之下，关注背景知识和学能的研究较少，分别只有 18 篇和 8 篇，研究最少的是学习风格、陈述记忆和程序记忆。其中部分研究涉及两个及以上的个体差异因素(如 Kim, 2023; Wang & Gabriele, 2022; 张高德, 陈飞, 2023)。

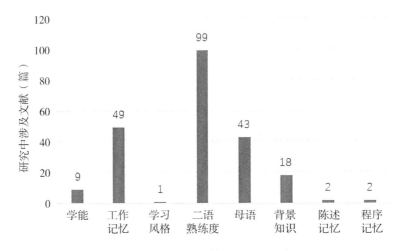

图 7-5 国内外个体差异研究焦点

在个体差异与二语加工的研究中加工类别的选择上，如图 7-6 所示，集中在语法加工(76 篇)，其次是词汇加工(50 篇)和语用加工(40 篇)，研究热度比较高。相比之下，只有少数几篇文献研究其他类别加工，例如写作(如 Woodall, 2002)、听力(如 Medina et al., 2020)、发音(如张林军, 2011)、口语(如 Saito et al., 2020)和阅读(如 Chang, 2020)。

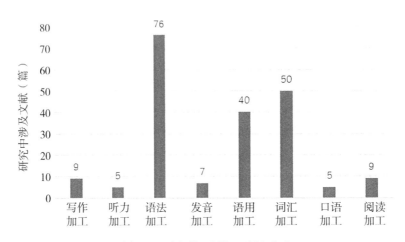

图 7-6 国内外二语加工研究焦点

(二)个体差异测量方法

针对不同的个体差异,本研究总结归纳出 7 类数据收集的测量方法。在研究主题为二语水平的实验中,使用频率最高的是以社会标准,如入学考试、高考成绩(如李霄翔、季月,2014),或标准化测试,如 CET4/CET6(刘会霞、燕浩,2017)、TEM4/TEM8(如顾琦一、陈方,2020)、TOEFL(Karimi,2016)、牛津快速分级测试(QPT)(如 Georgiadou & Roehr-Brackin,2017)、HSK(如吴琼,2019)等为依据或借用考试题的测试。此外,也有相当一部分研究采用自设任务和测试来收集研究对象的二语水平数据,这类实验一般是参考前人做法展开,如张高德和陈飞(2023)、戴好运(2021)、Dudley & Slabakova(2021)用到了 Lemhöfer & Broersma(2012)的 LexTALE 词汇测试。除此之外,还有一些实验结合问卷法,以研究对象二语水平自我评价作为依据(如 Gánem-Gutiérrez, & Gilmore,2018;Wolter & Yamashita,2018)。

在涉及工作记忆的 49 项研究中,大部分实验均采用广度任务测试收集研究对象的工作记忆容量数据,其中使用最多的是阅读广度测试(31 项)(如王月旻、崔刚,2022;戴运财,2014;Rızaoğlu & Gürel,2020),还有一部分研究选择了操作广度测试(operation span test)(Nowbakht,2018;Baralt,2013)、数学广度测试(math span task)(如 López,2021)、数字广度测试(digit span task)(如 Marecka et al.,2018)、听力广度测试(listening span task)(Montgomery et al.(2008)将非词重复测试用于测量语音短期记忆)和字母广度测试(letter span task)(如 Yilmaz & Granena,2019)。除此之外,Dracos(2013)和 Marull(2017)采用了字母排序任务(visual patterns test)测量短期记忆。一些研究在测量工作记忆时使用两种及以上的任务测试(如 Dracos,2013)。

研究焦点为母语背景的 43 项研究中,研究人员最普遍的做法是在选择研究对象时就考虑到母语背景因素,或在实验过程中通过问卷法等进行定性分析。也有少数实验将母语因素量化,例如李永才和于思窈(2010)在研究汉语母语者大学生英语口语输出过程中的母语思维问题时,算出汉语词数占总词数的比例,并以此作为母语思维量的指数。

在研究背景知识对二语加工的影响时,里克特心理反应量表(Likert-scale questionnaire)(如施慧 & 柴省三,2021)和话题熟悉度问卷(topic familiarity questionnaire)(如 Leeser,2007)是最常用的测量手段。除此之外,Karimi(2016)自设两套与实验材料话题相关的选择题,以参与者得分作为话题熟悉度的数据。Koda 和 Miller(2018)改编 Schmitt 等(2001)的词汇水平测试(Vocabulary Levels Test)来测量研究对象的语言知识背景。

在聚焦学能的研究中,现代语言学能测试(MLAT)、LLAMA 和连续视觉记忆任务(CVMT)是较为普遍使用的测量方法,例如戴运财(2014)和 Robinson(1997)采用了其中的测量机械记忆能力的"配对联系"和测量语言分析能力的"句词"(words in sentences)、多层复句的英汉翻译测试。Faretta-Stutenberg 和 Morgan-Short(2017)同样用到配对联系,同时还采用了连续视觉记忆任务。另外，Curcic 等人(2018)在研究学能对二语预测性语言加工中的作用时，分别用智力测试(IQ test)、LLAMA-D 和名词测试(noun test)对学能的三个组成部分分析能力、语音编码和机械记忆进行测量。

在编码文献中，研究学习风格的文献仅有 Wang 和 Cohen(2021)在研究学术写作词汇的策略指导时，讨论了学习风格与策略指导材料加工以及策略选择和使用之间的关联问题，研究人员根据 Cohen 等(2009)的自评分学习风格调查(a self-scored Learning Style Survey)收集数据。

Pili-Moss 等(2020)和 Carpenter(2008)两篇文献分别研究了陈述记忆和程序记忆，Pili-Moss 等采用现代语言学能测试第五部分和连续视觉记忆任务测量陈述记忆数据；计算机版本的 Tower of London task (TOL)测量程序性记忆数据。Carpenter 采用人工语法任务(Artificial Grammar Task)、高频率子测试(High Frequency Subtest)、加州语言学习测试Ⅱ总分(California Verbal Learning Test II Total Score)以及连续视觉记忆任务测量陈述记忆数据；人工语法任务、低频率子测试(Low Frequency Subtest)以及天气预报任务(Weather Prediction Task)和 Block8 测量程序记忆数据。

(三)二语加工测量方法

如图 7-7 所示，在涉及二语加工的研究中，测量方法一般分为在线测量和离线测量两种，其中最常见的是反应时(reaction time)，在此次编码的文献中用到此方法的研究有 80 项。同属于在线方法的自定步速阅读、ERPs 和眼动法，在此次编码文献中均有 20 项实验用到，而有声思维法有 13 项实验采用。在线判断测试在实际操作时通常会将反应时数据作为依据，但也有部分实验结合正确率和其他方式作为数据源，例如逯芝璇等(2019)在探究母语为"领格—宾格"型语言和"作格—领格"型语言的高水平汉语二语者对"N 的 V"构式的加工情况时，要求被试在线判断时完成句子可接受度评分，考察被试对"N 的 V"的加工情况。此外，一些离线测量方法也被广泛使用，如离线判断测试(如 Cheng et al., 2021)、刺激回想法(如 Wei, 2020；Gánem-Gutiérrez & Gilmore, 2018)、自由回忆(如 Leeser, 2007)、访谈(如 Tang & Chan, 2021)、问卷法(如 Robinson, 1997)、自信度评分(如 Kim, 2008)。对于加工测量，不少研究人员采用两种或以上的方法，例如 Wang(2003)在探究写作加工时用到有声思维法、访谈和问卷法三种方法；晏小琴(2007)通过有声思维和回顾访谈的方法探讨在不限时的自然状态下中国国内英语学习者对不同类型的英语暂时句法歧义句理解。

(四)数据分析方法

在文章所综述的 192 篇研究中，研究者使用了多样的数据分析方法。就质性分析而言，只有 Wang 和 Cohen(2021)一项研究用到案例分析。就定量数据分析而言，6 项研究

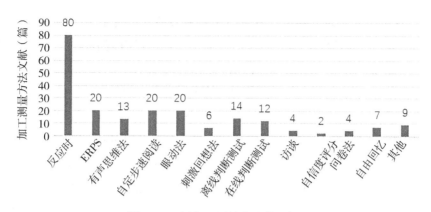

图 7-7　二语加工测量方法使用情况

采用了描述性统计，主要汇报频次、均值、百分比等。为提高研究的信效度，102 项研究采用了方差/协方差分析来探讨认知性个体差异对二语加工的影响，89 项研究开展了 T 检验，10 项研究开展了非参数检验（卡方检验与 Wil-coxon 符号秩检验），29 项研究开展了相关性分析，22 项研究采用了混合效应模型，26 项研究开展了回归分析。

（五）研究结果

在涉及二语熟练度对二语加工影响的 99 项研究中，有 5 项实验结果显示为无明显影响（如赵晨，钟素琳，2015）。一些研究，例如季月和李霄翔（2018）对二语句法加工的探究等，认为二语熟练度并未使加工过程出现明显差异，但仍具有一定调节作用。而大多研究（87 项）结果认为二语熟练度对二语加工有一定影响，例如朱秀杰（2021）在研究中国学习者英语不及物动词加工时发现：高水平学习者对核心不及物动词和边缘不及物动词的早期加工没有差异，低水平学习者对边缘非作格动词的早期加工快于核心非作格动词；Wang（2003）关于语言转换频率的实验结果认为二语熟练度可能决定了被试在二语写作时的方法和思维质量表现。其中，部分研究结论显示随着二语水平的提高，其对加工过程中某些环节的正向影响逐渐显著，例如张林军（2011）得出结论：汉语学习者发音的加工速度随着汉语水平的提高而不断提高；范琳等（2017）实验表明受试二语水平与其词汇推理成功率呈正相关，认为二语熟练度是预测二语加工的重要因素。

在设计母语背景的研究中，Tang 和 Chan（2021）的实验结果未发现母语背景对阅读过程中词汇理解的正确率有显著影响。而其他研究均认为母语对二语学习过程表现出明显影响，例如 Chan（2012）发现二语学习者在推断由英语过去时和进行时编码的时间信息时存在较强的母语迁移倾向；Wu & Juffs（2022）的实验表明母语形态类型对二语形态意识有显著影响；Zhang（2019）的研究证明，母语正字法与二语汉语的差异性和相似性可能会影响到单词识别，从而影响汉语复合词的形态加工；Paquet（2018）在研究法语学习者和英语学习者性别认同习得时发现，母语的影响存在于整个过程。

在涉及工作记忆的实验研究中，少量研究没有发现工作记忆存在无显著影响，例如Havik 等(2009)在研究初学者的词形加工时认为工作记忆没有调节作用。更多的研究进一步证实了工作记忆的影响，例如戴运财(2014)通过研究发现：工作记忆在简单和复杂句法规则的加工中均发挥显著的作用；工作记忆容量与复杂句法规则的加工显著相关，且高工作记忆组比低工作记忆组在关系从句和多层复句的加工方面都占有显著的优势；Honbolygó等(2019)的实验结果显示：母语非对比中重音被试在发音对外语词重音处理加工中的表现，受到工作记忆的显著影响；Nowbakht(2018)为工作记忆在回指句消解中的重要作用提供了实证依据。药盼盼等(2013)的实验结果认为：工作记忆容量在一定程度上影响第二语言学习者动词偏好信息的利用，但是这种影响是有条件的，即影响只出现在句子加工对工作记忆要求相对较低时。

背景知识或称先验知识对二语加工的影响得到普遍认可，例如Chang-Chow(2014)证明了背景知识对阅读理解具有促进作用，与图式理论下指导对一语和二语的阅读研究结果吻合；Pulido(2007)发现话题熟悉度对词汇推理有显著影响，但对词汇猜测感知难易度没有影响；李红(2003)的实验论证了第二语言语义提取中的词汇知识效应：第二语言词汇知识影响了学习者对第二语言语义提取的效率；词汇知识水平高的学习者比水平低的学习者更快和更准确地对语义信息进行了提取。

戴运财(2014)的实验发现，学能的组成部分：分析能力和机械记忆能力与复杂句法规则的加工没有产生相关。在其他研究中，学能被认为是影响二语加工的重要因素，例如秦琴和刘伟(2016)研究二语短语动词隐性习得发现：在二语前期基础、口语能力等为控制变量的条件下，语音编码能力、音节分解能力、短句节奏识别能力是学习者能否成功习得目标结构的重要影响因素；语音编码能力、音节合成能力、单词重音识别能力是学习者习得熟练程度的重要影响因素。

Wang 和Cohen(2021)用一个案例分析说明个体学习者的学习风格可能影响学术写作的词汇学习中的策略选择。Pili-Moss 等(2020)发现，在实验的理解练习中准确性与呈陈述记忆正相关，自动化(automatization)与程序记忆呈正相关，研究结果为长期记忆在二语发展过程中所起的作用提供了实证依据。Carpenter(2008)的实验同样证明了陈述记忆和程序记忆对二语语法学习过程的显著影响，此外实验阐明了其他因素对这种影响的调节作用。

五、讨论

(一)研究趋势

从上述描述性统计结果不难看出，国内外学者对于二语熟练度、工作记忆以及母语背景这三个方面的关注度尤为突出。这些关注点不仅揭示了当前研究的热点方向，也为我们提供了深入探讨认知性个体差异的重要视角。二语熟练度作为影响认知性个体差异的关键因素，深入研究其对学习过程的影响机制，对于二语教学和预测个体二语学习具有重要意义。一般认为，工作记忆容量的大小直接影响个体的注意力分配、信息整合等认知功能，因此工作记忆作为认知过程中的核心要素，同样具有重要研究价值。此外，母语背景是塑造个体语言学习差异的独特因素，由于母语的语言结构、文化内涵以及使用习惯等因素，个体的认知模式受到深远影响，因此母语背景在认知性个体差异研究中同样不可忽视。然而，一些同样具有重要研究价值的因素——学能、话题知识、陈述记忆和程序记忆，欠缺研究热度。未来的研究应加强对这些因素的深入探讨，以更全面地揭示二语加工的复杂性和个体差异。同时，这些研究也将为教学实践提供更为科学有效的指导，促进第二语言学习的效率和质量提升。

（二）方法论

1. 样本选择

从实验中被试对象所在学段来看，大部分处于大学本科在读，这一学段的学生通常集中在校园里，便于研究者进行集中测试和实验，并且他们正处于语言学习的黄金时期，一般已经具备一定的认知能力和语言基础，使得他们成为研究二语加工的理想对象。同时，他们也具备较高的实验配合度和数据质量，为研究的可靠性提供了保障。然而，在校园环境中进行实验，可能受到诸多外部因素的干扰，如学业压力、社交活动等都可能影响学生的心理状态和实验结果。更重要的是，大学生群体虽然具有一定的代表性，但他们的群体特征也可能限制了研究的广度。这一群体可能无法完全代表不同年龄、职业和文化背景的二语学习者，从而造成样本局限性，影响了研究结果的普适性。因此，除了关注已经达到一定语言水平的学习者，以学段更早的二语初学者为研究对象同样具有理论意义和教学实践意义。

2. 个体差异测量方法的共性和差异性

个体差异测量方法的描述性统计结果显示，多种测量方法被应用以捕捉个体差异的不同维度。整体上看，各类个体差异的测量既表现出共性也表现出一定的差异性。

在共性方面，大部分个体差异研究实验都试图通过标准化、量化的手段来揭示受试者的某种内在差异。例如，多数研究人员在测量二语熟练度时更倾向于使用全国大学英语四、六级考试，英语专业四、八级考试，托福考试等社会标准化测试。此外，上述工作记忆研究实验几乎都采用了广度测试，即要求受试者在一定时间内处理并记忆信息，而学能研究中，现代语言学能测试和连续视觉记忆任务是普遍使用的测量方法。这些共性确保了测量结果的可比较性和可解释性，使得研究者能够跨研究、跨领域地进行比较和分析。测量方法趋同，可以确保所收集的数据在格式、精度和可解释性上具有一致性。这有助于减少数据解读上的歧义，增强数据之间的可比性。同时，采用统一的测量方法也有助于简化实验流程，减少不必要的操作步骤从而提高工作效率。使用趋同的测量方法还可以增加实验结果的可靠性和可信度，例如多个研究团队采用相同的测量方法并得出相似的结论时，这些结论往往更容易被学术界接受和认可。

　　然而，这样的趋势也存在一些潜在的风险。任何测量方法都有其局限性，如果过度依赖某种特定的测量方法，可能会忽略其他潜在的、更有效的测量方法，这可能导致实验结果无法全面反映实际情况。例如，二语熟练度用到的社会标准化测试往往是在特定的、受限制的环境下进行的，可能与实际的语言使用环境存在差异，且单一的测试具有偶然性，从而可能无法全面反映受试者在真实语境中的二语水平。如果盲目追求测量方法趋同，可能会忽略测量方法与实验目标的匹配性，从而影响实验结果的准确性和可靠性。因此，在实验研究中，研究人员应该根据具体的研究目的和对象选择合适的测量方法，或者纳入多种测量方法，并在必要时尝试采用新的测量方法和技术，不断审视和改进，以确保实验结果的准确性和可靠性。

　　在差异性方面，虽然各种测量方法在设计上有所相似，但具体的实施细节和侧重点却不尽相同。以工作记忆测量为例，阅读广度测试更侧重于评估受试者在语言处理过程中的记忆能力，而操作广度测试和数字广度测试则可能更多地关注非语言信息的处理。这种差异性反映了不同测量方法对于个体差异的不同维度的敏感性，使得研究者能够更精准地了解受试者的认知特点。同时，可能带来一些弊端，例如由于测量方法的不同，测量结果可能存在显著差异从而导致对数据的解读和分析产生混淆。此外，使用这些方法得到的测量结果之间将难以进行直接比较，并且可能降低测量结果的可靠性。因此，研究人员在可能的情况下，采用多种测量方法进行比较和验证，或多次测量避免单一结果导致的偏差。

(三) 二语加工测量方法

　　在上述研究中，二语加工的数据收集用到多种测量方法，其中在线测量方法和离线测量方法各自适用于不同的研究目的，并在实际应用中具有各自的优势和局限性。在线测量方法，如反应时测量、眼动法等，用于实时研究二语加工过程。它们能够提供关于语言处理实时动态的信息，帮助研究者了解学习者在二语处理过程中的即时反应和认知过程。这种方法特别适用于探究语言加工的速度、自动化程度以及实时认知负荷等方面的问题。然而，在线测量方法也存在一些局限性。首先，由于需要在实时状态下进行测量，实验条件可能较为严格，容易受到外部干扰。其次，实时测量可能无法涵盖语言加工的所有方面，特别是涉及更深层次或更复杂的认知过程时。相比之下，离线测量方法，如问卷调查、回忆测试等，更注重于对二语处理结果的评估，能够收集学习者在二语处理后的反馈信息，包括学习者的自我感知以及长期记忆等。然而，离线测量方法同样存在不足。首先，由于测量的是处理后的结果，而非实时过程，因此可能无法准确反映二语处理的实际动态过程。其次，学习者的自我感知和回忆可能存在偏差，导致测量结果的准确性受到一定影响。在上述研究中，有少量实验直接用离线测量方法代替在线测量方法以研究加工过程，这可能是由实验条件受限，或是研究人员对离线测量方法的理解偏差所导致。综上所述，在线测量方法和离线测量方法各有其适用场景和优劣之处。在选择测量方法时，需要根据具体的研究目的和实验条件进行权衡和选择，以最大程度地发挥各自的优势并克服其局限性。同时，也可以结合使用两种测量方法，以更全面地了解二语加工的过程和结果。

（四）研究发现

从整体上看，上述研究的数据分析结果为认知性个体差异影响二语加工提供了有力的实证依据。首先，关于二语熟练度对二语加工的影响，大多数研究结果显示，二语水平是影响二语加工的一个重要因素（张林军，2011；范琳等，2017），例如随着二语水平的提高，学习者在发音加工速度、句法加工的准确率和加工速度、阅读加工的信息整合效率等方面具有更好的表现，且其影响是多维度和复杂的，例如二语熟练度会和工作记忆相互影响且共同作用于二语加工（如刘会霞、燕浩，2017）。同样，工作记忆在语法加工、词汇提取、语篇理解等加工过程的影响作用也得到证实，值得注意的是，研究人员发现其作用效果也会受到二语熟练度的调节（Dong et al.，2023）。然而，少数研究发现二语熟练度对二语加工的影响并不明显，也有个别研究未发现工作记忆变量对是研究过造成差异，这可能与具体的研究设计、测量方法或样本选择有关。

母语背景和背景知识在二语加工中的作用，也同样得到以上研究实验结果的普遍认可（如郭晶晶、陈宝国，2009；李红，2003）。从研究结果中不难看出，不同母语背景的个体在认知任务中往往表现出独特的优势和局限，这是因为母语迁移现象在二语学习中普遍存在，母语的语言结构、语法规则和词汇用法等都会对二语加工产生影响。此外，母语形态类型和正字法等因素也可能对二语加工产生特定的影响。因此，在二语教学中，充分了解学习者的母语背景，制定针对性的教学策略，对于提高教学效果具有重要意义。而背景知识对于二语加工同样具有重要影响，高相关度的背景知识不仅有助于学习者理解二语材料中的文化和社会背景，还能促进他们对词汇、语法和语义的理解，当学习者具备丰富的背景知识时，他们能够更好地将新信息与已有知识相结合，从而更准确地理解二语材料。因此，在二语教学中，应注重培养学习者的背景知识，帮助他们建立丰富的语言环境和文化认知。

少量的学能、学习分格、陈述记忆和程序记忆的研究虽然不足以得出肯定的结论，但已有的研究结果在一定程度上为这些因素在二语加工中的作用提供了依据，

（五）未来研究方向

在上述研究中，国内外学者通过大量实证研究揭示了认知性个体差异，尤其是二语熟练度、母语背景、工作记忆、和背景知识等因素都在不同程度上对二语加工产生影响，为

进一步探索二语习得中的个体差异提供了有力支持。未来，仍有必要对这些因素的作用机制进行更为深入的探讨。通过深入研究它们如何在二语加工中发挥作用，以及它们之间可能存在的相互关系，我们可以更全面地理解个体差异对二语习得的影响。此外，结合神经语言学、认知心理学和教育学等多学科视角，我们可以从多个层面和角度对这一问题进行深入研究，从而得出更为全面和深入的结论。同时，我们也应该关注如何利用这些认知性个体差异制定更有效的二语教学策略。通过针对不同个体的特点和需求，制定个性化的教学方案，我们可以更好地发挥学习者的优势，弥补其不足，从而提高他们的二语水平和认知水平。

此外，从上述数据对比分析中，我们也不难发现关于认知性个体差异的研究仍存在一定的不足。例如，学能、学习风格等因素在二语习得中的作用尚未得到充分的研究和探讨。这些因素可能对二语加工产生重要影响，但目前的研究尚不够深入和全面。因此，未来的研究需要持续关注这些领域，以进一步拓展我们对认知性个体差异在二语习得中作用的认识。

六、小结

第七章全面总结了个体差异因素与第二语言加工之间的关系，揭示了认知性个体差异因素，如二语熟练度、工作记忆、母语背景和背景知识等，在二语习得过程中的重要性。本章通过系统性综述研究发现，这些因素在不同程度上影响着学习者的语言加工过程，包括语法加工、词汇提取和语篇理解等。研究结果强调了二语熟练度和工作记忆在二语加工中的显著作用，同时指出母语背景和背景知识对学习者理解和应用第二语言的影响。

本章还讨论了学能、学习风格、陈述记忆和程序记忆等其他认知性个体差异因素的潜在作用，并指出了这些领域的研究不足，呼吁未来研究对此进行更深入的探讨。此外，本章强调了多学科交叉融合的重要性，认为这将有助于更全面、深入地理解二语习得中的个体差异，并为制定个性化教学方案、提升个体二语水平和认知水平提供有力支持。

最终，第七章强调了在二语教学实践中考虑个体差异的必要性，以及如何利用这些差异因素来设计更有效的教学方法。通过理解这些差异因素的作用机制，教育者可以更好地满足不同学习者的需求，促进每个学习者的二语能力发展。未来的研究将继续拓展我们对二语习得中个体差异的认识，为语言教育领域带来新的启示和进步。

◎ 参考文献

Albert, Á., Csizér, K. Investigating individual differences with qualitative research methods: Results of a meta-analysis of leading applied linguistics journals [J]. Studies in Second

Language Learning and Teaching, 2022, 12(2): 303-335.

Baddeley, A. D., Hitch, G. Working memory[M]//Bower, G. A. (Ed.). The psychology of learning and motivation. Vol. 8, Pittsburgh: Academic Press, 1974.

Baralt, M. Working memory capacity, cognitive complexity and L2 recasts in online language teaching[M]//Wen, Z., Mota, M., McNeill, A. (Eds.). Working memory in second language acquisition and processing. Multilingual Matters, 2015: 248-269.

Batstone, R. Key concepts in ELT[J]. ELT Journal, 1996, 50(3): 273.

Bowles, M. A. The think-aloud controversy in second language research[M]. Routledge, 2010.

Bransford, J. D. Human cognition: Learning, understanding, and remembering[M]. Cambridge, MA: Wadsworth Publishing Co., 1979.

Bransford, J. D., Schwartz, D. L. A theory of learning by doing[M]//Commons, M. L., Bransford, J. D., Cocker, J. R. (Eds.). Advances in research and theory. Vol. 1, JAI Press, 1979: 33-53.

Cadierno, T., Lund, K. Cognitive linguistics and second language acquisition: Motion events in typological framework [M]//Van Patten, B., Williams, J., Rott, S., Overstreet, M. (Eds.). Form-meaning connections in second language acquisition. Mahwah, NJ: Lawrence Erlbaum, 2004: 139-154.

Carpenter, H. S. A behavioral and electrophysiological investigation of different aptitudes for L2 grammar in learners equated for proficiency level[D]. Georgetown University, 2008.

Carroll, J. B. Twenty-five years of research on foreign language aptitude[M]//Diller, K. C. (Ed.). Individual differences and universality in linguistic theory. Newbury House, 1981: 3-18.

Carroll, J. B., Sapon, S. M. Modern Language Aptitude Test[M]. Harcourt Assessment, 2002.

Carroll, S. E. Input and evidence: The raw material of second language acquisition [M]. Amsterdam: John Benjamins, 1999.

Chamot, A. U., O'Malley, J. M. The cognitive academic language learning approach: A bridge to the mainstream of education[J]. TESOL Quarterly, 1987, 20(2): 227-249.

Chan, H. L. Tense-aspect processing in second language learners[D]. Pittsburgh: University of Pittsburgh, 2012.

Chang-Chow, C. The effects of topic familiarity and language difficulty on situation-model construction by readers of Chinese as a foreign language [D]. Amberst: University of Massachusetts Amherst, 2004.

Chang, T. S. Multicompetent EFL writers' use of language repertoire during the composing process across languages: A case study[J]. Lingua, 2020, 240: 102822.

Cheng, Y., Rothman, J., Cunnings, I. Parsing preferences and individual differences in nonnative sentence processing: Evidence from eye movements[J]. Applied Psycholinguistics, 2021, 42(1): 129-151.

Cohen, A. D., Oxford, R. L., Chi, J. C. Learning style survey: Assessing your own learning styles[M]//Kappler Mikk, B., Cohen, A. D., Paige, R. M., Chi, J. P., Lassegard, M., Maegher, S. J., Weaver, C. J. (Eds.). Maximizing study abroad: An instructional guide to strategies for language and culture learning and use. CARLA, 2009: 153-161.

Cronbach, L. Remaking the concept of aptitude: Extending the legacy of Richard E. Snow[M]. Lawrence Erlbaum Associates, 2002.

Curcic, M., Andringa, S., Kuiken, F. The role of awareness and cognitive aptitudes in L2 predictive language processing[J]. Language Learning, 2018, 69: 42-71.

DeKeyser, R. M. The robustness of critical period effects in second language acquisition[J]. Studies in Second Language Acquisition, 2000, 22(4): 499-533.

DeKeyser, R. M. Cognitive models of second language processing and the teaching of languages[J]. International Review of Applied Linguistics in Language Teaching, 2009, 47(1): 1-26.

DeKeyser, R. M. Skill acquisition theory[M]//VanPatten, B., Williams, J. (Eds.). Theories in second language acquisition: An introduction. New York: Routledge, 2015: 94-112.

Dong, Z. R., Han, C., Hestvik, A., Hermon, G. L2 processing of filled gaps: Non-native brain activity not modulated by proficiency and working memory[J]. Linguistic Approaches to Bilingualism, 2023, 13(6): 767-800.

Dörnyei, Z. The psychology of the language learner: Individual differences in second language acquisition[M]. Mahwah, NJ: Lawrence Erlbaum Associates, 2005.

Doughty, C. J. Instructed SLA: Constraints, compensation, and enhancement[M]//Doughty, C. J., Long, M. H. (Eds.). The handbook of second language acquisition. Oxford: Blackwell, 2003: 256-286.

Doughty, C. J., Campbell, S. G., Bunting, M., Bowles, A., Haarmann, H. The development of the high-level language aptitude battery (Technical Report)[R]. University of Maryland Center for Advanced Study of Language, 2007.

Dracos, M. J. The effects of form-focused training and working memory on the L2 processing and learning of morphological cues[D]. State College: The Pennsylvania State University, 2013.

Dudley, A., Slabakova, R. L2 knowledge of the obligatory French subjunctive: Offline measures and eye tracking compared[J]. Languages, 2021, 6(1): 31.

Ellis, N. C. The dynamics of second language emergence: Cycles of language use, language change, and language acquisition[J]. The Modern Language Journal, 2008, 92(2): 232-

249.

Faretta-Stutenberg, M., Morgan-Short, K. The interplay of individual differences and context of learning in behavioral and neurocognitive second language development[J]. Second Language Research, 2017, 34(1): 67-101.

Gánem-Gutiérrez, G. A., Gilmore, A. Tracking the real-time evolution of a writing event: Second language writers at different proficiency levels[J]. Language Learning, 2018, 68(2): 469-506.

Gass, S. M., Mackey, A. Stimulated recall methodology in second language research [M]. Routledge, 2013.

Gass, S. M., Selinker, L. Second language acquisition: An introductory course (3rd ed.) [M]. Lawrence Erlbaum Associates, 2001.

Georgiadou, E., Roehr-Brackin, K. Investigating executive working memory and phonological short-term memory in relation to fluency and self-repair behavior in L2 speech[J]. Journal of Psycholinguistic Research, 2017, 46(4): 877-895.

Godfroid, A. Eye tracking in second language acquisition and bilingualism: A Research synthesis and methodological guide[M]. Routledge, 2019.

Granena, G. Cognitive individual differences in the process and product of L2 writing[J]. Studies in Second Language Acquisition, 2023, 45(3): 765-785.

Green, J. M., Oxford, R. A closer look at learning strategies, L2 proficiency, and gender[J]. TESOL Quarterly, 1995, 29(2): 261-297.

Grenfell, M., Harris, V. Memorisation strategies and the adolescent learner of Mandarin Chinese as a foreign language[J]. Linguistics and Education, 2015, 31: 1-13.

Hamrick, P. Declarative and procedural memory abilities as individual differences in incidental language learning[J]. Learning and Individual Differences, 2015, 44: 9-15.

Havik, E., Roberts, L., Van Hout, R., Schreuder, R., Haverkort, M. Processing subject-object ambiguities in the L2: A self-paced reading study with German L2 learners of Dutch[J]. Language Learning, 2009, 59(1): 73-112.

Honbolygó, F., Kóbor, A., Csépe, V. Cognitive components of foreign word stress processing difficulty in speakers of a native language with non-contrastive stress[J]. International Journal of Bilingualism, 2019, 23(2): 366-380.

Hulstijn, J. H. Retention of inferred and given word meanings: Experiments in incidental vocabulary learning [M]//Arnaud, P. J., Béjoint, H. (Eds.). Vocabulary and applied linguistics. London: Macmillan, 1992: 113-125.

Hulstijn, J. H. Intentional and incidental second-language vocabulary learning: A reappraisal of elaboration, rehearsal and automaticity[M]//Robinson, P. (Ed.). Cognition and Second Language Instruction. Cambridge: Cambridge University.

Jiang, N. Conducting reaction time research in second language studies[M]. Routledge, 2012.

Jiang, N. Second language processing: An introduction[M]. London: Routledge, 2018.

Jonassen, D. H., Grabowski, B. L. Handbook of individual differences, learning, and instruction[M]. Hillsdale, NJ: Lawrence Erlbaum Associates, 1993.

Juffs, A. Working memory capacity and the processing of syntactic ambiguity by second language learners[J]. Studies in Second Language Acquisition, 2004, 26(4): 525-549.

Karimi, M. N. Prior topical knowledge and L2 proficiency as determinants of strategic processing in English for Academic Purposes multi-texts comprehension[J]. Innovation in Language Learning and Teaching, 2016, 12(3): 235-246.

Kellerman, E. Crosslinguistic influence: Transfer to nowhere? [J]. Annual Review of Applied Linguistics, 1995, 15: 249-274.

Kim, E. H. L1-transfer effects and the role of computational complexity in L2 pronoun interpretation[J]. Second Language Research, 2023.

Kim, Y. The role of task-induced involvement and learner proficiency in L2 vocabulary acquisition[J]. Language Learning, 2008, 58(2): 285-325.

Koda, K., Miller, R. T. Cross-linguistic interaction in L2 word meaning inference in English as a foreign language[M]//Pae, H. K. (Ed.). Writing systems, reading processes, and cross-linguistic influences: Reflections from the Chinese, Japanese and Korean languages. Philadelphia: John Benjamins, 2018: 293-312.

Laufer, B., Hulstijn, J. Incidental vocabulary acquisition in a second language: The construct of task-induced involvement[J]. Applied Linguistics, 2001, 22: 1-26.

Leeser, M. J. Learner-based factors in L2 reading comprehension and processing grammatical form: Topic familiarity and working memory[J]. Language Learning, 2007, 57(2): 229-270.

Lemhöfer, K., Broersma, M. Introducing LexTALE: A quick and valid lexical test for advanced learners of English[J]. Behavior Research Methods, 2012, 44: 325-343.

Leow, R. P. Attention, awareness, and foreign language behavior[J]. Language Learning, 1997, 47(3): 467-505.

Leow, R. P. Explicit learning in the L2 classroom: A student-centered approach[M]. New York: Routledge, 2015.

Leow, R. P. The role of awareness and attention in SLA[M]//Schwieter, J. W. (Ed.). The Cambridge handbook of cognitive linguistics. Cambridge: Cambridge University Press, 2019:

327-349.

Li, S. Working memory and second language writing：A systematic review[J]. Studies in Second Language Acquisition, 2023, 1-33.

Li, S., Ellis, R., Zhu, Y. The associations between cognitive ability and L2 development under five different instructional conditions[J]. Applied Psycholinguistics, 2019, 40：693-722.

Li, S., Hiver, P., Papi, M. (Eds.). The Routledge handbook of second language acquisition and individual differences[M]. New York：Routledge, 2022.

Linck, J., et al. Hi-LAB：A new measure of aptitude for high-level language proficiency[J]. Language Learning, 2013, 63：530-566.

López, E. M. D. Morphological processing and individual frequency effects in L1 and L2 Spanish[J]. Lingua, 2021, 257.

MacWhinney, B. Emergent computation in language learning[M]//Kuhn, D., Siegler, R. (Eds.). Handbook of child psychology：Cognition, perception, and language. 6th ed., Vol. 2, New York：Wiley, 2006：497-537.

Marecka, M., Szewczyk, J., Jelec, A., Janiszewska, D., Rataj, K., Dziubalska-Kołaczyk, K. Different phonological mechanisms facilitate vocabulary learning at early and late stages of language acquisition：Evidence from Polish 9-year-olds learning English[J]. Applied Psycholinguistics, 2018, 39(1)：1-35.

Marull, C. Processing (in) efficiency in the second language：Linguistic experience and cognitive effects on morphosyntactic predictions[D]. Rutgers The State University of New Jersey-New Brunswick, 2017.

Macaro, E., Curle, S., Pun, J., An, J., Dearden, J. A systematic review of English medium instruction in higher education[J]. Language Teaching, 2018, 51(1)：36-76.

Mayer, R. E. The promise of multimedia learning：using the same instructional design methods across different media[J]. Learning and Instruction, 2003, 13(2)：125-139.

McDonald, J. L. Beyond the critical period：Processing-based explanations for second language acquisition[J]. Language Learning, 2006, 56(s1)：55-84.

Meara, P. LLAMA language aptitude tests：The manual[M]. Swansea：Lognostics, 2005.

Medina, A., Socarrás, G., Krishnamurti, S. L2 Spanish listening comprehension：The role of speech rate, utterance length, and L2 oral proficiency[J]. The Modern Language Journal, 2020, 104(2)：439-456.

Miller, G., Galanter, E., Pribram, K. H. Plans and the structure of behavior[M]. New York：Holt, 1960.

Montgomery, J. W., Magimairaj, B. M., O'Malley, M. H. Role of working memory in typically developing children's complex sentence comprehension[J]. Journal of Psycholinguistic Research, 2008, 37: 331-354.

Nowbakht, M. The role of working memory, language proficiency, and learners' age in second language English learners' processing and comprehension of anaphoric sentences[J]. Journal of psycholinguistic research, 2018, 48(2): 353-370.

Paquet, P. L. Influence of L1 properties and proficiency on the acquisition of gender agreement[J]. Journal of Language and Education, 2018, 4(1): 92-104.

Pawlak, M. (Ed.). Investigating individual learner differences in second language learning[M]. Springer, 2021.

Pili-Moss, D., Brill-Schuetz, K. A., Faretta-Stutenberg, M., Morgan-Short, K. Contributions of declarative and procedural memory to accuracy and automatization during second language practice[J]. Bilingualism: Language and Cognition, 2020, 23(3): 639-651.

Plonsky, L., Gonulal, T. Methodological synthesis in quantitative L2 research: A review of reviews and a case study of exploratory factor analysis[J]. Language Learning, 2015, 65 (S1): 9-36.

Pulido, D. The effects of topic familiarity and passage sight vocabulary on L2 lexical inferencing and retention through reading[J]. Applied Linguistics, 2007, 28(1): 66-86.

Reid, J. (Ed.). Learning styles in the ESL/EFL classroom[M]. Boston, MA: Heinle and Heinle, 1995.

Rızaoğlu, F., Gürel, A. Second language processing of English past tense morphology: The role of working memory[J]. International Review of Applied Linguistics in Language Teaching, 2020, 60(3): 825-853.

Robinson, P. Individual differences and the fundamental similarity of implicit and explicit adult second language learning[J]. Language Learning, 1997, 47(1): 45-99.

Robinson, N. M. Individual differences in gifted students' attributions for academic performance[M]//Neihart, M., Reis, S. M., Robinson, N. M., Moon, S. M. (Eds.). The social and emotional development of gifted children: What do we know?. Waco, TX: Prufrock Press, 2002: 61-69.

Robinson, P. Aptitude and second language acquisition[J]. Annual Review of Applied Linguistics, 2005a, 25: 46-73.

Robinson, P. Cognitive abilities, chunking, and syntax: A reply to Fodor and Bates[J]. Applied Linguistics, 2005b, 26(3): 465-469.

Rosa, E. M., Leow, R. P. Awareness, different learning conditions, and second language development[J]. Applied Psycholinguistics, 2004, 25: 269-292.

Rosa, E., O'Neill, M. D. Explicitness, intake, and the issue of awareness[J]. Studies in Second Language Acquisition, 1999, 21: 511-556.

Saito, K., Macmillan, K., Mai, T., Suzukida, Y., Sun, H., Magne, V., Murakami, A. Developing, analyzing and sharing multivariate datasets: Individual differences in L2 learning revisited[J]. Annual Review of Applied Linguistics, 2020, 40: 9-25.

Schmidt, R. W. The role of consciousness in second language learning[J]. Applied Linguistics, 1990, 11(2): 129-158.

Schmitt, N., Schmitt, D., Clapham, C. Developing and exploring the behaviour of two new versions of the Vocabulary Levels Test[J]. Language Testing, 2001, 18(1): 55-88.

Segalowitz, N., Freed, B. F. Context, contact, and cognition in oral fluency acquisition: Learning from a longitudinal study of ultimate attainment in L2 Spanish[J]. Studies in Second Language Acquisition, 2004, 26(2): 305-352.

Shing Brod, L. The effects of prior knowledge on L2 comprehension[J]. Language Teaching Research, 2016, 20(3): 351-373.

Shook, D. J. FL/L2 reading, grammatical information, and the input-to-intake phenomenon[J]. Applied Language Learning, 1994, 5(1): 57-93.

Skehan, P. Individual differences in second-language learning[M]. London: Edward Arnold, 1989.

Skehan, P. Theorizing and updating aptitude[M]//P. Robinson (Ed.). Individual differences and instructed language learning, Amsterdam: John Benjamins, 2002: 69-94.

Slobin, D. I. From "thought and language" to "thinking for speaking" [M]//J. J. Gumperz S. C. Levinson (Eds.). Rethinking linguistic relativity, Cambridge: Cambridge University Press, 1996: 70-96.

Sorace, A. Incomplete vs. divergent representations of unaccusativity in non-native grammars of Italian[J]. Second Language Research, 1993, 9(1): 22-47.

Tang, M., Chan, S. D. Effects of word semantic transparency, context length, and L1 background on CSL learners' incidental learning of word meanings in passage-level reading[J]. Journal of Psycholinguistic Research, 2022, 51(1): 33-53.

Tomlin, R. S., Villa, V. Attention in cognitive science and second language acquisition[J]. Studies in Second Language Acquisition, 1994, 16(2): 183-203.

Ullman, M. T. Contributions of memory circuits to language: Insights from lesion studies and neuroimaging[J]. Cognitive Neuropsychology, 2004, 21(3-4): 339-394.

Ullman, M. T. The declarative/procedural model: A neurobiological model of language learning, knowledge, and use [M]//G. Hickok, S. L. Small (Eds.). Neurobiology of language,

Amsterdam, the Netherlands: Elsevier Inc., 2016: 953-968.

Ullman, M. T. The declarative/procedural model[M]//B. VanPatten, G. D. Keating S. Wulff (Eds.). Theories in second language acquisition (3rd ed.), London: Routledge, 2020: 128-161.

Ullman, M. T., Earle, F. S., Walenski, M., Janacsek, K. The neurocognition of developmental disorders of language[J]. Annual Review of Psychology, 2020, 71(1): 389-417.

Wang, I. K. H., Cohen, A. D. Investigating learner engagement in strategy instruction focused on vocabulary for academic writing: A case study[J]. System, 2021, 99: 102501.

Wang, L. Switching to first language among writers with differing second-language proficiency[J]. Journal of Second Language Writing, 2003, 12(4): 347-375.

Wang, T., Gabriele, A. Individual differences modulate sensitivity to implicit causality bias in both native and nonnative processing[J]. Studies in Second Language Acquisition, 2023, 45 (4): 853-881.

Wei, X. Assessing the metacognitive awareness relevant to L1-to-L2 rhetorical transfer in L2 writing: The cases of Chinese EFL writers across proficiency levels[J]. Assessing Writing, 2020, 44: 100452.

Wen, Z., Mota, M. B., McNeill, A. (Eds.). Working memory in second language acquisition and processing[M], Multilingual Matters, 2015.

Wen, Z., Skehan, P., Biedron, A., Li, S., Sparks, R. (Eds.). Language aptitude: Advancing theory, testing, research, and practice[M], New York: Routledge, 2019.

Williams, J. N. Implicit and explicit measures of SLA: Complementary approaches to understanding the processes of language learning and use[M]//M. Putz, J. N. Williams, R. L. Mitchell (Eds.). Implicit and explicit knowledge in second language learning, teaching, and assessment, Amsterdam: John Benjamins, 2015: 9-39.

Wolter, B., Yamashita, J. Word frequency, collocational frequency, L1 congruency, and proficiency in L2 collocational processing: What accounts for L2 performance? [J]. Studies in Second Language Acquisition, 2018, 40(2): 395-416.

Woodall, B. R. Language-switching: Using the first language while writing in a second language[J]. Journal of Second Language Writing, 2002, 11(1): 7-28.

Wu, Z., Juffs, A. Effects of L1 morphological type on L2 morphological awareness[J]. Second Language Research, 2022, 38(4): 787-812.

Yilmaz, Y., Granena, G. Cognitive individual differences as predictors of improvement and awareness under implicit and explicit feedback conditions[J]. The Modern Language Journal, 2019, 103(3): 686-702.

Zhang, H. L1 orthography in L2 Chinese morphological awareness: An investigation of alphabetic and abugida readers[J]. Journal of Psycholinguistic Research, 2019, 48(1): 117-127.

陈士法, 崔涛涛, 罗小姝. 国内外语界工作记忆与第二语言习得关系研究 20 年[J]. 北京第二外国语学院学报, 2016, 38(2): 15-27.

戴好运. 基于接受与产出的违实语义加工机制及其个体差异研究[D]. 南京: 南京师范大学, 2021.

戴运财. 工作记忆、外语学能与句法加工的关系研究[J]. 外语与外语教学, 2014(04): 32-37.

范琳, 魏蓉, 夏思. 语言水平对中国英语学习者词汇推理加工过程的影响研究[J]. 外语教学, 2017(04): 51-55.

顾琦一, 陈方. 不同话题熟悉度阅读中工作记忆与二语水平的作用[J]. 现代外语, 2020(05): 705-717.

郭晶晶, 陈宝国. 汉、英句法结构相似性对英语句法加工的影响[J]. 心理科学, 2009(02): 320-323.

黄甫全, 游景如, 涂丽娜, 曾文婕. 系统性文献综述法: 案例, 步骤与价值[J]. 电化教育研究, 2017, 38(11): 11-18.

季月, 李霄翔. 二语复杂句法加工的 ERP 研究——以英语现在分词为例[J]. 外语教学, 2018(04): 52-58.

李红. 第二语言语义提取中的词汇知识效应[J]. 现代外语, 2003(04): 385-393.

李霄翔, 季月. 英语直接-间接引语句转换中语序和人称加工研究[J]. 外语学刊, 2014(05): 107-112.

李永才, 于思窈. 大学生英语口语输出过程的母语思维探究[J]. 山东外语教学, 2010(03): 69-72.

刘会霞, 燕浩. 二语听力个体差异的工作记忆效应[J]. 现代外语, 2017, 40(02): 213-222, 292.

逯芝璇, 鹿士义, 蒋思艺. "N 的 V"结构认知加工的类型学效应[J]. 汉语学习, 2019(03): 78-86.

秦琴, 刘伟. 语音加工能力对二语短语动词隐性习得的影响[J]. 外语教学与研究, 2016, 48(02): 261-273, 321.

施慧, 柴省三. 中国英语学习者语块加工影响因素研究[J]. 解放军外国语学院学报, 2021(03): 102-110, 161.

王月旻, 崔刚. 工作记忆容量对英语阅读宏观结构建构的影响[J]. 外语教学与研究, 2022, 54(02): 239-251, 320.

吴琼. 二语学习者汉语特殊类动名搭配认知机制研究[J]. 外语教学与研究, 2019, 51(02):

298-308，321.

晏小琴. 中国大学生英语暂时句法歧义加工的定性研究[J]. 山东外语教学，2007(05)：36-
　　41.

药盼盼，王瑞乐，陈宝国. 工作记忆容量对二语句子加工中动词偏好信息利用的影响[J].
　　外语教学理论与实践，2013(01)：15-21.

张高德，陈飞. 不同二语水平中国英语学习者情绪词汇的语义-韵律加工研究[J]. 外语教学
　　与研究，2023，55(01)：79-90，160.

张林军. 美国留学生汉语声调的音位和声学信息加工[J]. 世界汉语教学，2011，25(02)：
　　268-275.

赵晨，钟素琳. 中国英语学习者简单被动句中隐性施事的理解机制探究[J]. 外语教学与研
　　究，2015，47(06)：874-885，960.

朱秀杰. 中国学习者英语不及物动词加工的眼动研究[J]. 外语教学与研究，2021，53(01)：
　　79-90，160.

第八章　个体差异因素与二语加工的实证研究(一)

第八章进一步深入具体的个体差异因素与二语加工关系的实证研究，特别是学习者元认知与二语写作加工之间的相互作用。本章采用行动研究方法，深入分析了基于体裁的教学方法对 EFL 学习者在学术论文摘要写作中的认知、行为和情感进展的影响。研究聚焦于修辞技巧的变化和元认知过程，这些是学术写作成功的关键因素。通过详细的行动研究，本章不仅揭示了写作产品和过程的变化，还突出了个体差异，并提出了通过有效的教学实践来提升学术写作技能的新视角。本章不仅丰富了我们对二语学术写作加工背后认知机制的认识，也为教育实践提供了针对性的启示，帮助教育者更有效地设计写作教学策略，以满足不同学习者的需求。

一、引言

学术写作是 EFL 学习者的一项基本技能，对于撰写论文、攻读研究生学位和发表学术文章至关重要。它不仅是学术交流的基石，也是学术成功的重要标志。在各种学术写作任务中，摘要写作给 EFL 学习者带来了独特的挑战，这主要是由于他们对这一体裁特有的修辞技巧缺乏深入了解(Swales，1990；Hyland，2009)。

学术论文的摘要作为一种基本的学术体裁，是学术著作的入口，具有多种重要功能：提炼研究精髓、筛选相关性、勾勒结构、加快阅读过程，以及突出研究的意义和贡献(Swales，1990)。鉴于摘要在塑造读者的初步印象和促进高效文献综述方面的作用，精心撰写的摘要对于提高论文的知名度和引文影响力至关重要。因此，撰写有效摘要的能力是学术写作中的一项重要技能。

教育工作者一直在寻求各种教学方法来提高学生的面向科研发表的英语(ERPP)摘要写作能力，如基于语料库的方法(Birhan，2021；Chen & Flowerdew，2018)，以及基于体裁的教学(Ioratim-Uba，2020)。值得注意的是，基于体裁的教学因其对特定学术写作体裁结构组成的深入理解而备受关注。这种方法通过系统的体裁分析，帮助学习者识别和模仿特定学术文章中的修辞技巧(Hyland，2009；Swales，1990)。虽然有许多研究使用基于体裁的方法来分析摘要(例如，ElSerty，2024；Jiang & Hyland，2023；Yoon & Casal，2019)，但关于基于体裁的教学如何应用于课堂及其对学生写作和认知过程的影响的实证研究仍然很少（Ioratim-Uba，2020）。

本研究采用行动研究法，探讨本科生英语写作者在接受基于体裁的摘要写作教学后，如何发展在学术论文摘要写作中的认知、行为和情感进展。研究特别关注修辞技巧和元认知过程的变化，这对成功的学术写作至关重要（Zamel，1985；Hyland，2009）。通过探索修辞技巧的理论和实践以及元认知意识在写作发展中的作用，本研究拓宽了摘要写作研究的范围，将学术研究中经常被忽视的本科生 EFL 写作者纳入其中。通过详细的行动研究，这项调查深入了解了写作产品和过程的变化，突出了个体差异，并提出了通过有效的教学实践提高学术写作技能的新视角。

二、文献综述

（一）基于体裁的学术写作教学法

在学术英语（EAP）领域，基于体裁的方法因其强调文本体裁特征和写作的社会功能而变得越来越重要。Swales（1990）的开创性著作为理解学术写作中的体裁特征奠定了基础，从而推动了 EAP 教学法的发展。这种教学法包括三大流派：北美新修辞学派、特定用途英语（ESP）/EAP 学派和悉尼学派。

北美新修辞学派将体裁概念化为社会行动，主张采用隐性教学法，通过学习相关的态度和信念来促进体裁知识的掌握（Devitt，2004）。相比之下，ESP/EAP 学派侧重于学术和专业环境中的特定写作需求，强调通过明确的教学方法掌握体裁结构和功能（Paltridge，2001）。

悉尼学派的语言教育方法以系统功能语言学（SFL）为基础，强调体裁与其社会文化背景的重要性。这一教学框架通常通过"教学循环"（TLC）来应用，旨在提高学生对各种体裁的理解和熟练程度。尽管缺乏专门针对使用 SFL 进行摘要写作教学的实证研究，但 SFL 框架已被有效地应用于更广泛的学术写作教学中。利用 SFL 教学循环的研究表明，它能有效提高学生的学术写作技能（例如，Ioratim-Uba，2020；Zhao & Li，2023）。例如，在解构阶段，学生分析学术文章的结构和语言要素，了解其习惯；在共同构建阶段，教育工作者和学生共同创作符合体裁要求的文本；独立构建阶段鼓励学生运用他们对体裁惯例的理解来制作自己的学术文章。虽然这些研究并不是专门针对摘要写作的，但它们为如何调整 SFL 框架以教授学术写作（包括摘要写作）的复杂性提供了启示。

对于 L2 或 EFL 写作者来说，在学术摘要写作中缺乏体裁意识可能会模糊他们对学术规范和结构的理解（Hardy & Friginal，2016；Yasuda，2011）。本研究在教授 EFL 本科生摘要写作时采用的 SFL 方法提供了一个结构化的教学途径，包括设定语境、建模、共同构建、独立构建和比较。这种明确的教学能够使学习者认识到并满足学术写作的体裁要求，提高他们有效学习和应用这些知识的能力(Hyland,2007)。

虽然现有研究已经证明了基于 SFL 体裁的教学法在提高 L2 学习者学术写作技能方面的有效性,但这些研究在很大程度上忽视了这种方法对认知过程和写作质量的影响,特别是对本科生 EFL 写作者摘要写作的影响。例如,Huang(2014)强调了显性的体裁教学对高级 L2 写作者体裁知识发展的益处。同样,Dugartsyrenova(2024)发现,显性教学可以提高学生对原始材料的参与度以及在文献综述写作中应用批判性策略的能力。这些研究,以及 Hsu 和 Liu(2019)以及 Ioratim-Uba(2020)的其他研究,都显示了基于体裁的教学法在提高学术写作方面的潜力。然而,它们并没有解决本科生 EFL 写作者在摘要写作中面临的特殊挑战。

本研究旨在探究基于体裁的教学法对本科英语学习者写作过程中的认知活动以及其摘要写作能力的影响,以期填补现有文献在该领域的研究空白。研究的核心目标是深化对体裁教学法如何有效满足本科生英语学习者特定需求的理解,从而为优化教学策略和提升写作教学质量提供实证基础。通过这种方法论探讨,本研究将为教育工作者提供更为精准的指导,帮助他们设计出更具针对性的教学方案,以促进学习者在英语写作能力上的全面提升。

(二)摘要写作中的修辞语步

摘要的有效性在很大程度上取决于其修辞结构,而修辞结构是由服务于特定交际目的的不同语步组成的。这些修辞语步是"在书面或口头话语中发挥连贯交际功能的话语或修辞单位"(Swales,2004,p. 228)。它们是摘要体裁中学术话语的组成部分,引导读者完成研究叙述。

上文讨论的系统功能语言学(SFL)方法为理解语言如何在社会语境中发挥作用提供了一个全面的框架。将 SFL 的观点应用于摘要写作中的修辞语步,可以让我们把这些语步不仅看作结构成分,而且看作进行社会实践和实现交际目标的工具。例如,摘要中的"引言"部分可以建立社会背景并确定研究问题,而"结果"部分则是不可或缺的,因为它发挥了提供信息的语言功能。每个语步在体裁中都有明确的功能,反映了文本与其社会文化背景之间的相互作用。

教学与学习循环(Hyland,2007)是 SFL 框架下体裁教学法的一个教学模式,为这些修辞语步的教学提供了一个结构化的途径。设定语境阶段是该循环的起始点,教师需要明确教学目标,介绍与摘要写作相关的体裁知识,包括摘要的类型、目的、读者群体以及摘要中常见的修辞策略。此外,教师还应提供相关的学术背景和研究领域知识,帮助学生理解摘要在学术交流中的作用和重要性。解构阶段包括对发表的摘要进行详细审查,以揭示修辞语步的基本结构和功能。这一阶段对于揭示如何在摘要写作体裁中战略性地使用语言来建构意义至关重要。共同建构阶段的特点是合作创作文本,学习者在教师的指导下共同协作，在摘要的语境中运用修辞手法。这一阶段强调学习的社会性和支架的重要性，因为学习者开始内化体裁惯例。独立写作阶段旨在巩固学习者对修辞语步的理解和熟练程度，学习者将运用所学知识独立起草摘要。这一阶段对于培养学习者的自主性和自信心，使他们能够为学术话语作出有效贡献至关重要。

以往的研究通常侧重于识别研究摘要中修辞语步的语言特点，Cortes(2013)、Cotos 等人(2017)、Kanoksilapatham(2005)、Le 和 Harrington(2015)以及 Swales(1981)等有影响力的学者都对这些特点进行了研究，为加强教学方法提供了依据。这些学者强调了理解修辞结构的教学价值，展示了这一知识如何指导学术写作课程和教学材料的开发，从而提高学习者撰写有效摘要的能力。

与此同时，另一批研究人员则深入研究了修辞特点的比较分析，将研究论文和会议论文中被接受和被拒绝的摘要进行对比。Berkenkotter 和 Huckin(1995)、Egbert 和 Plonsky(2015)等学者旨在划定有助于摘要成功的不同结构或语步分布。这一研究方向主要关注已发表的成熟期刊论文摘要或会议摘要，揭示影响编辑决策的标准。

此外，Cutting(2012)、Halleck 和 Connor(2006)、Samar 等人(2014)以及 Yoon、Casal(2020)等研究人员致力于揭示支撑学术文章摘要修辞策略的语言复杂性。他们的研究工作对剖析成熟学术话语中的修辞策略起到了重要作用，有助于人们更清楚地了解具有影响力的学术文章使用的语言和修辞策略。

尽管学界在 ERPP 摘要写作方面取得了进展，但目前的研究尚未充分解决学术写作新手写作者(包括那些 L2 或 EFL 写作者)所面临的独特挑战。这些写作者需要有条理、有针对性的方法来掌握学术论文摘要的写作规范。此外，虽然已有研究成功地确定了有效摘要的语言特点，但这些研究成果还无法转化为切实的教学实践，直接帮助各学术领域的作者，尤其是首次涉足复杂的摘要写作的新手作者。

(三)第二语言写作者的认知过程和元认知意识

学术写作是一种重要的学术交流模式，它不仅要求掌握体裁和修辞语步，而且还涉及复杂的认知和思维过程(Kormos, 2023)。这些过程包括组织信息、展开论证、运用批判性思维和培养创造性思维(Hayes & Flower, 1981)。了解 EFL 作者的这些认知动态对于提高他们的写作技巧和学术交流的整体效果至关重要(Cumming, 2001)。

以往的 ERPP 研究通过有声思维法、刺激回想法和认知访谈等方法探索了学术写作中的认知过程，从而对写作者的思维过程有了直接的了解(Ericsson & Simon, 1993；Pressley & Afflerbach, 1995)。这些方法揭示了写作的战略本质，包括计划、解决问题和修改策略。学术写作研究的常用方法还包括纵向研究和文本分析，这为认知发展和写作技能随时间的演变提供了更广阔的视角(Hyland, 2004)。这些方法都强调了元认知意识对提高写作水平的重要意义。

元认知意识与认知过程密不可分,包括自我反思和自我调节策略,写作者利用这些策略有效地管理自己的认知资源(Negretti,2012)。在本研究中,学生被要求撰写反思,以挖掘他们的元认知意识,这种方法与该领域的大量研究成果相一致。Green(2013)对讲阿拉伯语的 TESOL 项目本科生进行的一项开创性研究就是这些方法应用的典范。通过日常录音、活动日志、访谈以及对学生撰写研究报告的文本分析,该研究强调学术写作是一种社会认知活动,需要与不同的文本和社会主体进行互动。研究强调了各种写作方法在实现高质量写作方面的价值,以及认知过程在其中的关键作用。

尽管一篇简短的摘要可能会使写作者忽视其所包含的复杂的认知和元认知活动(Swales & Feak,2004,p.102),但承认摘要写作过程的复杂性是至关重要的(Kellogg,2008;Bhatia,1993)。能否以简洁明了的方式传达核心研究要素是学术论文作者必须面对的认知挑战之一,而在此过程中,元认知策略的应用发挥着至关重要的作用。

三、行动研究

行动研究因能有效提升教学效果,强调实践改进与持续反思而在教育领域备受关注(王蔷、张虹,2014)。与传统教学反思不同,行动研究注重理论与实践的结合,借助实践调整来验证和优化教学方法(申继亮,2006),这使得它在我国外语教学领域具有广阔的应用前景(田贵森、王冕,2008)。行动研究具有螺旋性质,涵盖计划、行动、观察和反思四个阶段,促进教师与学生互动成长,凸显教师的积极参与和持续反思(Kemmis & McTaggart,1988)。然而,在我国英语教学中,行动研究多集中于听说读写等语言技能提升教学领域(何文娟,2021),在学术写作,特别是学术论文摘要写作教学方面应用较少。学术论文摘要写作是基于体裁的教学实践,有助于学生明确学术写作规范,增强写作结构意识和语言表达能力。本研究将行动研究方法与体裁教学法结合,应用于学术论文摘要写作教学,聚焦学生写作能力与认知过程的变化,通过反思与调整,力求提升教学有效性,推动外语教学方法创新与教师专业发展。

通过两轮教学实践,本研究观察学习者在学术论文摘要写作中的能力提升和认知转变。研究将重点关注以下三个核心问题,分别聚焦于认知进步、行为变化和情感变化三个方面:

问题 1:在基于体裁教学法的学术论文摘要写作教学过程中,学生的元认知意识如何影响他们在摘要结构、时态使用以及元话语运用方面的认知表现?

该问题旨在探讨学生在学习过程中如何通过元认知意识的提升,在摘要的结构框架、时态使用和元话语运用等方面实现认知进步。具体而言,研究将分析学生是否能够通过自我反思和调整来识别写作中的问题,并据此优化自己的写作策略,从而提升摘要写作质量。例如,研究将关注学生如何通过提升对摘要结构的理解、更精准的时态选择以及元话语的恰当使用，逐步提高学术写作的规范性和学术性。

　　问题 2：基于体裁教学法的学术论文摘要写作教学如何通过培养学生的元认知意识，影响他们在写作过程中的任务完成情况、写作策略的调整和自我监控能力的提升？

　　该问题聚焦于学生在实际写作过程中的行为变化，特别是学生如何在写作过程中利用元认知意识来管理写作任务、调整写作策略并提高自我监控能力。研究将探讨学生是否通过教学获得了更加自觉的写作习惯，并能在写作任务中进行有效的策略调整和自我评估。这一层面的研究将考察学生如何通过增强元认知意识，提高时间管理能力、优化写作步骤，并在写作过程中主动进行自我修正，从而提升写作效率与质量。

　　问题 3：在基于体裁教学法的学术论文摘要写作教学过程中，学生的元认知意识如何影响他们的情感态度变化，包括写作动机、自信心和焦虑感的变化？

　　该问题关注学生在教学过程中情感方面的变化，尤其是学生在写作过程中情感态度（如写作动机、自信心、焦虑感等）的变化。研究将探讨学生是否能够通过元认知意识的提升，更好地调节自己的情感态度，减轻写作焦虑，增强写作自信，并因此提高写作动机。例如，研究将考察学生如何通过增强对写作过程的控制感和自我调节能力，提升对学术写作的兴趣和信心，进而减少写作焦虑并提高写作投入度。

　　总体而言，这三个研究问题分别从认知、行为和情感三个层面考察了学生在基于体裁教学法的学术论文摘要写作教学中的进展。从元认知意识的视角，本研究不仅有助于深入理解学生的写作能力如何在教学过程中得到逐步提升，还能反映出学生情感和行为等方面产生的综合影响。研究结果将为教学改进提供有价值的反馈，并为学生提供更加个性化和有效的学习支持，帮助他们在学术写作中获得更显著的提升。

四、研究设计

（一）研究对象

　　本研究的数据来源于中国中部一所公立大学的英语作为外语（EFL）的大四本科生。通过便利抽样法，选取了来自 1 个自然班的 31 名大四英语专业学生（其中 3 名男生，28 名女生）。这些学生已经通过英语专业四级考试（TEM-4），符合英语专业学术写作的基础要求。

　　根据课前背景调查问卷的结果（见表 8-1），学生在学术写作的认知与实践能力方面普遍存在较大问题，尤其是在学术摘要的撰写上。调查数据显示，大多数学生缺乏学术写作经验，尤其是在学术论文摘要的撰写方面。许多学生在参与本研究之前从未撰写过学术摘要，这可能使得他们在面对写作任务时感到困惑，不清楚摘要应包含哪些关键信息，也不懂得如何提炼研究的核心内容。此外，学生对学术写作的流程和规范缺乏直观理解，难以将学术成果准确表达为符合学术标准的文字。

调查还发现，学生对学术摘要的修辞结构理解薄弱。学术摘要的结构对高效传达研究内容至关重要，但许多学生并不了解摘要各部分(如引言、目的、方法、结果、结论)的逻辑关系，导致摘要内容杂乱无章，缺乏层次感，难以突出研究的重点与创新。学生在语言使用上也存在显著问题。学术摘要要求语言简洁、准确且具有学术性，但学生往往难以用简洁的语言概括复杂的内容，容易陷入冗长的叙述。此外，学生在使用学术术语时缺乏规范性，可能使用口语化或主观化的表达，影响了摘要的学术质量。

表 8-1　课前问卷调查结果

问卷题项	定量结果	定性数据
1. 学术写作经验	30% 有经验，70% 无经验	大部分学生表示未参与过学术写作，有少数学生在课程中写过期刊文章
2. 学术摘要撰写经验	20% 曾写过，80% 未写过	多数学生未曾撰写过学术摘要，少数学生参与过一次论文写作，但没有摘要经验
3. 理解摘要结构的能力	15% 完全理解，65% 部分理解，20% 不了解	学生认为学术摘要应包括引言、目的、方法、结果和结论，但很多学生不清楚它们的关系
4. 学术摘要信息提炼能力	25% 能有效提炼，75% 难以提炼	学生表示，提炼关键信息时，常常无法简洁地概括研究核心，在内容上难作取舍
5. 学术写作规范理解	30% 完全理解，50% 部分理解，20% 不了解	学生普遍理解写作规范的概念，但对于如何准确应用格式、引用等规范缺乏清晰认知
6. 语言简洁性与准确性	40% 存在问题，60% 无问题	许多学生表示在写摘要时，语言表达过于冗长，且常常无法简洁准确地传达意思
7. 学术术语规范使用	35% 能规范使用，65% 不能规范使用	学生普遍难以使用规范的学术术语，很多时候会使用口语化或不恰当的词汇
8. 语言表达冗长问题	70% 存在问题，30% 无问题	学生反映，写摘要时常会在细节上过度展开，导致语言冗长而不够简洁
9. 学术摘要的逻辑性与层次性	25% 逻辑清晰，75% 缺乏层次	学生表示在摘要中常常难以组织内容，使得摘要缺乏层次感和逻辑性

鉴于以上问题，教学干预的首要目标是提升学生的学术写作认知能力，尤其是在学术摘要写作方面。本研究将通过系统教学帮助学生全面理解学术写作的意义和规范，特别是学术摘要的修辞结构，以帮助学生掌握摘要的核心框架和功能。然而，单纯的理论提升不足以解决问题，教学还需通过实践提升学生的写作能力。教学将提供丰富的写作实践机会，尤其是学术摘要写作，涵盖不同学科和类型的摘要，帮助学生熟悉写作要求。写作指导将注重写作规划、资料整理、初稿撰写与修改润色等环节，帮助学生提高写作技巧和

效率。

　　鉴于学术摘要在学术论文中的重要性及学生在此领域的薄弱表现，教学将特别聚焦于摘要写作能力的提升。通过分析优秀范文，帮助学生学习结构布局、语言表达和信息呈现方式，教师再通过对学生的摘要草稿进行批改，指出问题，提供具体改进建议，通过持续不断地反馈帮助学生提高写作水平。此外，教学还将注重学生的元认知能力培养，鼓励学生按照提供的学术写作中摘要的写作标准进行自我评估，优化写作过程。这一元认知的提升可以帮助学生克服写作中的焦虑，提高写作质量。因此，教学干预的核心目标是通过认知和实践的双重提升，特别是在学术摘要写作方面，使学生能够有效应对学术写作中的挑战，提升摘要写作能力。

(二) 教学背景与教学干预

　　本研究的教学干预基于 SFL 体裁教学法 (Systemic Functional Linguistics, Hyland, 2007)，该方法强调通过功能性语言学的视角，帮助学生系统地理解学术写作中的语言功能和结构特征。SFL 体裁教学法特别注重语言形式与实际使用之间的联系，旨在通过分析文本的结构和修辞功能，帮助学生掌握如何根据不同学术目的和受众需求，精确而有效地组织和表达思想。在本研究中，教学干预的核心目标是通过明确的教学步骤，帮助学生逐步掌握学术论文摘要的写作技巧，特别是提高他们对学术摘要的修辞结构和语言使用的理解与应用能力。

　　所有参与研究的学生均参加了"英语学术写作与研究方法"课程，这门课程是英语专业的核心课程之一，旨在为学生提供学术写作的基础能力和方法论训练。该课程内容涵盖了学术写作的基本框架、论文结构、学术语言的使用、引用规范等方面的知识，特别强调学术写作的规范性和学术诚信，帮助学生逐步构建起完整的学术写作能力。课程的设置旨在紧密结合英语专业的学术需求与学生的写作实际，确保学生不仅能够完成学术写作任务，还能在写作中体现出学术严谨性与创新性。

　　每一轮教学干预均分为四个主要阶段，涵盖了 SFL 体裁教学法中的以下步骤：

　　1. 设置情境：通过教学，先向学生介绍学术摘要应用的领域、主旨、类型和构成要素，让学生了解摘要的基本构成。通过创建一个与现实世界相关的情境 (例如要求学生为学术会议 (SLRF) 撰写摘要)，增强学生的学习动机和实际应用意识。

　　2. 建模：展示并分析真实的学术摘要范例 (基于孙友中、张莲，2017，范例详见本章附录 A、B、C)，帮助学生理解摘要写作的修辞语步和语言特点，尤其是时态的使用和元话语的运用。

　　3. 共同构建：通过教师引导下的小组合作活动，分析并修改学术摘要，促进学生对摘要写作结构和语言特点的深刻理解。

　　4. 独立构建：学生在教师的指导下独立撰写和修改摘要，逐步增强自主写作能力。

在"设置情境"阶段,学生们被要求为一个学术会议(第二语言研究论坛 SLRF)撰写投稿摘要,这一任务有助于学生理解学术写作的实际应用场景,提高学习动机。在后续阶段,学生们通过对范文的分析,讨论摘要的语步和语言特点,对投稿的摘要进行修改与自评。

(三)数据收集与分析方法

本研究采用多种数据收集方式评估学生学术摘要写作能力及其元认知意识的发展,从定量与定性两个方法层面对学生在摘要写作中的认知进步、写作行为调整和情感态度变化进行全面评估。

数据收集方面,研究在教学干预前后进行前测与后测,前测时,教师要求学生给指定的学术论文撰写摘要,再对其在摘要结构、时态使用和元话语运用等方面的表现进行评估。为了确保材料适宜,教师选择了 Yuan 和 Stapleton(2020)在 *ELT Journal* 上的文章,并将其从 3620 字修改为 1600 字。改编后的材料先由 5 名学生进行预测试,根据预测试的反馈结果进行调整,确定最终版本。每位学生在 60 分钟内完成摘要写作任务,且不得使用词典或互联网工具,所有摘要均手写,之后由研究者录入 Word 文档以便后续分析。通过比较学生前后测中的摘要,可以发现学生写作能力在经过教学干预后的变化。

除了前后测,研究还采用有声思维法(Think-Aloud),记录学生在写作过程中的决策与思考过程,尤其是选择摘要结构、时态使用和元话语时的认知策略。通过分析这些有声记录,研究进一步探讨学生在写作中如何运用元认知策略调整写作行为。此外,教师与学生反思日志提供了定性数据,教师记录教学策略与学生反馈,学生则反思写作中的挑战、策略与情感反应,这些数据帮助揭示学生在写作过程中自我监控与策略调整的元认知意识以及在写作中的元认知调节能力。

数据分析方面,研究通过对前测与后测评分差异进行统计分析,评估学生在摘要结构、时态使用和元话语运用等方面的进步。评分采用标准化量表,确保评估的可靠性与公正性。研究还对自我评估和同伴评估结果进行统计分析,考察学生对自己和他人写作评价的差异,反映写作能力的变化。

定性分析采用改编自 Bitchener(2010)和 Yoon & Casal(2020)的框架,对学生摘要的修辞结构进行编码,分析摘要中的语步与步骤(如引言、目的、方法、结果、讨论等)。通过这一分析,研究揭示了学生在摘要写作中的认知调整与元认知意识提升。编码过程中,研究者与一名经过培训的研究者对 25% 的样本进行独立编码,并解决分歧,确保编码的准确性和一致性。

最后,研究还对有声思维法的录音进行转录与内容分析,进一步探讨学生在写作过程中的认知策略与情感反应,揭示学生如何通过元认知策略提高写作表现。教师与学生反思日志也进行了编码分析,通过识别学生在写作行为和情感态度方面的变化,探讨这些变化对写作任务完成和写作策略调整的影响。

五、行动研究的实施过程与成效评估

本研究采取了两轮行动研究，旨在通过持续的教学反思和策略调整，深入分析基于体裁教学法的学术摘要写作教学过程中学生认知、行为和情感的变化，并关注学生的元认知意识及其对写作表现的影响。以下是第一轮和第二轮行动研究的详细过程、问题分析以及相应的结果。

(一)第一轮行动研究

1. 方案设计与实施

在第一轮行动研究中，教学干预的重点为帮助学生掌握学术论文摘要的写作结构与语言特点，特别是在时态使用和元话语运用方面。具体实施过程如下：

(1)前期准备(第1周)：课前通过问卷了解学生的写作背景、存在的困难及对学术写作的认知水平，评估其元认知意识，如他们是否意识到自己的写作困难及应对策略。

(2)教学阶段(第3周至第4周)：分阶段的教学干预，教师通过讲解学术论文摘要的构成要素，向学生介绍基本的摘要写作技巧。其中包括引导学生分析学术摘要范例，进行时态和元话语的练习，并进行小组讨论。在每节课后，教师及时通过作业反馈与学生互动，进行针对性辅导。教师还鼓励学生自我评估写作过程中的问题，并引导他们进行元认知反思。

(3)写作实践(第3周至第4周)：每位学生须撰写学术摘要并提交给教师批改，教师根据学生作业中的问题，调整下一节课的教学内容和策略。在此过程中，教师鼓励学生对写作进行自我监控，并根据反馈调整写作策略，增强其元认知意识。

2. 观察与反思

通过观察和学生反馈，教师发现以下主要问题：

(1)时态使用不规范：尽管学生在课上学习了时态的使用规则，但在写作中，许多学生在描述研究方法和结果时频繁混用现在时和过去时。

(2)摘要结构掌握不全：许多学生未能准确理解学术摘要的五大结构部分(引言、目的、方法、结果、结论)。他们的摘要缺乏清晰的逻辑性，尤其是在结果部分，许多学生无法准确总结研究结果。

(3)元话语使用不当：在学术写作中，学生使用元话语的能力相对较弱，往往忽视了如何表达作者的态度和推测(如"可以看出"或"因此可以推断")等修辞功能。

教师根据这些问题，通过课堂反思和后续教学日志进行调整。例如，针对时态问题，教师增加了相关练习并在课堂上进行时态使用的互动讨论。针对结构问题，教师特别强调了摘要写作框架，并要求学生在写作时按照给定的模板反复操练。此外，教师鼓励学生不断反思自己的写作过程，增强他们对写作中策略调整的元认知意识。

(二)第二轮行动研究

1. 修改后的教学方案与实施

根据第一轮研究中的反思，第二轮的教学方案在多个方面进行了调整，优化了教学策略、任务难度以及学生支持系统，以更好地满足学生的学习需求并提升写作效果。具体变化如下：

(1)明确教学目标：在第二轮的开始阶段，教师对学术摘要的各个部分进行了更深入的讲解，特别是摘要结构与时态使用的精准性。这一调整旨在帮助学生更清晰地理解学术摘要的规范要求，并在写作中更加自觉地应用这些要素，同时增强他们的元认知意识，使学生能意识到自己在写作过程中的思维和策略调整。

(2)结构化反馈：除了继续采用小组讨论的方式，教师还增加了结构化反馈的形式，包括每周通过学习日志了解学生在写作过程中的困惑，并根据这些反馈在课堂上进行个别辅导。这一方法能够帮助教师及时识别并解决学生在学习过程中遇到的问题，同时促进学生的元认知发展，帮助他们反思自己的学习进程与策略。

(3)多样化写作任务：教师设计了不同难度层次的写作任务，逐步增加写作难度，并结合简化文本进行练习。这一分层次的任务设计使学生能够根据自己的能力逐步掌握更复杂的写作技能，同时避免因任务过于艰难而感到挫败。通过这一设计，教师也鼓励学生在完成任务后进行自我评估和反思，提升他们的元认知能力。

2. 观察与反思

在第二轮教学过程中，基于体裁教学法的学术摘要写作教学显著改善了学生在认知、行为和情感态度方面的表现。尤其在元认知意识的培养下，学生在摘要结构、时态使用及元话语应用能力方面有了显著的进步。元认知意识的提升不仅帮助学生更好地理解和运用学术写作的核心要素，还促进了他们在任务完成、写作策略调整和自我监控方面的积极变化。同时，学生的写作动机、自信心和焦虑感等情感态度也得到了显著改善。以下是针对三个主要研究问题的定性与定量分析：

研究问题一：在基于体裁教学法的学术论文摘要写作教学过程中，学生的元认知意识如何影响他们在摘要结构、时态使用以及元话语运用方面的认知表现？

通过对教学干预前后学生表现的分析，我们发现元认知意识的提升在学生摘要写作的各个方面起到了至关重要的作用。

(1)摘要结构的认知变化

定量分析结果显示，前后测对比表明学生在摘要结构方面的认知表现显著提高，得分从 3.2(前测)(满分为 10 分)提高到 8.4(后测)(满分为 10 分)。许多学生在教学过程中逐步形成了对摘要结构的元认知意识，能够主动思考每个部分的功能，并有意识地组织各个部分内容。例如，学生开始主动检查摘要是否包括研究目的、方法、结果和结论，并确保这些部分的逻辑关系清晰。在有声思维法记录中，一名学生提道："我学会了先整理思路，再开始写作，这样能更好地把摘要结构分清楚。"

描述性统计显示，前测中约60%的学生未能清晰区分摘要的核心部分，摘要显得松散且缺乏逻辑性。前测得分的平均值为3.2（满分为10分），标准差为2.1。经过教学干预后，学生对摘要结构的认知显著提升，后测得分平均为8.4（标准差为1.3）。推断性统计分析（$t=-12.56$，$p<0.001$）证实了元认知意识的培养对摘要结构认知的有效促进。

（2）时态使用的认知变化

学生在时态使用方面的认知能力也得到了显著提升，错误率从38%下降至22%。在有声思维法记录中，许多学生开始更加主动地思考何时使用不同的时态，并在写作过程中进行自我监控。例如，一名学生反思道："我现在知道了描述研究方法时用过去时，讨论普遍事实时用现在时，这让我在写作时变得更加有意识。"

在前测中，约45%的学生在时态使用上存在显著错误，特别是在研究背景与结果的时态选择上。前测时态使用错误率为38%，标准误差为5.2%。经过教学干预后，学生在时态使用上的错误率显著减少，后测错误率下降至22%。后测的描述性统计显示，时态使用的得分从前测的5.0（标准差2.3）提高到7.6（标准差1.5）。推断性统计分析显示，时态使用的改进具有统计学意义（$t=-9.42$，$p<0.001$）。

（3）元话语的认知变化

定量数据显示，学生在元话语的运用方面得分从4.0提高到7.8，约70%的学生能够在摘要中有效运用元话语。通过有声思维法记录，学生反映出他们越来越能够意识到元话语在增强文章逻辑性和引导读者理解中的重要作用。例如，一名学生表示："元话语的使用帮助我在摘要写作时更有条理，各部分的逻辑关系也更明确。"

在前测中，约50%的学生未能有效使用元话语，许多学生在摘要中未能清晰表达研究的目的和结论。前测中元话语使用的得分为4.0（满分为10分），标准差为2.5。经过教学干预后，70%的学生能够有效使用元话语，后测得分平均为7.8（标准差为1.4）。推断性统计分析表明，前后测的差异具有显著性（$t=-11.03$，$p<0.001$），证明了元认知意识的培养对元话语使用的有效提升。

研究问题二：基于体裁教学法的学术论文摘要写作教学如何通过培养学生的元认知意识，影响他们在写作过程中的任务完成情况、写作策略的调整和自我监控能力的提升？

（1）任务完成情况

通过分析学生的反思日志和自我评估数据，教师注意到学生在任务完成方面的显著提升。许多学生反映，元认知意识的提高帮助他们更加清晰地规划写作任务，减少了拖延现象，并能够按时完成摘要写作任务。在反思日志中，学生提道："以前我总是拖延，现在我知道了如何通过分步计划来合理安排写作时间。"

前测中，仅55%的学生能够按时完成任务，任务完成度的得分为5.4（满分为10分），标准差为3.0。教学干预后，几乎所有学生都能按时完成任务，且任务完成度显著提高，后测的任务完成度得分为9.2（标准差为0.8）。推断性统计分析（$t = -13.22$，$p < 0.001$）表明，元认知意识的培养对任务完成情况产生了积极影响。

（2）写作策略的调整

80%的学生在教学干预后开始使用大纲、思维导图等策略进行写作规划，并且学生的写作得分显著提高。许多学生表示，元认知意识帮助他们在写作前更好地整理思路，并制定合理的写作框架。这种策略的调整使得他们在写作过程中更加高效，减少了无效的修改。例如，一名学生表示："通过提前规划，我可以避免在写作过程中迷失方向，思路也更清晰了。"

在前测中，约40%的学生使用大纲或思维导图进行写作规划。而后测显示，80%的学生采用了这些策略，得分从前测的4.5（标准差2.8）提高到后测的8.0（标准差1.2）。推断性统计分析（$t = -10.72$，$p < 0.001$）证实了写作策略调整对写作质量的积极影响。

（3）自我监控能力的提高

学生的自我监控能力得到了显著提高，许多学生能够主动识别并修正自己在语法、结构等方面的错误。在反思日志中，学生提道："现在我学会了在完成写作后检查时态是否一致，摘要结构是否合理，确保每个部分都发挥了作用。"

前测数据显示，仅55%的学生能够有效识别和修正错误，前测自我监控能力的得分为3.9（标准差2.3）。经过教学干预后，学生的自我监控能力显著提高，后测得分为7.6（标准差1.4），约75%的学生能够有效识别并修正自己的错误。推断性统计分析（$t = -12.01$，$p < 0.001$）表明，元认知意识的提高显著促进了学生的自我监控能力。

研究问题三：在基于体裁教学法的学术论文摘要写作教学过程中，学生的元认知意识如何影响他们的情感态度变化，包括写作动机、自信心和焦虑感的变化？

（1）写作动机

通过反思日志和自我评估数据，教学干预显著提升了学生的写作动机。许多学生表示，在元认知意识的帮助下，他们能够更清晰地理解学术写作任务，增强了完成任务的信心和兴趣。学生反映道："我以前觉得写摘要很枯燥，但通过教学，我学会了如何规划和组织，开始觉得摘要写作很有挑战性和趣味性。"

前测中，约60%的学生对学术写作有畏惧感，写作动机较低。前测问卷数据显示，写作动机得分为5.2（满分为10分），标准差为2.6。经过教学干预后，学生的写作动机显著提升，后测得分为8.1（标准差为1.1）。推断性统计（$t = -15.12$，$p < 0.001$）验证了写作动机在教学干预前后发生的显著变化，表明元认知意识的培养对写作动机有显著的积极影响。

（2）自信心

在教学过程中，学生的自信心有了明显提升。通过反思日志与访谈，学生普遍反映在写作过程中作出的决策和修正更有自信。学生指出："以前我总是怀疑自己的写作是否符合要求，但现在我知道该如何检查和调整，写作时更有信心了。"

前测中，学生在写作自信心方面的得分较低，平均得分为 4.8（满分 10 分），标准差为 2.7。经过教学干预后，学生的自信心得到了显著提升，后测得分为 8.0（标准差为 1.3）。推断性统计（$t=-13.65$，$p<0.001$）表明，元认知意识的提高对学生写作自信心的提升具有显著的积极影响。

（3）焦虑感

在教学干预过程中，学生的写作焦虑感显著下降。反思日志和情感态度量表结果显示，许多学生在教学后表示对写作不再感到过度焦虑，并且学会了如何应对写作中遇到的困难。一个学生表示："我不再担心写不出好的摘要，现在我知道了如何分步骤进行写作，焦虑感减少了很多。"

前测中，学生普遍存在较高的写作焦虑感，焦虑感得分为 7.3（满分 10 分），标准差为 2.9。经过教学干预后，学生的写作焦虑感得分显著下降，后测得分为 4.5（标准差为 1.8）。推断性统计（$t=9.87$，$p<0.001$）表明，元认知意识的提升有效缓解了学生的写作焦虑感。

通过对教学过程中的定性和定量数据分析，研究表明，基于体裁教学法的学术论文摘要写作教学有效促进了学生元认知意识的提升，并显著影响了学生的认知表现、写作策略、自我监控能力以及情感态度。具体来说，元认知意识在摘要结构、时态使用和元话语的应用上有了明显改善，学生在任务完成情况、写作策略的调整和自我监控能力方面也表现出积极变化。同时，写作动机、自信心和焦虑感的变化进一步表明，元认知意识的培养有助于缓解学生的写作焦虑，并增强其写作动机和自信心。

六、讨论

通过学术写作教学的持续干预，学生在摘要写作中的认知能力和行为表现发生了显著的转变。在认知方面，学生逐渐掌握了摘要的核心结构及其写作要素，这一变化首先表现在学生对摘要结构的深化理解上。在课程初期，仅有部分学生能识别摘要的基本组成部分，大部分学术未能深入理解学术摘要各部分的内在关系和写作要求。教师的教学干预加强了学生学术写作的反复训练，学生基本掌握了学术摘要的基本构成，并意识到，摘要不仅是研究内容的简洁呈现，更是科研成果的精炼表达，也深刻理解到摘要中各个部分在内容上需要协调一致，确保逻辑流畅。这一认知的转变，使学生在写作中能够更精准地把握研究目的、方法、结果和结论之间的内在联系。例如，在写作实验性研究摘要时，学生能够重点凸显研究方法和结果的具体性；而在撰写理论性研究时，他们则学会了更加重视背景的阐述和理论结论的贡献。这一认知的提升，不仅帮助学生明确了摘要写作的框架，也使他们能够根据具体的研究内容调整写作的重点，提升了摘要的学术性和规范性。

(一)摘要写作的深度认知

在学生的认知提升过程中，摘要写作技巧逐渐从简单的"总结"演变为复杂的"精炼"。初期，学生可能只是简单地复制研究的内容，而缺乏对研究精髓的提炼。然而，经过学术写作训练后，他们逐渐认识到摘要写作具有多重任务：一方面要浓缩研究的核心内容，另一方面要清晰地传达研究逻辑。这一转变与体裁意识的培养密切相关，相关研究表明，在学术英语写作中，学生通过体裁意识的提高能够显著增强摘要写作中的结构化能力和精准表达(Hardy & Friginal，2016；Yasuda，2011)。例如，Swales(1990)强调，学术写作的结构不仅仅是信息传递的简化工具，更是帮助读者理解研究核心内容和目的的关键。

随着训练程度和频率的深入，学生学会了从文章的不同部分提炼摘要内容，共同构成完整的摘要结构，并通过简洁、精确的语言表达各部分之间的逻辑关联。例如，在研究背景部分，学生不仅简要总结现有研究的不足，还准确地指出自己的研究切入点；而在结果部分，学生能够从研究数据中提炼出核心结论，并将其与研究问题相对接。这一认知的变化反映了学生从"描述"到"分析"的转变，使他们能够把摘要构建成简洁且具有逻辑性的"故事"。

此外，学生逐渐意识到摘要不仅仅是对研究内容的总结，更是研究"面貌"的展示。作为文章的窗口，摘要往往决定了读者是否愿意阅读全文。因此，学会写出既符合学术要求又能吸引读者兴趣的摘要，成为学术写作训练中的重要目标。这种意识的转变，不仅提升了学生对摘要写作的重视程度，也增强了他们对写作质量的控制力。这些变化不仅帮学生提高了写作技巧，也加深了学生理解学术写作的社会功能和目标。

(二)时态使用的逐步规范

时态是学术写作中的一个关键要素，尤其是在撰写摘要时，学生需要灵活运用不同的时态来准确表达各个部分的内容。通过持续的写作训练，学生的时态选择能力得到了显著提高。在初期阶段，许多学生在描述不同部分时，时态的选择并不规范，容易出现时态混用的现象。例如，学生常常在描述研究背景时使用过去时，而在描述研究过程时使用现在时，这种时态混用会影响文章的逻辑性和学术规范。

随着学术写作训练的深入，学生逐渐掌握了时态的使用规则，并能够根据不同的写作要求合理选择时态。例如，在撰写研究背景时，通常使用现在时或现在完成时来阐述已知的研究成果和现有的研究问题；在描述研究方法时，使用过去时来表述已经完成的实验和操作；而在结果和讨论部分，则更多使用现在时，强调研究的普遍性和学术意义。这样的时态选择不仅增强了文章的逻辑性，也使得学生的学术写作更加符合国际化的学术规范。正如 Hyland(2007)所言，SFL 框架能够帮助学生在学术写作中明确时态的选择，从而提高写作的规范性和逻辑性。此类结构化教学方法为学生掌握时态和结构的关系提供了有力支持。

通过"有声思维法"的引导，学生能够将自己的时态选择过程进行有意识的记录和反思，逐步提升他们在实际写作中的时态运用能力。这种方法帮助学生清晰地理解在不同学术场景中时态的运用，并且通过反复练习，使得时态的使用逐步规范化。

(三)元话语的使用与语言的精准表达

元话语作为学术写作中不可或缺的一部分，承担着在文本中实现逻辑连接和学术论证的功能。在课程干预中，学生逐渐掌握了如何通过元话语来增强文章的连贯性、逻辑性和说服力。元话语在摘要写作中的重要性尤其突出，它不仅帮助学生清晰地表达研究结果，还能够在摘要的简洁性和信息密度之间找到平衡(Swales 等，2004)。

学生通过训练，学会了在摘要中使用不同种类的元话语来加强段落之间的衔接。例如，学生在写作时，开始有意识地使用"因此""因此可以推测""换句话说"等词语来引导读者理解研究结果。这些元话语不仅在逻辑层面起到了过渡的作用，还帮助学生避免了句子之间的生硬断裂，提升了摘要的流畅性和可读性。学会使用恰当的元话语使得学生在学术表达中更加精准，能够在有限的字数内有效地传达出研究的核心思想和贡献。

学生在使用元话语时，逐步从初期的简单词汇运用向更复杂的表达方式过渡。例如，在讨论研究限制和未来研究方向时，学生学会使用"然而""尽管如此"等转折性元话语来表述研究的局限性，并进一步提出研究的改进方向。在这一过程中，学生不仅提高了学术写作的精确度，也学会了如何通过元话语展现自己的学术判断和批判性思维。相关文献也表明，元话语的有效使用是学术写作中成功表达观点和逻辑的关键因素之一(Cortes，2013；Kanoksilapatham，2005)。

(四)学生写作行为的转变

学生在写作行为上的转变是通过教学干预取得的重要成果之一。许多学生在研究初期的写作过程中往往缺乏明确的目标和计划，导致写作进度慢，质量差。尤其是在面对复杂的学术写作任务时，学生往往产生拖延情绪，或者直接陷入"写作恐惧症"的困境。随着学术写作课程的推进，学生开始通过设定明确的写作目标和时间表，逐步克服这些问题。根据 Swales(1990)的研究，体裁的理解对学生写作行为的转变具有深远影响，尤其是在学术写作中，体裁规范的掌握有助于学生更好地组织思路并提高写作效率。

具体来说，学生学会了如何将写作任务分解为更为具体的小任务，并为每一部分设定时间限制，从而避免了拖延症的产生。例如，学生在写摘要时，首先会进行大量的文献阅读,确定研究的核心问题,并进行初步的构思;其次,他们根据摘要的结构要求,逐步完成各部分的写作;最后,进行多轮的修改和润色。这一任务分解和时间管理的方法,使得学生的写作更加有条理,且能够在规定的时间内高质量地完成任务。这一写作策略的转变符合 Paltridge(2001)对学术写作中体裁结构与功能要求的强调,通过明确的写作框架,学生能够更系统地提高自己的写作能力。

除了写作行为的规范化,学生的写作动力也得到了显著提升。随着自我效能感的增强,学生开始更加积极主动地参与学术写作,认为写作是学术研究的一个重要组成部分,而不仅仅是为了完成课程作业。Hardy & Friginal(2016)以及 Hyland(2007)的研究表明,体裁教学能够显著增强学生对写作的自信心,使他们从任务导向转向学习导向,认为写作不仅仅是形式的完成,而是与学术交流和思维发展密切相关。这种写作态度的转变,不仅增强了学生的学习动力,还促进了他们学术能力的全面发展。

(五)学生写作策略的多样化

随着学术写作能力的不断提高,学生开始发展出更加多样化的写作策略。在最初阶段,许多学生依赖于直接模仿和记忆化写作方式,这种方法往往缺乏个性化,且不能有效应对学术写作中的各种复杂问题。然而,通过学术写作训练和持续的实践,学生逐渐意识到每篇文章的写作需求不同,需要根据具体的题目和写作要求来调整策略。

例如,在摘要写作中,一些学生开始尝试采用"先写结果再写背景"的策略,认为这样可以避免过多的重复和冗余,从而增强文章的核心性。另一些学生则通过"口头表达—写作"策略,将自己的思路先通过口头表达进行整理,再转化为书面语言,这样既提高了写作思路的清晰度,又增强了写作的连贯性。此外,学生在面对写作中的难点时,也学会了采取分步处理的方式,逐步攻克难关,而不是一开始就陷入过多的细节中。这种策略的多样化和个性化,使得学生的写作水平得到了进一步提升。

(六)情感态度的转变

情感态度的转变同样是学术写作教学中不可忽视的一个方面。初期,许多学生对学术写作持有负面情感,认为写作是一项艰难、枯燥且无聊的任务,尤其是学术写作,常常被视为繁琐的工作。很多学生对写作的信心不足,甚至产生焦虑感。在这种情绪的驱使下,学生往往无法全身心投入写作,也难以体验到学术写作带来的成就感。

然而,随着学术写作训练的深入,学生的情感态度发生了显著变化。通过对写作目标的逐步明确、写作技巧的掌握以及成就感的不断积累,学生逐渐开始对写作产生积极的情感。特别是在写作取得一定进展时,学生开始意识到写作不仅仅是传达信息的工具,更是思维的延伸和研究成果的展示。每当他们完成一个摘要的写作,都会获得一种成就感和自信心,从而形成对学术写作的积极认同。

更重要的是，学生逐渐发现，学术写作并非一项孤立的任务，而是与整个学术研究的过程息息相关。在这一过程中，学生体验到了从无到有的创作过程，而这正是学术研究中最具吸引力的部分之一。这种情感态度的转变，不仅增强了学生的写作动力，也促进了他们对学术研究的兴趣，激发了他们继续深入探索学术领域的愿望。

（七）学术写作能力的提升和学生自信心的建立

学术写作课程的不断干预，促使学生的写作能力显著提升。随着认知能力的提高、写作行为的改善以及情感态度的转变，学生不仅在学术写作中取得了明显的进步，还逐步建立了对写作过程的掌控感和对自己能力的信心。这一信心的提升，对于学生未来在学术领域的进一步发展具有深远的影响。

当学生能够在较短时间内完成一篇逻辑严密、内容精炼的摘要时，他们通常会获得来自教师和同学的肯定，这种积极反馈进一步增强了他们的自信心。更重要的是，通过不断的写作实践，学生逐渐认识到，写作并非一蹴而就的技能，而是一个通过不断积累和反思而逐渐提升的过程。正因如此，学生开始主动寻找更多的学术写作机会，并且在面对更为复杂的学术写作任务时，能够采取更加积极的心态去应对和解决问题。

总结来说，学术写作教学不仅仅提升了学生的写作能力，还促使学生在认知、行为、情感等多个层面发生了深刻的变化。从最初的写作困惑和不自信，到后期的自我掌控和积极应对，学生在写作过程中积累了大量的经验，并逐步形成了自己的写作风格和思维方式。这一过程不仅提升了他们的学术素养，还帮助他们在未来的学术道路上迈出了坚实的步伐。通过对学生学术写作能力提升过程的分析，我们可以看到，学术写作不仅仅是一项技能的培养，更是学生认知、行为和情感的多维度发展。通过有效的教学干预和写作训练，学生能够在结构、时态、语言、策略等方面获得全面的提升。同时，学术写作的教学过程也是一个促进学生思维深度发展和养成独立性写作的过程，有助于学生在学术领域中树立信心，形成更加严谨和创新的思维方式。未来，随着学术写作教学的不断发展和优化，学生的写作能力将得到进一步提升，为他们在学术研究和其他领域的成功打下坚实的基础。

七、结语

本研究基于体裁教学法，探讨了元认知意识在学术论文摘要写作教学中的作用，尤其是它如何影响学生在摘要结构、时态使用和元话语运用方面的认知表现，以及在任务完成、写作策略调整和自我监控能力的提升过程中的作用。通过两轮行动研究，结合定量与定性数据，特别是有声思维法、教师与学生反思日志、自我评估和同伴评估等多维度数据的综合分析，研究全面揭示了元认知意识对学术摘要写作教学效果的显著影响，并探讨了其对学生写作过程中的认知、行为和情感层面的影响。

首先，关于学生的认知表现，研究发现，元认知意识显著影响了学生在摘要结构、时态使用以及元话语运用方面的认知表现。在基于体裁教学法的教学过程中，学生通过提升元认知意识，能够更加清晰地识别学术摘要写作的结构要求，掌握正确的时态使用以及元话语的恰当运用。元认知意识的提高帮助学生自觉地进行写作计划与监控，在写作过程中进行有效的自我调节，避免了结构混乱、时态使用不当和元话语运用不准确等问题。通过有声思维法的分析，教师能够进一步了解学生的思维过程，帮助调整教学策略，进一步提升学生的元认知能力。

其次，研究表明，元认知意识的培养在提升学生任务完成情况、写作策略调整和自我监控能力方面发挥了重要作用。学生在写作过程中逐步学会了如何评估自己的写作任务，并调整写作策略以提高写作效率。通过反思日志和自我评估，学生能够清晰识别自己在写作中面临的困难，采取相应的调整策略，提升任务完成的质量与效率。此外，学生的自我监控能力得到了明显增强，尤其是在写作行为调整方面，学生能够更加自主地管理自己的写作过程，及时发现并改正写作中的不足，从而提高写作质量。

在情感层面，元认知意识的提升也显著影响了学生的情感态度变化，尤其是在写作动机、自信心和焦虑感方面的变化。通过持续的写作实践和教师及同伴的及时反馈，学生逐步克服了写作焦虑，增强了写作的自信心。元认知意识的提高帮助学生从更理性的角度审视自己的写作过程，使他们能够更加自信地面对学术写作的挑战。研究显示，学生在教学过程中表现出了更高的写作动机，并能够以更加积极的心态面对写作中的困难。这一变化体现了元认知意识对学生情感态度的深刻影响。

综合来看，本研究验证了元认知意识在基于体裁教学法的学术论文摘要写作教学中的重要作用。研究表明，通过培养学生的元认知意识，能够显著提升学生在写作过程中的认知表现、写作策略调整和自我监控能力，进而增强学生的写作信心，减轻写作焦虑，提升写作动机。通过行动研究，教师能够在教学过程中不断反思，并根据反思结果及时调整教学策略，促进了学生学术写作能力上的全面发展。

基于研究结果，以下几点教学启示具有重要价值：

第一，注重元认知意识的培养：教师应在学术摘要写作教学中系统地培养学生的元认知能力。通过引导学生进行自我评估和反思，帮助他们更加清楚地认识自己的写作过程和存在的问题。鼓励学生在写作过程中进行计划、监控和调整，提升他们的自我调节能力。

第二，强化写作结构、时态和元话语的教学：在教学过程中，教师应明确传授学术摘要的基本结构和时态使用规则，特别是帮助学生理解元话语的作用及其应用技巧。通过元认知训练，学生能够自觉运用这些技巧，并灵活应对学术写作中的复杂问题。

第三，优化写作策略与自我监控能力的培养：教师应设计多样化的写作任务和练习，促使学生在完成写作任务的过程中不断调整写作策略。通过定期的反馈和反思，帮助学生发展出更为高效的写作策略，并提升其自我监控能力，确保写作质量的持续提升。

第四，关注学生的情感态度：教学应考虑到学生的情感需求，特别是针对学术写作焦虑的管理。通过积极的鼓励和反馈，帮助学生增强自信心，保持对学术写作的兴趣和动机。尤其是对于非母语学生，教师应通过增强元认知意识来减轻其写作中的焦虑感，提升其写作自信。

然而，本研究也存在一定局限性。研究对象仅限于一所大学的英语专业学生，未来的研究可以扩大样本范围，探讨不同学科背景下学生的元认知意识对学术摘要写作的影响。此外，教学干预时间虽然较为充分，但个体差异仍可能影响学生的学习效果，未来研究可以进一步探索个性化教学策略的应用。

总体而言，本研究通过结合体裁教学法与元认知意识的培养，展示了如何有效提升学生的学术摘要写作能力。教师在教学中不断反思与调整策略，以更好地满足学生的需求，并促进他们在认知、行为和情感层面上的全面发展。随着学术写作研究的深入，未来的教学应更加注重个性化、多样化的教学方法，探索如何更有效地结合学生的元认知特点，进一步提升学术写作教学的质量与效果。

◎ 参考文献

Bitchener, J. Writing an applied linguistics thesis or dissertation：A guide to presenting empirical research[M]. Bloomsbury Publishing, 2009.

Berkenkotter, C., Huckin, T. N. Genre knowledge in disciplinary communication：Cognition/culture/power[M]. Hillsdale, NJ：Lawrence Erlbaum, 1995.

Bhatia, V. K. Analysing Genre：language use in professional settings[M]. London：Longman, 1993.

Birhan, A. T. Effects of Teaching Lexical Bundles on EFL Students' Abstract Genre Academic Writing Skills Improvement：Corpus-Based Research Design[J]. International Journal of Language Education, 2021, 5(1)：585-597.

Casanave, C. P. Controversies in second language writing：Dilemmas and decisions in research and instruction[M]. University of Michigan Press, 2013.

Chen, M., Flowerdew, J. A critical review of research and practice in data-driven learning (DDL) in the academic writing classroom[J]. International Journal of Corpus Linguistics, 2018, 23(3)：335-369.

Cortes, V. The purpose of this study is to：Connecting lexical bundles and moves in research article introductions[J]. Journal of English for Academic Purposes, 2013, 12(1)：33-43.

Cotos, E., Huffman, S., Link, S. A move/step model for methods sections：Demonstrating rigour and credibility[J]. English for Specific Purposes, 2017, 46: 90-106.

Cumming, A. ESL/EFL instructors' practices for writing assessment: Specific purposes or general purposes? [J]. Language Testing, 2001, 18(2): 207-224.

Cutting, J. Vague language in conference abstracts[J]. Journal of English for Academic Purposes, 2012, 11(4): 283-293.

Devitt, A. J. Writing genres[M]. SIU Press, 2004.

Dugartsyrenova, V. A. Facilitating undergraduate novice L2 writers' pathways toward criticality enactment in genre-based literature review writing instruction [J]. English for Specific Purposes, 2024, 75: 1-14.

Dugartsyrenova, V. A., Sardegna, V. G. Enhancing genre instruction on research proposal introductions with an online academic writing tutor[J]. Journal of Second Language Writing, 2022, 58: 100908.

Egbert, J., Plonsky, L. Success in the abstract: Exploring linguistic and stylistic predictors of conference abstract ratings[J]. Corpora, 2015, 10(3): 291-313.

ElSerty, L. Genre Analysis of the Abstracts of EAP and AAP Journal Articles: A Comparative Study with Pedagogical Implications[J]. Journal of Academic Perspectives Volume, 2024, (1): 22.

Faber, B. Rhetoric in competition: The formation of organizational discourse in Conference on College Composition and Communication abstracts [J]. Written Communication, 1996, 13 (3): 355-384.

Green, S. Novice ESL writers: A longitudinal case-study of the situated academic writing processes of three undergraduates in a TESOL context[J]. Journal of English for Academic Purposes, 2013, 12(3): 180-191.

Hardy, J. A., Friginal, E. Genre variation in student writing: A multi-dimensional analysis[J]. Journal of English for Academic Purposes, 2016, 22: 119-131.

Halleck, G. B., Connor, U. M. Rhetorical moves in TESOL conference proposals[J]. Journal of English for Academic Purposes, 2006, 5(1): 70-86.

Hayes, J. R., Flower, L. Uncovering cognitive processes in writing: An introduction to protocol analysis[R]. ERIC Clearinghouse, 1981.

Hsu, W. C., Liu, G. Z. Genre-based writing instruction blended with an online writing tutorial system for the development of academic writing[J]. Digital Scholarship in the Humanities, 2019, 34(1): 100-123.

Huang, J. C. Learning to write for publication in English through genre-based pedagogy: A case in Taiwan[J]. System, 2014, 45: 175-186.

Hyland, K. Genre pedagogy: Language, literacy and L2 writing instruction[J]. Journal of Second Language Writing, 2007, 16(3): 148-164.

Hyland, K. Academic discourse: English in a global context[M]. London: Continuum, 2009.

Ioratim-Uba, G. The impact of an instruction to improve L2 learners' academic conference abstract writing in multidisciplinary programmes[J]. Language Learning in Higher Education, 2020, 10(1): 143-169.

Jiang, F., Hyland, K. Changes in research abstracts: Past tense, third person, passive, and negatives[J]. Written Communication, 2023, 40(1): 210-237.

Kanoksilapatham, B. Distinguishing textual features characterizing structural variation in research articles across three engineering sub-discipline corpora[J]. English for Specific Purposes, 2015, 37: 74-86.

Kaplan, R. B., Cantor, S., Hagstrom, C., et al. On abstract writing[J]. Text-Interdisciplinary Journal for the Study of Discourse, 1994, 14(3): 401-426.

Kellogg, R. T. Training writing skills: A cognitive developmental perspective[J]. Journal of Writing Research, 2008, 1(1): 1-26.

Kemmis, S. & R. McTaggart (eds.). *The Action Research Planner* (3rd ed.)[C]. Geelong: Deakin University Press, 1988.

Kormos, J. The role of cognitive factors in second language writing and writing to learn a second language[J]. Studies in Second Language Acquisition, 2023, 45(3): 622-646.

Le, T. N. P., Harrington, M. Phraseology used to comment on results in the Discussion section of applied linguistics quantitative research articles[J]. English for Specific Purposes, 2015, 39: 45-61.

Martín, P. M. A genre analysis of English and Spanish research paper abstracts in experimental social sciences[J]. English for Specific Purposes, 2003, 22(1): 25-43.

Negretti, R. Metacognition in student academic writing: A longitudinal study of metacognitive awareness and its relation to task perception, self-regulation, and evaluation of performance[J]. Written Communication, 2012, 29(2): 142-179.

Paltridge, B. Genre and the language learning classroom[M]. Ann Arbor, MI: The University of Michigan Press, 2001.

Révész, A., Michel, M., Lee, M. Exploring second language writers' pausing and revision behaviors: A mixed-methods study[J]. Studies in Second Language Acquisition, 2019, 41(3): 605-631.

Samar, R. G., Talebzadeh, H., Kiany, G. R., et al. Moves and steps to sell a paper: A cross-cultural genre analysis of applied linguistics conference abstracts[J]. Text & Talk, 2014, 34

（6）：759-785.

Swales, J. Aspects of article introductions[M]. Ann Arbor, MI：University of Michigan Press, 1981, 2011.

Swales, J. M. Genre analysis[M]. Cambridge：Cambridge University Press, 1990.

Swales, J. M. Research genres：Explorations and applications [M]. Cambridge University Press, 2004.

wales, J. M., Feak, C. B. Academic writing for graduate students：Essential tasks and skills (Vol. 1)[M]. Ann Arbor, MI：University of Michigan Press, 2004.

Yasuda, S. Genre-based tasks in foreign language writing：Developing writers' genre awareness, linguistic knowledge, and writing competence[J]. Journal of Second Language Writing, 2011, 20(2)：111-133.

Yoon, J., Casal, J. E. Rhetorical structure, sequence, and variation：A step-driven move analysis of applied linguistics conference abstracts [J]. International Journal of Applied Linguistics, 2020, 30(3)：462-478.

Yuan, R., Stapleton, P. Student teachers' perceptions of critical thinking and its teaching[J]. ELT Journal, 2020, 74(1)：40-48.

何文娟. 国内英语教学行动研究二十五年——基于 10 种 CSSCI 期刊 25 年(1994—2019)论文的统计与分析[J]. 衡阳师范学院学报(社会科学), 2021(1)：142-148.

申继亮. 教学反思与行动研究——教师发展之路[M]. 北京：北京师范大学出版社, 2006.

孙友中, 张莲. 大学思辨英语教程写作 4——学术写作[M]. 北京：外语教学与研究出版社, 2017.

田贵森, 王冕. 功能语言学在中国的应用研究与发展[J]. 北京科技大学学报(社会科学版), 2008(2)：98-103.

王蔷, 张虹. 英语教师行动研究[M]. 北京：外语教学与研究出版社, 2014.

附 录

附录 A：范例摘要 A Comparing composing processes in writing-only and reading-to-write test tasks

S1. The use of reading-to-write tasks for assessing academic writing in English is increasing, often replacing traditional impromptu writing-only tasks.

S2. This shift has led to a number of studies comparing the written products of these two task types.

S3. To add to this literature, this article reports on a study comparing test takers' processes in composing reading-to-write and writing-only test tasks.

S4. Ten non-native English-speaking students at a large Midwestern United States university participated in talk-aloud writing sessions and interviews.

S5. They wrote on tasks developed for the English placement exam at the university.

S6. The data were analyzed qualitatively across tasks and test takers.

S7. Differences were found across tasks and writers with the reading-to-write task eliciting a more interactive process for some writers and writing-only tasks requiring more initial and less online planning.

S8. Those with more experience and interest in writing reported using a more interactive process.

S9. To use the results in choosing between the two tasks, careful consideration of the construct for academic writing is needed.

S10. However, the results suggest a more authentic process in reading-to-write tasks, and also reveal test takers' preference for these tasks.

附录 B：摘要 B The influence of post-editing machine translation output on novice translators: A comparative study

S1. With the development of modern technology and improvement of algorithms, machine translation (MT) is playing a more important role in translation work.

S2. The dominating online machine translation is statistical machine translation which works by analyzing a large amount of parallel multilingual texts.

S3. And one of the most popular machine translation of this kind is Google Translate.

S4. Some novice translators, for lack of translation competence or for time pressure, usually resort to post-editing machine translation output in order to pursue higher productivity and quality.

S5. But the effects of post-editing machine translation output on novice translators are not clear.

S6. Through a controlled study between two translation methods (post-editing of MT and human translation), the productivity and quality of translation are carefully compared.

S7. As the effect of post-editing MT output on translation quality and speed might vary depending on text types, two text types (i. e., news and manual) are compared in this study.

S8. The study is set in the scenario of English-Chinese translation.

S9. It is found that post-editing of MT indeed helps improve the quality of the final output, but the extent to which the positive influence of post-editing of MT on quality differs over text types.

S10. Besides, post-editing of MT does not necessarily improve post-editors' productivity.

S11. This research showed that post-editing of MT increased translators' productivity when they worked manually but made them work slower when they translated news.

S12. In addition, post-editing of MT could produce translation with better quality than human translation of both types of text but to different extents.

S13. The translated manual by post-editing of MT was greatly improved as compared with human translation, but the improvement in news could barely be noticed.

附录 C: 摘要 C Exploring Chinese EFL Learners' Decision-Making Processes in L2 Revising: The Interplay of Feedback Types, Student-Related, Feedback-Related, and Tool-Related Factors

S1. Chinese EFL learners' L2 (second language) composing process has been constantly receiving researchers' attention in recent years; however, inadequate research has been undertaken to investigate Chinese students' decision-making in the L2 revising process — an essential component in the L2 writing process.

S2. This study aims to examine Chinese EFL learners' decision-making processes when they responded to two modes of feedback (automated web-based feedback and teacher feedback) and revised English essays, as well as the factors which may have influenced such decision-making processes.

S3. Multiple sources of data were collected through think-aloud protocols, stimulated recall, semi-structured interviews, and textual analysis of student essays.

S4. Data analysis illustrated similar decision-making patterns among these student writers when they attempted to detect and diagnose the problems in their writing with the aid of feedback and to select revision strategies to make their essays look better. Yet, the student writers were more likely to encounter difficulties in defining the problems detected by the automated web-based feedback; and their decision-making patterns seemed more complex when they made heuristics and plans to modify their essays according to teacher feedback. Student-related factors such as self-image as good (or poor) L2 writers and mental representation of good English expository writing shaped by their previous learning and assessment experience, feedback-related factors, and tool-related factors such as familiarity with Web-based language learning tools interacted with one another to influence the participant's decision-making patterns in the L2 revising process.

S5. Pedagogical implications for the findings are discussed concerning the importance for teachers to help students develop effective revision practices.

第九章　个体差异因素与二语加工的实证研究(二)

在二语习得领域,语言加工层次(Depth of Processing,简称 DoP)是一个关键的认知因素,直接影响学习者对语言输入的加工深度和效率。本章将在第一部分和第二部分所建立的知识框架上进一步深入探讨在显性教学方式条件下,学习者的个体差异因素——先验知识与二语水平——对学习者二语语法加工的影响。通过聚类分析方法,本章聚焦显性演绎式与显性归纳式教学方式对中国中部地区 EFL 学习者的影响,揭示了不同教学方式如何塑造学习者的认知过程,并进一步探讨了先验知识和二语水平如何影响学习者的二语学习加工过程和效果。研究对象为 313 名一年级本科生,他们参与了特别设计的二语语言加工任务,旨在评估不同教学方法对提升语言意识和语言能力的作用。本章的实证研究结果不仅丰富了理论篇所提供的知识体系,而且通过方法篇介绍的研究工具,为理解学习者在显性教学条件下的具体认知策略和过程提供了深入见解。

一、引言

在二语习得领域,学习者的语言加工层次(DoP)被认为是影响其二语学习效果的核心认知因素。显性教学,通过直接教授语言规则,被认为能够有效提升学习者的语言意识和语言能力。然而,关于显性教学对学习者的加工层次具体影响的研究仍然不足,尤其是在不同显性教学方式如何塑造学习者的认知过程,以及这些过程如何与二语学习效果和先验知识相互作用的问题上。

本研究旨在填补这一研究空白,通过聚类分析方法,对比显性演绎式与显性归纳式教学方式对中国 EFL 大学生学习者加工层次的质量的影响。研究对象为来自中国中部一所大学的 313 名一年级本科生,旨在揭示不同教学方式对学习者加工层次的质量的影响,并分析这些认知过程如何与二语学习效果及先验知识相互作用。

国内外研究,如 Cerezo et al. (2016)和 Leow et al. (2019),已经强调了教学方式对学习者认知过程的显著影响。然而,这些研究多集中于单一教学方式或特定语言,对于中国英语学习者的实证研究相对较少。本研究扩展了这一领域的研究视野,通过聚类分析方法深入探讨不同教学方式下学习者的认知过程,并分析这些过程如何影响二语学习效果和先验知识。研究结果不仅从理论上深化了对显性教学的影响的认识,特别是其对学习者认知过程的作用，而且通过区分显性演绎式与显性归纳式教学方式，为二语习得的认知过程分析提供了更细致的视角。在实践层面，研究结果为大学英语教学提供了定制化的教学策略，强调了根据学习者的先验知识水平选择合适的教学方法的重要性。方法论上，本研究采用的聚类分析方法为分析教学方式与学习者认知过程的关系提供了新的研究工具，为未来在不同教育背景和语言学习环境下的研究开辟了新途径。

二、文献综述

(一)加工层次的质量

在语言习得和认知心理学领域，加工层次的质量是理解学习者如何加工语言输入的关键因素。加工层次的质量，如 Cerezo et al.（2016）所述，涉及学习者在语言输入过程中所运用的认知过程。这些过程包括假设形成、语法规则的形成、先验知识的激活和元认知（Cerezo et al.，2016）。每种认知过程都对二语语言的理解和记忆起着不同的作用。就假设形成而言，学习者通过形成关于二语语言结构的假设，积极参与语言规则的发现过程（Cerezo et al.，2016）。从语法规则的形成来说，学习者尝试提供目的语的语法规则，这有助于他们构建语言知识框架。在先验知识的激活方面，利用先验知识可以帮助学习者更快地理解和记忆新的语法结构。就元认知而言，通过元认知活动，学习者能够监控自己的学习进度，调整学习策略，以适应不同的学习情境。

Leow（2015）强调了认知过程在二语语言输入加工中的作用，为后续研究提供了理论基础。Cerezo et al.（2016）进一步发展了这一理论，提出了具体的加工层次质量的编码表，为实证研究提供了工具。此外，该领域的研究还包括了对不同教学方法和学习环境如何影响加工层次质量的探讨。

总的来说，加工层次的质量对二语语言习得至关重要。它不仅影响学习者对二语语言结构的掌握，还关系到他们如何将新知识与现有知识体系相整合。高质量的认知加工可以促进深度学习，加强记忆和理解，从而提高语言运用的准确性和流利性。

(二)加工层次的质量与教学方式的关系

学习者对第二语言（L2）输入的加工层次（DoP）与教学类型密切相关。作为外部学习者变量，不同类型的教学在输入的性质和教授方法上存在差异，因此有助于促成不同的学习过程和学习结果。相比之下，DoP 是内部学习者因素，专注于学习过程。不同类型的教学对学习过程产生的差异主要反映在 DoP 的质量上（即认知过程）。不同的教学方式可能会引发学习者不同的认知过程。当学习者接受某种教学方式时，由于教学方式内部的差异（例如，教学材料或教学活动背后的不同认知要求/需求）以及学习者自身（例如，先验知识、工作记忆、学习风格)的差异,他们可能会采用不同的认知过程来加工学习材料。由于教学方式影响学习者能够实现的 DoP 质量,即使在相同的教学条件下,学习者的加工方式也可能不同。换句话说,可能有助于促成一个学习者 DoP 质量的某种教学方式,并不一定有助于另一个学习者达到相同的 DoP 质量。

目前,学界对于不同教学方式如何影响学习者加工层次质量(DoP)的认知过程的认识仍然有限。Cerezo 等(2016)通过比较显性归纳式教学(基于教育性视频游戏)与显性演绎式教学,探讨了教学方式对认知过程的影响。在显性归纳式教学中,学习者通过互动迷宫游戏学习西班牙语动词 gustar 的用法,而传统演绎式教学则依赖于教师的直接讲解。研究发现,显性归纳式教学在即时后测中表现更佳,但两种教学方式在延时后测中的差异不显著。Cerezo 等(2016)还指出,规则形成是学习者最常采用的认知过程,其次是元认知和先验知识的激活。然而,该研究未能考察显性演绎式教学下的认知过程。

为了填补这一研究空白,Leow 等(2019)对比了显性归纳式与显性演绎式教学在视频游戏环境下对二语学习者学习西班牙语词汇 para 和 por 的用法的影响。与 Cerezo 等(2016)的结果不同的是,该研究发现显性归纳式教学方式相比显性演绎式教学方式而言对于学习效果没有显著的优势。不过,就认知过程而言,这两种教学方式促生了不同的认知过程。在显性归纳式教学组的学习者的认知过程与 Cerezo et al.(2016)一致,但是在显性演绎式教学组的学习者则有更多的新近的先验知识的激活,有少量的假设形成和规则形成,没有使用元认知。

(三)加工层次的质量和先验知识的关系

加工层次(DoP)的质量不仅受教学方式的影响,还与学习者的先验知识紧密相关。Leow(2015)在其课堂环境下的二语学习过程模型中强调了先验知识作为一种个体差异因素在语言加工中的重要性。先验知识水平较低的学习者可能进行数据驱动型加工,而高水平的学习者则倾向于概念驱动型加工,这影响了语言输入的系统性储存和加工层次的深度。具体而言,低水平的先验知识可能导致学习者将语言信息编码为非系统性的语块,而高水平的先验知识则促进了语言输入的系统性整合。在系统学习过程中,学习者可能通过联结先验知识或数据驱动型加工来处理语言输入。显性学习与隐性学习均涉及语言数据的系统化存储。

Leow(2015)的模型还指出,先验知识的质量对加工层次有显著影响。错误的先验知识可能会与新输入发生冲突,增加加工难度。尽管先验知识对 DoP 的质量具有重要作用,但很少有研究考察两者的关系,相关研究主要集中在新近先验知识对概念驱动型加工的影响(第一类),以及实验前先验知识对加工的影响(第二类)。

第一类:Leow(1998a)对西班牙语初学者进行的研究揭示了重复语言输入对学习成效的积极作用。通过纵横拼字谜,学习者在接触两次而非一次输入后,表现出更佳的后测成绩。有声思维分析显示,学习者根据先验知识水平采取了概念驱动型或数据驱动型加工路径,前者在接收新信息时激活了相关的形态规则,而后者则未能如此,导致加工层次较低。Qi 和 Lapkin(2001)的研究通过有声思维法探讨了写作任务中的加工层次,发现高层次加工有助于学习者在后续任务中进行更有效的错误纠正。尽管研究样本有限,但结果提示了先验知识在语言修正中的作用。

第二类:De la Fuente(2015)的研究进一步探讨了先验知识与加工层次之间的关系,特别是反馈类型对学习者加工的影响。该研究发现,激活的先验知识有助于学习者在接收反馈时提高加工层次,而缺乏先验知识激活的学习者则停留在较低的加工层次。Leow(2000)的研究也支持了先验知识在语言学习中的重要性,表明学习者在实验前的相关知识能够促进后测表现。

综上所述,先验知识与加工层次之间的联系已得到证实,表明先验知识及其激活有助于学习者进行深入的语言分析,实现更高水平的认知加工。然而,现有研究存在局限性:依赖于有声思维数据的描述性分析,缺乏将先验知识作为独立变量的推断性统计分析;样本量小,主要关注英语和西班牙语的双语者,限制了研究结果的普遍性;且对学习者在接受教学前的先验知识关注不足。为克服这些局限,本研究:1)将先验知识作为独立自变量进行推断性统计分析;2)扩大样本规模;3)选择以汉语为母语、英语为外语的学习者群体,以增强研究的代表性和广泛适用性。

基于以上综述,本研究拟解决以下两个研究问题:

(1)在不同教学方式下学习者的加工层次质量(即认知过程)是否存在型式差异?

(2)不同的教学方式下学习者的加工层次质量(即认知过程)在二语学习效果和先验知识上具有怎样的特征?

三、研究设计

(一)受试

本研究的参与者为中国中部一所大学的 313 名一年级本科生,涵盖自然科学、社会科学、艺术和人文学科等多个专业。他们的英语能力根据大学入学英语分级测试和全国高考英语成绩,显示为中上等级。年龄从 16 岁到 19 岁不等,自愿参加研究。最终样本总数为153 人(男性:104 人;女性:49 人)。有 160 名参与者因缺席、外部接触、无法清晰辨认的有声思维记录或未遵循指令被排除。

(二)实验任务

实验任务设计为问题解决型理解任务,要求学生在提示下完成一系列包含目标结构的拼图游戏。任务设计参考了 Li(2019)的研究,考虑了不同难度的三个层级,分别针对虚拟语气的三种类型(见表 9-1),即对现在的虚拟、对过去的虚拟、混合虚拟,分别包含 6 个句子。这三个层级按照加工难度的递增顺序排列(关于排序的理由,见 Li,2019,p. 351)。实验任务通过 PowerPoint 幻灯片展示,要求参与者从三个不同时态的从句中选择一个与主句匹配(见图 9-1)。

表 9-1　拼图游戏中的干预条目

层级	目的语结构的类型	条目的数量	例句
1	对现在的虚拟	6	If someone offered you a job in another country, would you accept it?
2	对过去的虚拟	6	You wouldn't have had an accident if you had been more careful.
3	混合虚拟(次类型 1:从句是对过去虚拟,主句是对现在虚拟;次类型 2:从句是对现在虚拟,主句是对过去虚拟)	6	I would have a better job if I had worked harder at school.

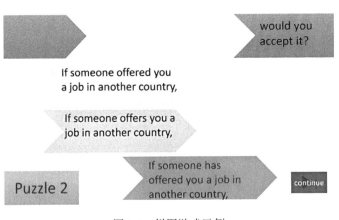

图 9-1　拼图游戏示例

显性演绎式教学(ED)组的参与者先接收语法规则解释和示例,然后进行拼图任务;显性归纳式教学(EI)组的参与者直接进行拼图游戏。每个层级结束时,EI 组的学习者从五条规则中选择正确的语法规则。如果答案错误或正确,都会接收相应的反馈以促发深度加工。如果参与者选择了错误的答案,他们将收到反馈和提示,鼓励他们再次尝试。如果选择了正确答案,他们也会收到反馈和提示,要求他们解释为什么该选项是正确的。控制组阅读目标语言结构的文章,并回答 10 个多项选择理解问题。整个过程由研究人员和助手监控。

(三)数据来源/测量工具

本研究中采用了多种数据来源，包括产出测试、有声思维数据、背景问卷以及即时小结问卷。产出测试分为前测、即时后测和延迟后测，包括控制型产出测试(CPT)和开放式产出测试(FPT)，均设计为考察学习者产出目标语言项目的能力。

CPT 和 FPT 历经数轮预测试，并进行了修订，以确保测试质量。使用 Cronbach's alpha 进行的项目信度分析显示，三套 CPT 和三套 FPT 的信度系数分别为 0.917、0.919、0.921、0.941、0.919 和 0.926，这表明所使用测试题的内部一致性良好，测试结果具有很高的可信度(Field，2013，p.715)。

有声思维法数据收集自参与者执行任务时的录音。背景问卷收集人口统计和语言学习历史数据，即时小结问卷用于收集关于目标项目潜在外部接触的信息。

(四)实验流程

实验分三个阶段在实验室进行。第一阶段，参与者填写背景问卷，接受前测。第二阶段，随机分配参与者到两个教学实验组和一个控制组并接受实验干预，包括有声思维训练和拼图任务。第三阶段，进行延迟后测和即时小结问卷。

(五)数据评分与编码

1. 产出测试的数据

控制型产出测试(CPT)和开放式产出测试(FPT)各占 60 分，评分侧重于学习者的语言产出能力而非拼写能力。CPT 侧重于填空题的正确性，而 FPT 则以学习者尝试使用目标结构及正确运用于语境中作为评分标准。为确保评分一致性，三名评分员对 25% 的 FPT 进行了独立评分，并通过讨论解决分歧，初始评分一致性达到 97.5%。先验知识作为连续变量处理，避免了数据分组可能导致的信息丢失(Plonsky & Oswald，2017，p.5)。

2. 有声思维数据

有声思维数据通过录音转录，并依据既定的 DoP 质量编码方案(见表 9-2)进行编码。两名编码员对 25% 的数据独立编码，通过讨论解决了分歧，初始编码一致性达到 98.4%。其余数据由主要研究者完成编码，并进行了质量检查。

3. 分析

在分析研究问题前，通过单因素方差分析(one-way ANOVA)检验了前测中各组间的差异。结果显示显性演绎式(ED)和显性归纳式(EI)教学组与控制组相比，在某些测试部分(CPT 和 FPT)有显著更高的前测得分，表明教学方式可能对学习成效有影响。由于控制组在认知过程的使用上与实验组存在差异，研究问题的分析仅考虑了两个实验组的数据。原定的 3×5 卡方独立性检验调整为 2×5，以分析不同教学方式与认知过程类型的关系。

表 9-2　加工层次的质量(即认知过程)的编码表(改编自 Cerezo et al., 2016, p.278)

认知过程	定　义	例　子
假设形成	形成关于目的语语法结构的语法规则的假设	I could take my car to a mechanic, uh, if I… if I need help… needed help. Uh, but I thought, I thought that uh if I need help you… your chances are that when your car when there's something wrong with your car, you may need help. This is not a, uh, very small possibility. (被试 39 号)
语法规则的形成	提供关于目的语结构完整的或者部分的语法规则	What would you tell her in the meeting today if she had forgotten, tell her in the meeting, she remembered to see you yesterday, well, 诶, 从, 从语法上来看, 那当然是, 因为是 yesterday, 所以从句应该是 had forgotten, 应该用完成时, 但是从语义上来说, 不好说。(被试 74 号)
先验知识的激活	使用了某种先验知识(如在实验任务中见到的范例或是语法知识; 提及以前的语法教学; 以前听说过的或是接触过的范例)来编码或者解码目的语结构	He wouldn't need to get a part-time job. 他不需要得到兼职, 如果, 哦, 他如果家里没有那么富有的话, 他就需要一个兼职。If Bob's family were rich, 我记得是虚拟语气需要, 就是 be 动词需要用 were 的形式, 但是并不知道为什么。(被试 254 号)
元认知	评述/描述对自己的学习进度的感觉	You wouldn't buy this jacket now if he had, now, for now, murmuring, mixed tense, ok, I got it. (被试 184 号)
直觉	提及本能或者关于语法结构有效性的感觉	①You wouldn't fail this time if you lost courage. You wouldn't fail this time if you lost courage at the speech made last year. If hadn't lost courage, hadn't 吧, 对吧? 读完就感觉就是这个, 那就是它, 就语感吧。(被试 64 号) ②I consider, and I do not consider the answer you have given is very that proper. (被试 39 号)

为了探究不同教学方式下学习者的认知过程差异(研究问题 1), 本研究运用了 2×5 卡方检验, 并采用 Plonsky 和 Oswald(2014)的 r 系数来衡量效应量。针对研究问题 2, 即教学方式对二语学习效果和先验知识特征的影响, 本研究采用 Ward 法进行层次聚类分析, 以识别不同 DoP 质量模式的参与者群体。与 k-means 相比, Ward 法在最小化组内方差上更为有效, 有助于实现组内同质性(Ward, 1963)。通过聚合策略和树状图, 测试了不同数量的聚类解决方案, 最终根据简约性、聚合系数和理论相符性(Staples & Biber, 2015)确定了三组作为最优聚类数。

四、结果

(一)研究问题 1:在不同教学方式下学习者的加工层次质量(即认知过程)是否存在型式差异?

2×5 卡方检验(教学方式×认知过程类型)揭示了不同教学方式下学习者的加工层次质量(即认知过程)存在显著差异($\chi2(4) = 13.807$,$p = 0.008$),效应量 Cramer's V = 0.106,表明小效应。显性演绎式(ED)和显性归纳式(EI)教学组共产生 1238 例认知过程(具体分布见表 9-3),主要集中在假设形成和语法规则的形成上,其他认知过程的例数相对而言较少。两组对比而言,在直觉使用上,两组学习者所产出的加工例数比较接近。就假设形成和语法规则的形成而言,ED 组的学习者达到的加工例数均多于 EI 组,但是在先验知识的激活和元认知的使用上,EI 组的学习者产生了更多的例数。这表明两种教学方式在学习者的认知过程激发上有明显差异。

表 9-3 卡方独立性检验变量列联表(实验组组别×认知过程)(n=1238)

			认知过程					总计
			假设形成	语法规则的形成	先验知识的激活	元认知	直觉	
实验组组别(教学方式)	显性演绎式组(N=54)	计数	414	132	32	13	30	621
		百分比	66.7%	21.3%	5.2%	2.1%	4.8%	100.0%
	显性归纳式组(N=47)	计数	383	122	64	20	28	617
		百分比	62.1%	19.8%	10.4%	3.2%	4.5%	100.0%
总计		计数	797	254	96	33	58	1238
		百分比	64.4%	20.5%	7.8%	2.7%	4.7%	100.0%

(二)研究问题 2:不同的教学方式下学习者的加工层次质量(即认知过程)在二语学习效果和先验知识上具有怎样的特征?

本研究采用层次聚类分析探讨不同教学方式下学习者的加工层次质量(DoP)与二语学习效果和先验知识的关系。由于存在两种测试工具,即控制型产出测试(CPT)和开放式产出测试(FPT),因此我们对两种测试分别进行了聚类分析。以下是 ED 组在 CPT 中的聚类分析结果描述。

如图 9-2、表 9-4 所示,层次聚类分析揭示了 ED 组学习者的三个聚类类型,这些类型在先验知识、认知过程使用以及即时后测和延时后测的成绩上存在显著差异。聚类类型基

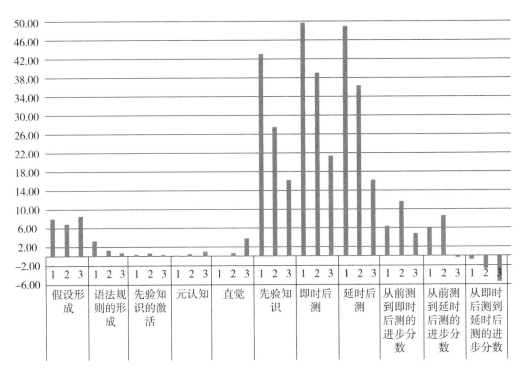

图 9-2　在各聚类变量上 ED 组的各类质心的均值分布（控制型产出测试）

表 9-4　ED 组三个聚类类型在各聚类变量上的均值比较（控制型产出测试）

	教学方式		平方和	自由度	均方	F 值	显著性
显性演绎式组	先验知识	组间	4183.996	2	2091.998	37.392	.000
	假设形成	组间	19.662	2	9.831	.379	.686
	语法规则的形成	组间	61.370	2	30.685	3.358	.043
	先验知识的激活	组间	.878	2	.439	.302	.741
	元认知	组间	2.186	2	1.093	3.555	.036
	直觉	组间	35.433	2	17.716	6.956	.002
	即时后测	组间	2995.360	2	1497.680	52.810	.000
	延时后测	组间	4195.490	2	2097.745	46.831	.000
	从前测到即时后测的进步分数	组间	352.717	2	176.359	2.019	.143
	从前测到延时后测的进步分数	组间	250.273	2	125.137	1.232	.300
	从即时后测到延时后测的进步分数	组间	102.807	2	51.403	1.041	.360

注：表中关于二语发展和先验知识的测量均来自控制型产出测试。

于即时后测和延时后测的成绩被划分为高分型(聚类 1)、中等分数型(聚类 2)和低分型(聚类 3),其主要特征如下。

高分型(聚类 1):具有最高水平的先验知识和较好的后测成绩。这些学习者在语法规则形成和先验知识激活上表现出色,但在直觉和元认知过程的使用上较少。他们在从前测到即时后测和从前测到延时后测中的进步分数上位列第二,在从即时后测到延时后测中的进步分数位列第一,但是是负分(也就是说从即时后测到延时后测学习者的成绩有所下降)。

中等分数型(聚类 2):先验知识水平居中,后测成绩仅次于高分型学习者。这一组学习者在先验知识激活上表现积极,但在语法规则形成上的加工例数处于中等,假设形成的例数较少。他们在前测到延时后测的进步中排名第一,但从即时后测到延时后测的进步分数位列第二,而且是负分。

低分型(聚类 3):先验知识水平较低,后测测试成绩最低。这些学习者在假设形成、元认知和直觉使用上加工例数较多,而在先验知识激活和语法规则形成上加工例数较少。他们在所有进步分数上均排名最低。

EI 组在控制型产出测试中的聚类分析结果如表 9-5 和图 9-3 所示。

表 9-5 EI 组三个聚类类型在各聚类变量上的均值比较(控制型产出测试)

	教学方式		平方和	自由度	均方	F 值	显著性
显性归纳式组	先验知识	组间	4835.881	2	2417.941	82.522	.000
	假设形成	组间	14.450	2	7.225	.425	.656
	语法规则的形成	组间	8.655	2	4.328	.988	.380
	先验知识的激活	组间	.127	2	.064	.026	.975
	元认知	组间	3.452	2	1.726	3.790	.030
	直觉	组间	7.887	2	3.943	4.188	.022
	即时后测	组间	2292.458	2	1146.229	49.706	.000
	延时后测	组间	2770.203	2	1385.101	39.275	.000
	从前测到即时后测的进步分数	组间	840.441	2	420.220	9.013	.001
	从前测到延时后测的进步分数	组间	941.393	2	470.696	8.119	.001
	从即时后测到延时后测的进步分数	组间	43.417	2	21.709	.497	.612

注:表中关于二语发展和先验知识的测量均来自控制型产出测试。

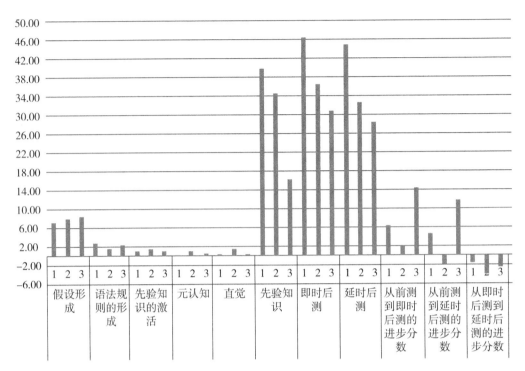

图 9-3 在各聚类变量上 EI 组的各类质心的均值分布（控制型产出测试）

由表 9-5 和图 9-3 的分析结果可知，EI 组的学习者同样被分为三个聚类类型，这些类型在先验知识、认知过程使用以及即时后测和延时后测的成绩上表现出显著差异。聚类类型基于即时后测和延时后测的成绩被划分为：

高分型（聚类 1）：具有较高先验知识水平和较好的后测成绩。这些学习者在语法规则形成上有较多加工例数，但在假设形成、元认知和直觉使用上加工例数较少，先验知识的激活与另两组相差不大。他们在前测到即时后测和前测到延时后测中的进步分数排名第二，但从即时后测到延时后测中的进步分数位列第一，而且是负分。

中等分数型（聚类 2）：先验知识水平和后测成绩均居中。这一组学习者在元认知和直觉使用上加工例数较多，而在语法规则形成上加工例数较少。他们在所有进步分数上均为最低。

低分型（聚类 3）：先验知识水平较低，后测成绩也较低。这些学习者在假设形成上有较多加工例数，在语法规则的形成和元认知上的加工例数处于中等，而在直觉使用上与高分型学习者相似，加工例数较少。他们在前测到即时后测和前测到延时后测中的进步分数排名第一，但从即时后测到延时后测的进步分数为负，位列第二。

表 9-6 和图 9-4 是 ED 组在开放式产出测试中的层次聚类分析的结果。

表 9-6　ED 组三个聚类类型在各聚类变量上的均值比较(开放式产出测试)

教学方式			平方和	自由度	均方	F 值	显著性
显性演绎式组	先验知识	组间	6239.471	2	3119.736	57.408	.000
	假设形成	组间	168.301	2	84.150	3.657	.033
	语法规则的形成	组间	25.937	2	12.969	1.319	.276
	先验知识的激活	组间	2.316	2	1.158	.812	.450
	元认知	组间	1.585	2	.793	2.483	.094
	直觉	组间	7.098	2	3.549	1.144	.327
	即时后测	组间	3016.628	2	1508.314	52.515	.000
	延时后测	组间	3707.634	2	1853.817	34.160	.000
	从前测到即时后测的进步分数	组间	1544.887	2	772.444	8.586	.001
	从前测到延时后测的进步分数	组间	1609.071	2	804.535	6.750	.003
	从即时后测到延时后测的进步分数	组间	42.612	2	21.306	.504	.607

注：表中关于二语发展和先验知识的测量均来自开放式产出测试。

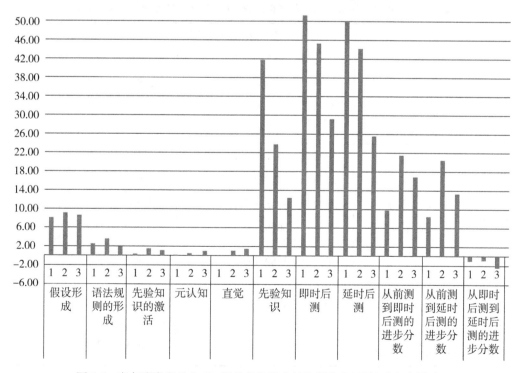

图 9-4　在各聚类变量上 ED 组的各类质心的均值分布(开放式产出测试)

表 9-6 和图 9-4 的分析结果表明，ED 组的三个聚类类型在先验知识(由开放式产出测试测量)和假设形成上存在显著差异，同时在即时后测和延时后测的成绩及进步分数上也有显著差异。这些发现与控制型产出测试的聚类分析部分一致。聚类类型基于后测成绩被划分为高分型(聚类 1)、中等分数型(聚类 2)和低分型(聚类 3)，具体特征如下：

高分型(聚类 1)：具有较高先验知识水平和优异的后测成绩。这些学习者在语法规则形成和先验知识激活上与低分型的学习者相差不大，分别处于中等和较低，假设形成较少，且基本没有使用元认知和直觉。他们在从前测到即时后测和从前测到延时后测的进步分数最低，但从即时后测到延时后测的进步分数最高，与中等分数型的学习者相差不大。

中等分数型(聚类 2)：先验知识水平居中，后测成绩良好。该组学习者在假设形成、语法规则形成和先验知识激活上加工例数较多，但在元认知和直觉使用上较少。他们在从前测到即时后测中的进步分数和从前测到延时后测中的进步分数均为最高。

低分型(聚类 3)：先验知识水平较低，后测成绩较差。这一组学习者在直觉使用上加工例数较多，假设形成中等，而在语法规则形成和先验知识激活上加工例数较少，在元认知使用上的加工例数与中等分数型的学习者相差不大，也均较少。他们在从前测到即时后测中的进步分数和从前测到延时后测中的进步分数上位列第二，而在从即时后测到延时后测中的进步分数最低。

EI 组在开放式产出测试中的层次聚类分析的结果如表 9-7 和图 9-5 所示。

表 9-7　EI 组三个聚类类型在各聚类变量上的均值比较(开放式产出测试)

			平方和	自由度	均方	F 值	显著性
显性归纳式组	先验知识	组间	7352.492	2	3676.246	68.295	.000
	假设形成	组间	58.569	2	29.285	1.832	.172
	语法规则的形成	组间	6.687	2	3.343	.756	.476
	先验知识的激活	组间	18.507	2	9.253	4.507	.017
	元认知	组间	.101	2	.051	.095	.910
	直觉	组间	2.125	2	1.063	.991	.379
	即时后测	组间	2963.173	2	1481.586	30.780	.000
	延时后测	组间	3016.595	2	1508.297	24.623	.000
	从前测到即时后测的进步分数	组间	1089.733	2	544.867	3.968	.026
	从前测到延时后测的进步分数	组间	1003.684	2	501.842	4.276	.020
	从即时后测到延时后测的进步分数	组间	201.112	2	100.556	2.236	.119

注：表中关于二语发展和先验知识的测量均来自开放式产出测试。

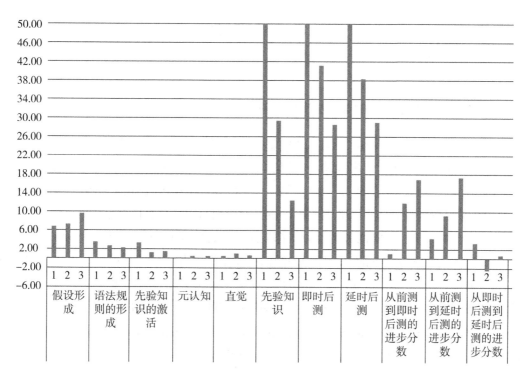

图 9-5　在各聚类变量上 EI 组的各类质心的均值分布(开放式产出测试)

由表 9-7 和图 9-5 的分析结果揭示，EI 组的三个聚类类型在先验知识、先验知识的激活以及后测成绩和进步分数上表现出显著差异。聚类类型基于后测成绩被划分为高分型(聚类 1)、中等分数型(聚类 2)和低分型(聚类 3)，其主要特征如下：

高分型(聚类 1)：具有较高先验知识水平，开放式产出测试的即时后测和延时后测成绩良好。这些学习者在语法规则形成和先验知识激活上加工例数较多，而假设形成较少，元认知和直觉使用很少。他们在从前测到即时后测中的进步分数和从前测到延时后测中的进步分数最低，但在从即时后测到延时后测中的进步分数最高。

中等分数型(聚类 2)：先验知识水平居中，后测成绩仅次于高分型学习者。该组学习者在语法规则形成和假设形成上加工例数中等，先验知识激活与低分型相似，元认知和直觉使用较少。他们在从前测到即时后测和从前测到延时后测中的进步分数均位列第二，在从即时后测到延时后测中的进步分数最低，且为负分。

低分型(聚类 3)：先验知识水平较低，后测成绩较低。这些学习者在假设形成上加工例数较多，而语法规则形成较少，先验知识激活与中等分数型相似，元认知和直觉使用很少。他们在从前测到即时后测和从前测到延时后测中的进步分数均为最高，在从即时后测到延时后测中的进步分数位列第二。

综合来看，ED 和 EI 教学方式下的学习者在先验知识激活、认知过程使用以及二语学习效果上均存在显著差异，这在两种教学方式的聚类分析中均有体现。

五、讨论

(一)教学方式与学习者的加工层次质量的关系

卡方独立性检验结果揭示了 ED 与 EI 教学方式下学习者在加工层次质量(DoP)上存在的显著差异。ED 组倾向于使用假设形成和语法规则形成,而 EI 组则更频繁地激活先验知识,这与 Cerezo 等(2016)的研究一致。然而,与 Leow 等(2019)的研究相比,本研究发现 ED 教学下学习者在先验知识激活上并不逊色,这可能与教学内容的复杂性有关。

进一步分析表明,尽管两种教学方式都能激活新近的先验知识,但它们的应用方式不同。显性演绎式教学方式下的先验知识的激活主要是学习者使用了所提供的语法规则来进行解题,如被试 74 号和被试 40 号。而显性归纳式教学方式下的先验知识的激活主要反映在每个层级结束的时候学习者对该层级的谜题所进行的反思,如被试 64 号。

被试 74 号:第十题,*he would have finished his project last week if he hadn't been so inefficient*,应该选第三个,因为,虚拟语气,然后完成时。

被试 40 号:*Your father would show you how to repair your bike*,eh,so,*this means that he*,*isn't here now*,eh,*so choose the second because*,eh,*as the principle*,eh,*use he if he were here*,*and your father would*,so,*choose the second.*

被试 64 号:*The puzzles in LEVEL THREE are about the present unreal*,肯定不是,只能是这个,因为我之前选错过,对吧。*The structure in the puzzles to refer to an unreal future situation*,三个哦。*The structure formed as*,那就是这个嘛。*The facts that the structures in the puzzles are based on*,诶,我觉得五有点像哦。*We use the structure in the puzzles to refer to an unreal future situation or an unreal past*,我觉得所有最后这种东西肯定错,其他东西根本不可能错。

Leow 等(2019)的研究中,由于语法规则的简单性,学习者可能不需要太多深入加工。相反,本研究中的虚拟语气结构较为复杂,要求学习者进行更深层次的认知加工。这种复杂性可能促进了显性演绎式教学下学习者对先验知识的深入激活,与 Leow 等(2019)的研究结果形成对比。

本研究结果强调了教学方式对学习者认知过程的影响,并指出了不同教学内容复杂性对学习者加工层次质量的潜在影响。两种教学方式下的认知过程差异可能与语法规则的复杂性和学习者对这些规则的掌握程度密切相关。

(二)教学方式、加工层次质量、二语学习效果与先验知识的关系

控制型产出测试的聚类分析揭示了不同教学方式下学习者认知过程在二语学习效果及

先验知识上的显著差异。高分型学习者(聚类1)在 ED 和 EI 教学方式中均展现了较高的先验知识水平,并主要通过语法规则形成这一认知过程进行学习。这一过程对他们在即时后测到延时后测中的进步分数产生了积极影响,与以往研究一致(如 Leow,1997,2001a;Rosa & Leow,2004a;Rosa & O'Neill,1999),表明高意识水平与复杂精密的输入加工方式相关,有助于学习者从具体范例中抽象出语法规则,加速内化过程。然而,高先验知识水平可能导致天花板效应,限制了进步分数的提升。

中等分数型学习者在 ED 教学下依赖于先验知识的激活、假设形成和少量语法规则的形成,他们在从前测到即时后测和从前测到延时后测的进步分数较高,而在 EI 教学下则更多依赖于元认知和直觉,虽然也达成了少量的语法规则形成,但是在三种进步分数上均处于最低。这表明,尽管元认知和直觉对于监控学习过程有作用,但可能由于缺乏深入的语言分析,对提高二语学习效果的作用有限。

与 EI 教学方式下的中等分数型学习者类似的是 ED 教学方式下的低分型学习者,尽管他们除了元认知和直觉之外还有一定的假设形成的例次,但是他们在三种进步分数上也都处于最低,而 EI 教学方式下的低分型学习者依赖了更多的假设形成,有一定的语法规则的形成,较少使用直觉,在从前测到即时后测和从前测到延时后测的进步分数上最高。这可能是因为他们在学习过程中面临较少的认知负荷,能够更多地专注于语言输入的加工。此外,由于没有现成的语法规则可供学习,他们有机会进行假设形成和语法规则的形成,这可能促进了他们在测试中的进步。

总的来说,在控制型产出测试中,元认知和直觉对于两种教学方式下的学习者进步分数的提升作用不大。相反,假设形成和语法规则形成对 EI 教学下的低先验知识水平学习者进步分数有显著作用。

元认知和直觉的有限作用可能与它们的性质有关。元认知涉及学习者对自己学习进度的感受,而本研究中使用元认知的学习者多表达了对任务难度的感受,如题目难度或审题困难。尽管这有助于监控学习表现,但缺乏足够的先验知识可能导致学习者无法解决难点,限制了语言加工的深度。学习者使用直觉表明他们对语言输入的分析停留在表层,未触及深层结构,且可能遇到理解困难。显性归纳式教学下的低分型学习者进步分数最高,可能是因为他们面临较少的认知负荷,能专注于语言输入的加工,且缺乏现成的语法规则,促使他们进行假设形成和语法规则的探索。

这些发现强调了教学方式与学习者先验知识之间的相互作用对二语学习效果的影响。ED 可能更适合先验知识水平较高的学习者,因为它允许他们利用已有的语法知识进行更深层次的语言加工。而 EI 可能为先验知识水平较低的学习者提供了更多的机会去形成和验证假设,从而促进了他们的进步。此外,本研究结果表明,教学设计应考虑学习者的先验知识和认知特点,以优化学习过程。例如,对于先验知识较少的学习者,教学活动可以更多地侧重于假设引导和语法规则的探索。对于先验知识较丰富的学习者,则可以设计更复杂的任务，以促进他们的语言加工和知识内化。

本研究的发现对于二语教学领域具有启示作用，提示教师和课程设计者需要根据学习者的个体差异调整教学策略，以实现最佳教学效果。未来的研究可以进一步探索不同教学方法如何与学习者的认知过程相互作用，以及如何通过教学设计优化这些过程，以提高二语学习效果。

在开放式产出测试中，两种教学方式下的学习者所依赖的认知过程与控制型产出测试存在共同点与差异。共同点在于，ED 组的高分型和低分型学习者均使用了假设形成、先验知识激活和语法规则形成，不过后者还使用了直觉。然而，这些过程并未使低分型学习者取得最佳进步分数，而中等分数型学习者因更频繁地使用这些过程而在进步分数上表现最佳。

就不同点而言，EI 教学方式下，高分型学习者主要依赖先验知识和语法规则形成，以及一定量的假设形成，而低分型学习者则主要使用假设形成，两者在进步分数上表现优于其他聚类。中等分数型学习者的进步则归因于假设形成和语法规则形成的使用。这些结果表明，无论是控制型还是开放式产出测试，假设形成和语法规则的形成对于 EI 教学方式下的低分型学习者进步分数的提升具有重要作用。

此外，与 ED 教学方式下的低分型学习者/低先验知识水平的学习者相比，中等分数型学习者具备一定语法知识，能更好地理解和学习语法规则，而高分数型学习者可能面临认知负荷，需处理冗余信息，导致注意力分散。这与 Kempe 等（2010）和 Scott、Dienes（2008）的研究一致，表明先验知识对语法知识发展有促进作用，但学习效果因先验知识水平而异。

本研究进一步证实，先验知识水平不同的学习者在教学方式下的成效上存在差异。中等先验知识水平的学习者能更有效地利用所学信息，而高先验知识水平学习者可能因过度自信或信息处理困难而表现不佳。这些发现提示教学设计需考虑学习者的先验知识水平，以优化认知过程和提升学习效果。

六、小结

本研究探讨了不同教学方式下学习者的加工层次质量(认知过程)是否存在差异，以及这些差异如何影响二语学习效果和先验知识。研究发现，在 ED 和 EI 教学方式下，学习者采用的认知过程存在显著差异。ED 教学下的学习者主要依赖假设形成和语法规则形成，而 EI 教学下的学习者除了使用上述两种认知过程外，还显著地激活了先验知识。此外，元认知和直觉在两种教学方式下对学习进步分数的提升作用有限。

在不同教学方式下，学习者的加工层次质量(认知过程)对二语发展和先验知识的影响表现出特定特征。控制型产出测试显示，高分型学习者和先验知识水平高的学习者在两种教学下，通过语法规则形成这一高意识水平过程，实现了更好的知识留存。然而，元认知和直觉的运用似乎并未显著提升学习者在测试中的进步分数，可能是因为这些过程未能深入语言结构。

开放式产出测试中，中等分数型学习者或中等先验知识水平的学习者在 ED 教学下，通过先验知识的激活获得了进步分数的提升。这可能是因为他们具备必要的语法知识，同时避免了高分型学习者所面临的信息矛盾或冗余问题。对于 EI 教学下的低分型学习者，假设形成和语法规则的形成对进步分数有积极作用，这可能归因于较低的认知负荷和缺乏现成语法规则，这为他们提供了形成假设和规则的机会。

总体而言，研究结果强调了教学方式需与学习者的先验知识和认知特点相匹配，以促进有效学习。显性演绎式教学可能更适合先验知识水平较高的学习者，而显性归纳式教学可能更有利于低先验知识水平的学习者进行假设驱动的学习。此外，教师应认识到先验知识在学习过程中的重要性，并根据学生的先验知识水平调整教学策略。结合不同教学方式，教师可以采用混合或单一的显性教学方法，为学生提供个性化的支持和支架，促进学生的认知发展和二语学习效果。对于具有较高先验知识的学习者，设计具有挑战性的任务可以激发他们更深层次的认知加工，提升学习成效。而对于先验知识较少的学习者，显性归纳式教学辅以适度引导，有助于他们进行深入的语言分析和加工。此外，教师应灵活运用教学内容，结合显性语法知识与隐性交际技能训练，以促进学生全面的语言能力发展。这种综合方法将有助于学生在各种交际场合中更有效地使用二语。

本研究还存在一些局限，如未能完全控制所有个体差异因素，如语言学习背景和学习风格，这些因素可能对学习效果产生影响。学习者的语言水平虽以入学考试成绩为基准，但语言学习经历和语言使用频率的差异可能对研究结果有所影响。此外，学习者对教学方式的偏好可能影响其学习反应，而语法规则的专业表述可能对某些学习者构成理解障碍。未来研究应扩大样本规模，以减少这些变量的影响，并考虑使用学习者的母语简化语法表述。

未来研究还可以改进实验设计，包括增加非有声思维组以探讨有声思维的影响、要求学习者在测试中进行有声思维、简化语法规则的呈现、增加延时测试以考察长期学习效果、提高实验任务的难度以促进深层加工。同时，应考虑不同语言水平和个体差异因素，如学能、工作记忆和学习风格，以及语言学习经历对加工层次的影响。此外，研究多种语法结构和不同复杂程度的教学效果，以及采用眼动跟踪法补充有声思维数据，将有助于更全面地理解学习者的加工机制。

◎ 参考文献

Cerezo, L., Caras, A., Leow, R. P. Effectiveness of guided induction versus deductive instruction on the development of complex Spanish "gustar" structures: An analysis of learning outcomes and processes[J]. Studies in Second Language Acquisition, 2016, 38: 265-291.

De la Fuente, M. Explicit corrective feedback and computer-based, form-focused instruction: The role of L1 in promoting awareness of L2 forms[M]//R. P. Leow, L. Cerezo, M. Baralt (Eds.). A psycholinguistic approach to technology and language learning. Berlin: De Gruyter Mouton, 2015.

Kempe, V., Brooks, P. J., Kharkhurin, A. Cognitive predictors of generalization of Russian grammatical gender categories[J]. Language Learning, 2010, 60(1): 127-153.

Leow, R. P. Attention, awareness, and foreign language behavior[J]. Language learning, 1997, 47(3): 467-505.

Leow, R. P. The effects of amount and type of exposure on adult learners' L2 development in SLA[J]. The Modern Language Journal, 1998, 82(1): 49-68.

Leow, R. P. A study of the role of awareness in foreign language behavior: Aware versus unaware learners[J]. Studies in second language acquisition, 2000, 22(4): 557-584.

Leow, R. P. Do learners notice enhanced forms while interacting with the L2?: An online and offline study of the role of written input enhancement in L2 reading[J]. Hispania, 2001: 496-509.

Leow, R. P. Explicit learning in the L2 classroom: A student-centered approach[M]. New York, NY: Routledge, 2015.

Leow, R. P. (Ed.). Routledge Handbook of second language research in classroom learning[M]. New York: Routledge, 2019.

Leow, R. P., Cerezo, L., Caras, A., Cruz, G. CALL in ISLA: Promoting depth of processing of complex L2 Spanish "Para/Por" prepositions[M]//R. DeKeyser G. Prieto Botana (Eds.). SLA Research with Implications for the Classroom: Reconciling Methodological Demands and Pedagogical Applicability. John Benjamins, 2019: 155-178.

Li, F. Explicit instruction, prior knowledge, depth of processing, and grammatical knowledge development of EFL learners at advanced levels—the case of the English subjunctive mood[M]//R. P. Leow (Ed.). Routledge Handbook of second language research in classroom learning. New York: Routledge, 2019: 347-360.

Plonsky, L., Oswald, F. L. Multiple regression as a flexible alternative to ANOVA in L2 research[J]. Studies in Second Language Acquisition, 2017, 39(3): 579-592.

Qi, D. S., Lapkin, S. Exploring the role of noticing in a three-stage second language writing task[J]. Journal of Second Language Writing, 2001, 10: 277-303.

Rosa, E. M., Leow, R. P. Computerized task-based exposure, explicitness, type of feedback, and Spanish L2 development[J]. The Modern Language Journal, 2004, 88(2): 192-216.

Rosa, E., O'Neill, M. D. Explicitness, intake, and the issue of awareness: Another piece to the puzzle[J]. Studies in Second Language Acquisition, 1999, 21(4): 511-556.

Scott, R. B., Dienes, Z. The conscious, the unconscious, and familiarity [J]. Journal of Experimental Psychology: Learning, Memory, and Cognition, 2008, 34(5): 1264.

Staples, S., Biber, D. Cluster analysis[M]//Plonsky L. (Ed). Advancing quantitative methods in second language research. New York, NY: Routledge, 2015: 243-274.

Ward, J. H. Hierarchical grouping to optimize an objective function[J]. Journal of the American Statistical Association, 1963, 58(301): 236-244.

结　语

随着本书研究的深入，我们得以一窥第二语言习得的复杂性和个体差异因素在其中所扮演的角色。通过综合运用理论分析和实证研究，本书不仅揭示了加工层次理论在二语加工中的重要作用，也展现了学习者的社会文化背景、心理特质和情感态度等个体差异因素如何深刻影响语言学习的过程和成效。

本书对第二语言习得领域的主要贡献在于，它将加工层次理论与个体差异因素相结合，提供了一个更为全面的分析框架。我们通过多维度的研究方法，包括有声思维法、眼动跟踪法和刺激回想法，深入探讨了学习者在二语加工过程中的认知活动，从而为理解学习者的认知过程提供了新的视角。

此外，本书的实证发现为语言教育实践提供了宝贵的启示。教育者可以根据学习者的个体差异，设计更加个性化的教学策略，以促进每个学习者的语言能力和认知能力的发展。这不仅有助于提高教学效果，也有助于激发学习者的潜能，使他们能够在语言学习的道路上走得更远。

本书的跨学科研究方法论，为心理学、教育学和语言学等领域的学者提供了新的研究工具和视角。通过引入定量和定性研究方法，以及技术辅助和跨学科研究手段，本研究丰富了我们对二语加工和个体差异因素的认识，也为未来的研究提供了新的方向。

尽管本书提供了丰富的理论和实证研究成果，但二语习得领域仍有广阔的探索空间。未来的研究可以进一步探索不同教学方法如何适应学习者的个体差异，以及如何利用新兴技术来增强二语学习的认知加工。此外，跨文化因素和全球化背景下的语言学习现象，也值得进一步深入研究。

最终，本书强调了促进学习者语言能力和认知能力综合发展的重要性。通过个性化的教育方法，我们可以更好地满足学习者的个体需求，帮助他们在语言学习的道路上取得成功。我们期望本书的研究成果能够启发更多的学者和教育者，共同推动第二语言习得领域的研究和实践向着更加深入和细致的方向发展。

随着全球化的不断深入，语言学习的重要性日益凸显。本书的研究不仅为我们理解学习者在二语习得过程中的个性化需求提供了新的视角，也为语言教育的创新和发展提供了坚实的基础。我们期待本书的研究成果能够激发更多的思考和探索，为构建一个更加开放和包容的国际交流环境作出贡献。在此基础上，我们有理由相信，通过不懈努力，每个学习者都能够在语言的海洋中乘风破浪，达到他们所期望的彼岸。